汽车智能控制技术

主　编　王士星

副主编　兰光明　路　畅

参　编　曾昭炜　李文龙　武晓斌　徐思为

主　审　李劲松

重庆大学出版社

内容提要

本书是对标国家"双高"建设标准,对标汽车产业发展规划,调研企业急需的关键工作岗位和职业能力要求,结合职业教育人才培养标准,以工作任务驱动,校企联合开发的智能汽车技术丛书系列。

本书共分为7章,第1章介绍汽车底盘线控技术概述;第2、3、4、5章分别介绍了汽车线控转向系统、线控制动系统的构造,原理、关键技术以及应用实例,线控转向系统性线控制动系统性能测试,相关的性能测试国家标准,测试用设备、测试内容、测试方法;第6章介绍了CAN通信线性控制原理;第7章介绍了与智能汽车路径跟踪与控制技术相关的概念、原理与控制算法实现。

本书可作为高等院校、职业院校与智能网联汽车相关专业的教材,也可作为汽车技术研发企业、汽车制造企业、汽车维修的参考用书及培训教材,还可作为广大对智能汽车感兴趣的各类人员的参考用书。

图书在版编目(CIP)数据

汽车智能控制技术 / 王士星主编. -- 重庆 : 重庆
大学出版社,2022.3
ISBN 978-7-5689-3207-3

Ⅰ. ①汽… Ⅱ. ①王… Ⅲ. ①汽车—智能控制 Ⅳ.
①U463

中国版本图书馆 CIP 数据核字(2022)第 050730 号

汽车智能控制技术
QICHE ZHINENG KONGZHI JISHU

主　编　王士星
副主编　兰光明　路　畅
参　编　曾昭炜　李文龙　武晓斌　徐思为
主　审　李劲松
策划编辑:杨粮菊
责任编辑:陈　力　　版式设计:杨粮菊
责任校对:王　倩　　责任印制:张　策
*
重庆大学出版社出版发行
出版人:饶帮华
社址:重庆市沙坪坝区大学城西路 21 号
邮编:401331
电话:(023)88617190　88617185(中小学)
传真:(023)88617186　88617166
网址:http://www.cqup.com.cn
邮箱:fxk@cqup.com.cn(营销中心)
全国新华书店经销
重庆市联谊印务有限公司印刷
*
开本:787mm×1092mm　1/16　印张:14.25　字数:340千
2022 年 3 月第 1 版　　2022 年 3 月第 1 次印刷
印数:1—1 500
ISBN 978-7-5689-3207-3　定价:49.00元

前　言

2019 年,中共中央、国务院发布《交通强国建设纲要》;2020 年,国家发展改革委、中央网信办、科技部、工业和信息化部等 11 部委联合发布《智能汽车创新发展战略》,构建国家智能网联汽车顶层设计规划,提出建设中国标准智能汽车和实现智能汽车强国的战略目标;同年,国务院办公厅印发《新能源汽车产业发展规划(2021—2035 年)》,编制发布《智能网联汽车技术路线图 2.0》,制定了面向 2035 年的智能网联汽车技术发展的总体目标、愿景、里程碑与发展路径。

汽车行业科技变革趋势是向低碳化、电动化、智能化、网联化方向发展。与传统汽车是机电一体化产品相比,智能网联汽车是机电信息一体化产品,需要汽车、交通设施、信息通信基础设施(包括 4G/5G、地图与定位、数据平台)等多个产业跨界融合。根据中国汽车工程学会发布的2021 年《智能网联汽车人才需求预测报告》,2025 年,汽车行业人才需求高达 120 万人,行业总体人才缺口 103 万人;智能网联汽车技术人才的存量预计仅为 7.2 万人,而学校教育滞后于人才需求,人才净缺口最高为 3.7 万人,缺口比例高达 1/3。

智能网联汽车技术是一项庞大且复杂的系统工程,是集环境感知、规划决策和控制执行等功能于一体的现代运载工具和移动信息处理平台,具有典型的多学科和跨学科特点。同时智能网联汽车具有区域属性和社会属性的特点,在行驶过程中需要通信、地图、数据平台等本国属性的支撑和安全管理,每个国家都有自己的使用标准规范。

区别于现在的转向和制动系统,线控转向和线控制动技术取消了机械连接,采用电子控制的方式,通过传感器获取驾驶员的转向或制动意图,由电子控制单元控制执行器从而实现转向或制动,是未来汽车实现自动驾驶的主要技术途径。本教材共 7 章。第 1 章是汽车底盘线控技术概述,介绍线控技术在汽车上的应用情况、底盘线控技术包含的内容、关键技术以及国内外的研究与应用现状和发展趋势等。第 2 章是汽车线控转向系统的构造,介绍线控转向系统结构、原理、关键技术、应用实例以及实训内容等。第 3 章是线控转向系统性能测试,介绍与转向系统相关的性能测试国家标准,性能测试的设备、内容、方法等。第 4 章是汽车线控制动系统的构造,介绍线控制动系统结构、原理、关键技术,应用实例以及实训内容等。第 5 章是线控制动系统性能测试,介绍与制动系统相关的性能测试国家标准,性能测试的设备、内容、方法等。第 6 章是 CAN 通信线性控制原理,介绍整车 CAN 通信原理、结构以及转向或制动系统与整车的通信等。第 7 章是智能汽车的路径跟踪与控制,介绍路径跟踪的概念、原理与实现,以及路径跟踪的控制算法、与线控技术的关系、智能汽车未来的发展趋势等。

本教材特点:

(1)工作任务驱动

本教材对标国家"双高"建设标准,对标汽车产业发展规划,调研企业急需的关键工作岗位及所需要的职业能力,结合职业教育人才培养标准及学生的能力特点,打造校企产教深度融合课程体系。本教材配有基于企业实际岗位工作任务驱动的实训工单,充分体现了职业教育核心理念,具有较强的针对性和可操作性。

(2)教学资源配套丰富

本教材是"互联网＋"新形态教材,除纸质教材,还嵌入了习题、视频等数字资源,将教材、课堂、教学资源三者融合,实现线上线下相结合的教学模式。

(3)校企研产联合开发

本教材由成都市技师学院、清研车联教育集团联合开发,并得到了重庆理工大学、清华大学苏州研究院、全国交通运输行业教学指导委员会智慧交通与智能网联汽车产教联盟及一些企业的大力支持。

成都市技师学院是国家级重点技工学校,是世界技能大赛国家级数控铣竞赛项目集训基地、国家高技能人才培养示范基地、国家级智能制造生产性实训基地、全国技工院校一体化师资培训基地、先后获得 2020 亚太职业院校影响力 50 强、全国教育系统先进集体、全国职业教育先进单位、国家技能人才培育突出贡献奖、四川省文明校园、四川省依法治校示范学校等荣誉。

清研车联教育集团是由清华大学苏州研究院投资的创新型科技教育企业。公司从汽车新型技术技能人才培养入手,致力于汽车数字化人才综合解决方案,为国内院校汽车相关专业、为汽车企业提供人才培养解决方案,是校企深度融合的立交桥和放大器。

本教材由成都市技师学院王士星担任主编,重庆理工大学李劲松担任主审,重庆理工大学兰光明和成都技师学院路畅担任副主编。

本教材适合作为高等院校、职业院校与智能网联汽车相关专业的教学用书,汽车技术研发企业、汽车制造企业、汽车维修的参考用书及培训教材,同时适合广大对智能汽车感兴趣的各类人员的参考用书。

在编写本教材的过程中,企业工程师和成都市技师学院相关人员也参加了编写工作,他们是:曾昭炜、李文龙、武晓斌;四川大学硕士研究生徐思为完成了数据的采集、分析和测试等工作;重庆理工大学学生罗思毅、高科、雷文冰、刘莉莉、陈广、潘黎、邹鹏程参与了资料收集、整理工作。在此表示衷心感谢。

由于智能网联汽车技术尚处发展阶段,且编者学识有限,书中有不足之处在所难免,敬请读者给予指正。如读者在使用本教材的过程中有其他意见或建议,恳请提出宝贵意见(电子邮箱:jsli0326@cqut.edu.cn)。

本书配套有实训工单、电子课件、课程标准、课堂实录、微课视频、习题及答案等教学资源,如有需要,可加微信(此处预留微信二维码)或发邮件至 jsli0326@cqut.edu.cn。

编　者

2021 年 12 月

目　录

第1章　汽车底盘线控技术概述

随着汽车产业智能化、网联化、电动化的不断发展,汽车线控技术作为汽车技术发展的重要方向之一,将对全球汽车制造业产生重大影响。汽车线控技术给汽车设计提供了新的思路,是实现自动驾驶的重要途径,在汽车电子技术、控制技术、网络技术等方面提出了新的课题,给汽车底盘结构带来了新的变革。

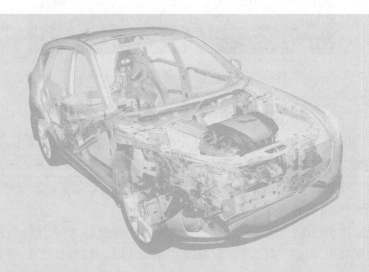

【教学目标】

通过本章的学习,学生能够了解汽车底盘线控技术是什么以及底盘线控技术包含哪些内容,并了解国内外底盘线控技术系统的发展现状与未来发展趋势。

【教学要求】

知识要点	能力要求
底盘线控技术初步认识	掌握底盘线控技术概念、包含的内容以及技术特点
底盘线控技术系统关键技术	了解底盘线控技术系统关键技术
底盘线控技术现状与发展趋势	了解底盘线控技术国内外现状与发展趋势

【案例导入】

目前几乎所有大型汽车制造商和零部件供应商都在开发线控系统雏形及其产品。美国通用汽车公司早在 2002 年 9 月的巴黎国际车展上首次发布的 HY-WIRE 概念车就采用了线控转向和线控制动技术。它融合了燃料电池技术和线传操控技术,通过电子控制实现汽车的启动、转向和制动等,是一种全新的概念车。如图 1.1 所示为其车内座舱的照片,传统汽车上的转向柱与转向盘,由一个彩色的小屏幕和两个手柄代替。

图 1.1　通用汽车公司的 HY-WIRE 概念车

1.1　底盘线控技术初步认识

汽车由发动机、底盘、车身和电器设备 4 个部分组成。底盘由传动系统、行驶系统、转向系统和制动系统组成。在汽车工业发展的 150 多年的时间里,底盘技术不断地创新与发展,随着电子技术、控制技术以及计算机技术等的不断发展,越来越多的新技术被应用在汽车上,传统的底盘结构被新的底盘线控技术逐渐取代。

与底盘线控技术相比,传统的汽车底盘技术存在一些弊端,如液压转向系统、液压制动系统结构和控制复杂,均存在液压系统泄漏隐患;传统的油门控制系统在油门踏板和节气门之间存在机械连接,机械式驻车制动系统在驻车制动操纵杆和车轮制动器之间存在机械连接,拉杆等机械构件容易摩擦磨损,导致控制不精确;传统的转向系统在转向盘和转向轮之间存在机械连接,不易解决转向轻便和转向灵敏之间的固有矛盾等。

1.1.1　底盘线控技术的概念

(1)底盘线控技术起源

与制动防抱死等技术类似,汽车线控技术(X-By-Wire)起源于飞机的电传操纵系统(Fly-By-Wire)。飞行员不再通过传统的机械回路或液压回路来控制飞机的飞行姿态,而是通过安装在操纵杆处的传感器检测飞行员施加在其上的力和位移,并将其转换为电信号,在电子控制单元中将信号进行处理,然后传递到执行机构从而实现对飞机的控制。

如图 1.2 所示为老式飞机驾驶舱,那时的线控技术还没有应用在飞机上,所有操控部件均采用机械装置连接,驾驶员对飞机的操控需要依靠自身力量来完成,好在那时的飞机巡航速度都不高。

图 1.2　飞机内部机械式操纵装置

在 1964 年以前,飞机的操纵均采用的是机械式的操纵系统(最早为拉线式,后来出现了液压助力式)。机械操纵系统在操纵装置(操纵杆、脚蹬)和飞机的舵机之间存在着一套相当复杂的机械联动装置和液压管路,飞行员操纵操纵杆和脚蹬,通过上述联动装置控制舵机位置,从而使飞机达到期望的姿态和航向。

随着飞机尺寸的增加和性能的进一步提高,如何增强稳定性、如何帮助飞行员减轻操纵变得日益迫切,于是在液压助力控制系统的基础上,利用电动陀螺仪原理增加了增稳系统,如偏航增稳系统、俯仰增稳系统和横滚增稳系统。增稳系统通过传感器反馈的飞机状态,在程序控制下自动控制舵机偏转,以保证飞机的飞行稳定性。第一架采用电传操纵系统的飞机是 1964 年试飞的美军 F111"土豚"战斗机,如图 1.3 所示。

图 1.3　美军 F111 "土豚" 战斗机

1972 年,美国国家航空航天局(NASA)推出了线控飞行技术(Fly-By-Wire)的飞机。1981 年 4 月 12 日首次发射的哥伦比亚号航天飞机上,也开始使用线控转向系统。目前,绝大部分军用飞机和大部分民用飞机都采用这项技术。相比于传统的机械或液压系统,线控系统显著提高了飞机的性能,给飞机的设计带来了革命性的变革。如图 1.4 所示为波音 777客机驾驶舱内部的操纵机构,其采用了先进电传操纵技术。飞行员通过电传操作系统,将操作指令经 3 台主飞行计算机分析计算后使用电子信号控制,同时根据目前飞机性能和动力分析,通过控制电子设备传送到升降舵、方向舵、副翼和其他操纵面的液压执行装置上。

图 1.4　波音 777 客机驾驶舱内部的操纵机构

随着汽车电子技术、控制技术等相关技术的迅速发展,这一技术逐渐应用到汽车上。汽车线控技术(X-By-Wire,XBW)是指将驾驶员的操纵动作由传感器转变为电信号,通过导线直接传输,再经过电子控制单元的判断、处理,最终控制执行机构工作的一种技术。线控技术可理解为电控方式,这里的"X"代表着汽车中传统上由机械或液压控制的各个功能部件,如制动、转向、悬架、油门、离合器、门锁等。

（2）与传统底盘结构的主要区别

与传统的机械控制系统相比，底盘线控技术取消了驾驶员人机操纵机构，如转向盘、制动踏板、加速踏板、换挡杆等和相应的执行机构如转向轮、制动器、节气门、变速器等之间的机械或液压连接，而采用导线的方式柔性连接。

线控系统主要由传感器、ECU（电子控制单元）和执行器等组成。传感器采集驾驶员的操纵信息，如转向盘转角扭矩传感器采集转向盘的转角、转矩，制动踏板位移传感器采集制动踏板的位移等，节气门踏板位移传感器采集加速踏板位移，换挡杆传感器获得驾驶员选择的变速器挡位信息等。电子控制单元对传感器信息进行分析，获知驾驶员的转向、制动、加速、换挡等驾驶意图，通过调用储存的如转向控制算法、制动控制算法、加速控制算法、换挡控制算法等，分别控制各执行器，即转向电机、制动电机、节气门电机、换挡电机等实现期望的转向、制动、加速、换挡等操作。

1.1.2　底盘线控技术内容

随着汽车智能化、网联化和电动化的快速发展，智能网联汽车已成为全球汽车产业发展的战略方向，是国民经济发展和协同创新的重要载体。而智能网联汽车中的底盘线控技术正掀起了一股研发热潮。目前，按照各系统的功能不同，汽车底盘线控技术系统包括线控转向（Steering-By-Wire，SBW）系统、线控制动（Brake-By-Wire，BBW）系统、线控驱动（Drive-By-Wire，DBW）系统、线控悬架（Suspension-By-Wire）系统和线控换挡（Shift-By-Wire）系统5个子系统，如图1.5所示。底盘线控技术系统通过分布在汽车各处的传感器实时获取驾驶员的操作意图和汽车行驶过程中的各种参数信息传递给控制器，控制器将这些信息进行分析和处理得到合适的控制参数传递给各个执行机构从而实现对汽车的控制，以提高车辆的动力性、制动性、操纵稳定性和平顺性等性能。本书主要叙述线控转向系统和线控制动系统。

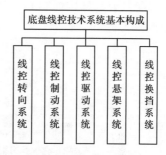

图1.5　底盘线控技术系统的基本构成

（1）线控转向系统

汽车转向系统的功用是按照驾驶员的意愿控制汽车的行驶方向，改变或恢复汽车前进或倒退方向，其对汽车的操纵稳定性和主动安全性有重要影响。汽车转向系统的零件称为保安件。汽车转向系统的发展经历了机械转向系统、液压助力转向（Hydraulic Power Steering，HPS）系统、电子液压助力转向（Electronic Hydraulic Power Steering，EHPS）系统、电动助力转向（Electric Power Steering，EPS）系统和线控转向系统等阶段，随着线控技术的发展，线控转向技术逐渐出现在汽车的转向系统中。如图1.6所示为液压助力转向系统的构造。

线控转向系统取消了传统的机械式转向装置，转向器与转向柱之间无机械连接。整个系统主要由转向盘转角位置传感器、力反馈电动机、转向执行机构、转向ECU转向轮角度传感器等组成，其结构示意如图1.7所示。

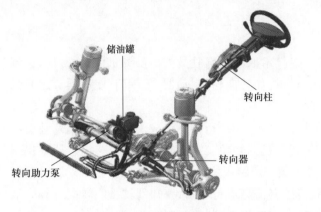

图 1.6　液压助力转向系统构造图

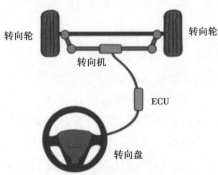

图 1.7　线控转向结构示意图

　　世界著名的整车及零部件厂商如宝马、奔驰、采埃孚、雪铁龙和捷太格特等都对线控转向技术进行了比较深入的研究,很多汽车公司都推出了搭载线控转向的概念车。最早将线控转向技术应用到量产车型的是英菲尼迪 Q50,如图 1.8 所示。随着线控技术的不断发展,未来搭载具有良好操控和响应性能的线控转向系统的汽车会越来越多地出现在人们的生活中。

图 1.8　英菲尼迪 Q50 线控转向系统

(2)线控制动系统

　　制动系统的作用是使行驶中的汽车按照驾驶员的要求进行强制减速甚至停车,即行车制动;使已停驶的汽车在各种道路条件下(包括在坡道上)稳定驻车,即驻车制动。

　　传统车辆制动系统的气体或液体传输管路长,阀类元件多。传统车辆制动系统主要由供能装置、控制装置、传动装置和制动器等部分组成。常见的制动器主要有鼓式制动器和盘式制动器,其工作原理是将汽车的动能通过摩擦转换成热能,对长轴距或多轴车辆及远距离控制车辆,其管路长、反应速度慢,易产生制动滞后现象,导致制动距离增加,安全性降低,而且制动系统的成本较高。如图 1.9 所示为传统液压制动系统的结构示意图。

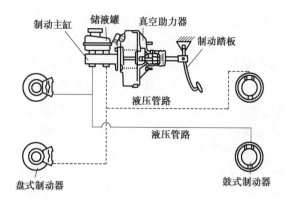

图 1.9　传统液压制动系统示意图

数字式电子技术和大规模集成电路迅速发展,为 ABS(Anti-locked Braking System 的缩写,译为"防抱死制动系统")实用化发展奠定了技术基础。ABS 通过控制作用于车轮制动轮缸上的制动管路压力,使汽车在紧急刹车时车轮不会抱死,这样就能使汽车在紧急制动时仍能保持较好的方向稳定性。在没有装备 ABS 的汽车上,如果在雪地上刹车,汽车很容易因失去方向稳定性而发生侧滑等危险,对于装备了 ABS 的汽车,ABS 能自动向制动压力调节器发出控制指令,能更迅速、准确而有效地控制制动,保证行车安全。如图 1.10 所示为 ABS 系统结构示意图。

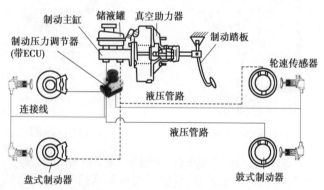

图 1.10　ABS 系统结构示意图

如今,在汽车防抱死制动系统(ABS)和牵引力控制系统(Traction Control System,TCS)基础上,通过增加横摆率传感器、侧向加速度传感器和转向盘转角传感器等不同类型和功能的传感器,完善电子控制单元的控制功能,ESC(Electronic Stability Controller 的简称,译为"车身电子稳定控制系统")已经成为车辆的标准安全配置。美国国家公路交通安全管理局(NHTSA)要求从 2012 年起全部乘用车必须装备 ESC 系统,其研究称如果全部乘用车都装备了这套系统,每年可以减少 5 300 ~ 9 600 人的交通事故人员死亡数。欧盟从 2014 年 11 月起也作了硬性规定。

线控制动系统用电控取代部分或全部制动管路,可省去制动系统的很多阀类元件。在电子控制器中设计相应程序,操纵电控元件来控制制动力的大小及各轴制动力的分配,同时可完全实现使用传统阀类控制件所能达到的 ABS 及 TCS 等功能。

目前,线控制动系统主要分为 3 种类型:第一种是电子液压制动(Electronic Hydraulic

Brake,EHB)系统;第二种是电子机械制动(Electronic Mechanical Brake,EMB)系统;第三种是混合线控制动(Hybrid Brake-By-Wire System,HBBW)系统。

电子液压制动(EHB)系统以传统的液压制动系统为基础,用电子器件代替了一部分机械部件的功能,仍采用制动液作为动力传递媒介。控制单元及执行机构布置比较集中,有液压备份系统,也可以称它为集中式、湿式制动系统。电子机械制动(EMB)系统是一种无须制动液和液压部件的制动系统,其制动力矩完全通过安装在车轮上的由电机驱动的执行机构产生。

(3)线控驱动系统

线控驱动系统也称为线控油门系统。传统油门控制方式(特指汽油发动机)是驾驶员通过踩油门踏板,由油门拉索直接控制发动机节气门的开合程度,进而控制加速或减速,也就是驾驶员的动作与节气门的开合是通过拉索的机械运动联系的。线控油门系统则取消了机械的拉索式结构,由油门位置(加速踏板位置)传感器、ECU、节气门执行机构(电子节气门)等组成。如图1.11所示为线控驱动系统与传统驱动系统的结构对比图。

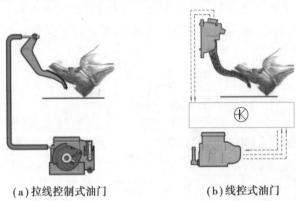

(a)拉线控制式油门　　　　　　(b)线控式油门

图1.11　线控驱动系统与传统驱动系统的结构对比图

线控油门将机械连接改为电子控制,驾驶员通过踩油门踏板,此时的油门踏板实际上就是位置传感器,将油门踏板的位置变化转化为电信号传送至ECU,ECU将收集到的相关传感器信号经过处理后,发送命令至电子节气门,从而控制节气门的开度。如图1.12所示为油门踏板和电子节气门。其都取消了机械连接方式,采用线束连接。

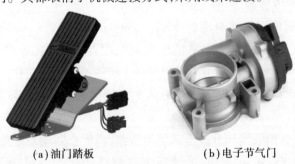

(a)油门踏板　　　　　　　　　　(b)电子节气门

图1.12　油门踏板和电子节气门

线控油门的主要优点在于控制精确。发动机能够根据汽车的各种行驶信息,精确调节进入气缸的空气燃油混合比,即空燃比,有效改善发动机的燃烧状况,从而大大提高了汽车的动力性和经济性。当前线控油门技术已经较为成熟,在各品牌汽车上成为标准配置,传统汽车底盘的拉线式节气门控制方式虽然延迟小,但有很大的局限性,没有办法应对复杂道路下的各种工况,无法很好地控制油耗和排放。

对于电动汽车而言,电动汽车上的加速踏板,其本质是一个位置传感器,传递的信息是驾驶员的驾驶意图。驾驶意图从设计的角度分两个方面来理解:一方面是想要得到什么样的速度;另一方面是期望多长时间能够达到这个速度,也就是加速度。

这两个参数反映到加速踏板上,就体现为加速踏板的开度和开度的变化率。通过对加速踏板位置和运动速率的准确描述,便能很好地实现驾驶员当前的意图。

(4)线控悬架系统

悬架是车架(或承载式车身)与车桥之间的一切传力装置的总称。悬架的主要功能是缓冲振动、保持车辆平稳行驶;将车轮与路面之间的驱动力、制动力、转向力等传给车身和使车身与车轮之间保持几何关系。悬架有独立悬架和非独立悬架之分。如图1.13所示为独立悬架示意图。线控悬架系统也称为主动悬架系统,是智能网联车辆的重要组成部分。

图 1.13　独立悬架示意图

传统悬架参数不可调,汽车操纵稳定性较低,如果要提高操纵稳定性则会降低车辆的舒适性。悬架的设计是在操纵稳定性和舒适性之间寻找平衡点。悬架的发展经历了传统悬架、电控悬架、线控悬架等一系列的发展,线控悬架系统克服了传统悬架的不足,除了拥有传统悬架的功能以外,还可以根据不同的路况、不同的行驶条件自动调整车身的高度、悬架的刚度等,使车辆在任何工况下均保持良好的操纵稳定性和乘坐舒适性。

早在1980年,博世公司成功研发了一款电磁主动悬架系统。1984年,电控空气悬架开始出现,林肯汽车成为第一个采用可调整线控空气悬架系统的汽车。奔驰新一代S级采用的MAGIC BODY CONTROL线控悬架系统可以根据前方路面状况,自动调节减振器的阻尼系数、车身高度等车辆参数,悬架刚度、阻尼等关键参数跟随汽车载荷和行驶速度而变化,如图1.14所示。

市面上主流的主动悬挂主要有3种形式:空气悬挂、液压式可调悬挂和电磁悬挂等。以空气悬挂为例,其基本的工作原理是传感器负责采集汽车的行驶路况(主要是颠簸情况)、车速以及启动、加速、转向、制动等工况转变为电信号,经简单处理后传输给线控悬架 ECU。其中,主要涉及车辆的加速度传感器、高度传感器、速度传感器和转角传感器等关键传感器。

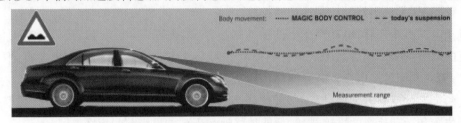

图 1.14　MAGIC BODY CONTROL 线控悬架系统

空气弹簧根据 ECU 的控制信号,准确、快速、及时地作出反应动作,包括气缸内气体质量、气体压力及电磁阀设定气压等关键参量的改变,实现对车身弹簧刚度、减振器阻尼以及车身高度的调节。目前在国内市场,以空气悬架作为标配的主要都是一些比较高端的车型,如奥迪 A6L,宝马 7 系,奔驰 C 级、S 级等,在各品牌里都是定位为中高端的车型。如图 1.15 所示为奥迪 A8 搭载的电子主动悬架,其支撑力和阻尼调节的主体还是空气悬架。

图 1.15　奥迪 A8 配备的 48V 电子主动前悬架

(5)线控换挡系统

线控换挡是一种不需要任何机械结构,仅通过电控来实现变速器换挡的机构。相比传统换挡机构,线控换挡没有拉线的束缚,整个系统变得更轻、更小、更智能。最早的电子挡杆出现在宝马 7 系的 E65 和 E66 车型上,当时是以"怀挡"型式的设计风格出现,但宝马并未拿它当作主推的卖点。后来在宝马 E70 X5 车型上,首次正式推广"电子式换挡杆"。其后,越来越多的车型采用了线控换挡即电子换挡技术。如图 1.16 所示为宝马 M3 采用的线控换挡杆。

如图 1.17 所示为奥迪 A8 采用的线控换挡结构,图 1.18 所示为线控换挡机构的原理。从图中可知,线控换挡完全实现了换挡杆和变速箱之间的无机械连接,驾驶员的操纵不再有机械阻力。控制单元可了解驾驶员愿望、评估信号与变速箱传感器进行通信并包含所有换挡操作装置的控制和诊断功能。

图 1.16　宝马线控换挡杆

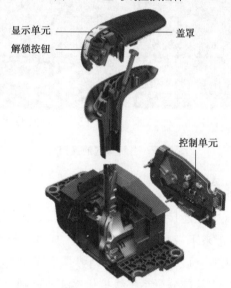

图 1.17　奥迪 A8 线控换挡杆主要结构

图 1.18　奥迪 A8 线控换挡原理

由于线控换挡取消了笨重的机械装置,因此它布置较为灵活。各大主机厂推出了各式各样的、科技感十足的换挡方式,大致分为按键式、旋钮式、怀挡式和挡杆式4种(图1.19)。其中,按键式代表车型有林肯MKZ、本田冠道、阿斯顿·马丁等;旋钮式代表车型有捷豹、路虎极光、长安福特金牛座、长安新蒙迪欧、长安奔奔、北汽EV200、奇瑞EQ等;怀挡式代表车型有宝马E56/E66、奔驰S级;挡杆式代表车型有奥迪A8L、宝马5系、领克全系等。

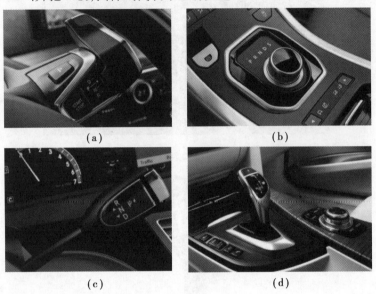

图1.19 各种型式的换挡杆

1.1.3 底盘线控技术特点

底盘线控技术采用导线柔性连接代替了原来的机械或液压连接,具有结构简单、安全、节能、环保等优势。但同时带来了一些挑战,如可靠性、成本等制约了线控技术的进一步发展。随着汽车电子技术的快速发展,汽车的发展趋势是集成化、模块化、机电一体化以及智能化。汽车底盘系统线控化将从部分子系统线控化逐渐演进到全局线控化,多系统、多控制器将逐渐被域控制器取代。

(1)底盘线控技术的优点

底盘线控技术是由控制器、传感器、执行器(主要是电机)、通信总线等组成的分布式实时系统,符合安全、节能、环保的要求,具有很多优点。

①通过优化控制算法,实现主动控制。线控系统的最大优点是驾驶员的人机操纵界面和执行机构之间的机械解耦,带来了控制性能的灵活性。例如,线控转向系统的转向盘和转向轮之间解耦,实现了转向传动比随车速等实时调整,提高了汽车的操纵稳定性,实现了车辆的主动转向。通过安装在转向柱上的力反馈电机进行主动转向阻力反馈,优化转向感觉。线控制动系统可灵活控制各个车轮处制动电机的力矩,易实现制动防抱死、电子制动力分配等很多功能,显著提高车辆制动性能。

②结构简单。线控系统摒弃了复杂的机械或液压连接,结构简化,仅包括传感器、控制

器、电机等,便于模块化设计、平台化设计和标准化设计等。对于电动汽车来说,线控系统的轻量化可提高电动汽车的续驶里程,提高汽车的经济性。

③节能环保。线控系统没有转向液、制动液等液体,不存在液体泄漏的问题。采用洁净的电能由电机驱动,节能环保。

④响应快速。与有较长传递路线的机械或液压连接相比较,各个执行装置的电机驱动响应更为迅速。

(2)底盘线控技术的缺点

底盘线控技术采用导线柔性连接代替机械或液压连接,带来了一些挑战,如可靠性、成本和良好的驾驶体验等是线控技术普及的主要障碍。

①安全可靠性有待提高。目前,安全可靠性是汽车线控技术的最大技术瓶颈。线控系统取消了转向盘和转向轮之间、制动踏板和制动器之间的机械或液压连接,传感器的不稳定性、数据传输的不准确性等可能使系统发生故障,必须引入故障诊断进行故障定位与隔离,保证系统的安全可靠性。此外,线控系统必须是容错的,以保证某一部件发生故障时汽车仍可实现安全转向和制动,还需要大量试验来验证线控系统的安全可靠性。

②成本有待降低。要提高线控系统的安全可靠性,需要提供足够的硬件冗余,因而提高了硬件成本。同样,软件、控制算法也是成本的主要构成。目前,在成本上线控系统与具有同等性能的汽车底盘系统相比,还不具有优势。

③驾驶体验有待优化。由于线控系统摒弃了转向盘和转向轮之间、制动踏板和制动器之间的机械或液压连接,而是通过电机等装置人为模拟路感、制动踏板感觉等驾驶感觉,因此驾驶感觉要想较好地符合驾驶员的驾驶习惯和心理期望,还有待优化。

1.2 底盘线控技术系统关键技术

前已述及,底盘线控技术主要由传感器、电子控制单元(ECU)和执行器3个部分组成。与传统机械结构不同,底盘线控技术更多的是综合了传感与测试技术、电工电子技术、控制技术、控制算法以及汽车动力学分析等多学科知识,具有很强的综合性和专业性。在底盘线控技术的应用中涉及诸多关键性技术的研究。

1.2.1 传感器技术

线控系统要作出正确的决策必须要有准确的信息作为保障。汽车的车速、车轮转速、发动机的转速、机油压力、冷却液温度、进气压力、节气门位置、变速器的挡位等信息都是由传感器获得的,传感器的精度和可靠性直接影响整个线控系统的控制效果。设计研发精度高、可靠性好、成本低、体积小的传感器对汽车线控系统的发展有着重大意义。随着汽车传感器在汽车电子控制领域的广泛应用,汽车传感器正沿着微型化、多功能化、集成化和智能化的方向发展。

微型传感器的安装可以不受空间大小的制约。微型传感器的能耗更低,受外界环境的干扰更小。在该领域比较有代表性的技术是微机电系统(Micro Electro Mechanical System,

MEMS)技术,也称为微电子机械系统、微系统、微机械等。它利用微电子机械加工技术将微米级的敏感元件、信号处理器、数据处理装置封装在同一芯片上,具有体积小、价格便宜、可靠性高等特点,并且可以明显提高系统测试精度。MEMS 微型传感器在降低汽车电子系统成本及提高其性能方面具有优势,逐步取代基于传统机电技术的传感器。

智能传感器是通过工艺技术手段将传感器与微处理器两者紧密结合,将传感器的敏感元件及其信号调理电路与微处理器集成在一块芯片上的新型处理器,它不仅能够实现传统传感器的功能,还能充分利用微处理器的计算和存储能力。不但可以对传感器的测量数据进行计算、存储、数据处理,还可以通过反馈回路对传感器进行调节,大大提高了传感器的精度。微处理器充分发挥各种软件的功能,可以完成硬件难以完成的任务,从而大大降低了传感器制造的难度,提高传感器的性能,降低成本。

1.2.2　容错控制技术

为了提高汽车的可靠性和安全性,汽车线控系统必须采取容错控制,即当有些部件出现故障或失效时,它们在系统中的功能可以用系统中的其他部件部分或完全代替,使系统能继续保持规定的性能或不丧失最基本的功能,或进一步实现故障系统的性能最优。

如图 1.20 所示为容错控制系统的控制原理图,系统收集来自执行器、被控对象和传感器传来的故障信息,进行故障检测,然后把检测的结果传输到容错控制器,由容错控制器对控制系统进行修正。容错控制分为被动容错控制和主动容错控制。被动容错控制基本思想是在不改变控制器和系统结构的条件下,从鲁棒控制思想出发设计控制系统,使其对故障不敏感。其特点是不管故障发生不发生,它都采用不变的控制器保证闭环系统对特定的故障具有鲁棒性。被动容错控制不需要故障诊断单元,不需要任何实时的故障信息。从处理不同类型故障分,被动容错控制有可靠镇定、联立镇定和完整性 3 种类型。主动容错控制是在故障发生后根据故障情况对控制器的参数重新调整,甚至还要改变结构。主动容错控制对发生的故障能够进行主动处理。主动容错控制需要设计较多的控制算法,能够最大限度地提高控制系统的性能。

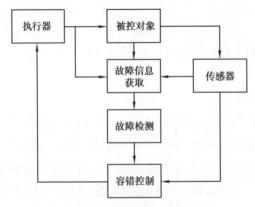

图 1.20　容错控制原理图

1.2.3　总线通信技术

数据总线是指在一条数据线上传递的信号可以被多个系统共享,从而能最大限度地提高系统整体效率,充分利用有限的资源。例如,常见的计算机键盘有104位键,可以发出100多个不同的指令,但键盘与主机之间的数据连接线却只有7根,键盘正是依靠这7根数据线通过不同的编码来传递信号的。

如果把这种方式应用在汽车电气系统上,就可以大大简化汽车电路,通过不同的编码信号来表示不同的开关动作、信号解码,然后根据指令接通或断开对应的用电设备如前照灯、刮水器、电动座椅等。数据总线能将过去一线一用的专线制改为一线多用制,大大减少了车上电线的数目,减小了整车线束的长度。当然,数据总线还将计算机技术、通信技术等融入整个汽车电气系统之中,加速了汽车智能化的发展。如图1.21所示为现在广泛应用的CAN总线技术拓扑图,通过两条线CANH和CANL线即可实现各种信息的传输。

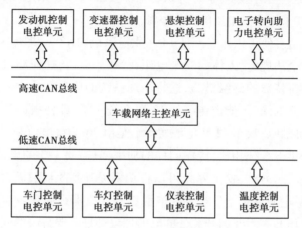

图1.21 汽车总线技术拓扑图

汽车网络技术从20世纪80年代提出以来,迄今为止,已形成了多种网络标准。目前存在的多种汽车网络标准,其侧重的功能有所不同。20世纪90年代中期,美国汽车工程师协会(SAE)按照汽车上网络系统的性能由低到高将其划分为A级、B级、C级网络,D级以上没有定义,详见表1.1。

表1.1 汽车网络分级

类 别	对 象	位移率 /(Kb·s^{-1})	应用范围	主要总线
A	面向传感器执行器的低速网络	1~10	电动门窗、座椅调节、灯光照明等控制	TTP/ ALIN
B	面向独立模块间数据共享的中速网络	10~125	电子车辆信息中心、故障诊断、仪表显示、安全气囊等系统	CAN
C	面向高速,实时闭环控制的多路传输网	125~1 000	悬架控制、牵引控制、发动机控制、ABS等系统	CAN TTP/C FlexRay

区别基于事件触发通信的标准CAN协议,目前基于时间触发的通信网络协议即TTCAN(Time Triggered CAN)已经被汽车企业广泛采用,在明确定义的时间点执行操作即各线控系

统同步之后,每个系统在一个特定的时间窗口传送自己的信息,而不必再去竞争总线,提高了数据的传输速率和可靠性。

1.2.4　其他关键技术

(1)汽车电源技术

随着汽车上线控系统数量的增多,传感器、控制器和执行机构也随之增多,这就需要汽车有强大的电力保证。传统的小型汽车电源都是采用 14 V 电源系统,仅能提供 3 kW 左右的功率,随着线控系统数量的增多,系统各执行器需要的功率越来越大,传统的汽车电源难以保证用电需求,需要采用更高电压的汽车电源。

汽车电器数量的增多使得汽车电源从 14 V 供电系统向 42 V 供电系统转化成为必然的趋势。根据欧洲的安全法规定,人体的安全电压在 50 V 以内,任何超过 60 V 电压的系统,在导线和连接处都要有特殊的绝缘措施,这将增加系统的质量和成本。选择 42 V 电压,就是希望在满足电能需要的同时,能像传统的 12 V 系统一样,即使触碰到电极或金属车体时不会对人身安全造成威胁。汽车 42 V 电源实际上是由 36 V 蓄电池和 42 V 交流/直流发电机组成,与传统 12 V 供电系统相比,传输同样的功率,只需要 1/3 的电流,极大地降低了负载的电流和能量的损耗。另外,42 V 系统可以将功率提升到 8 kW,极大地提高了带负载的能力。汽车更换 42 V 电源系统不只是更换电源以及线束那么简单,汽车的结构、电器之间的功率匹配以及因电压升高引起的开关处的电弧现象都是需要解决的问题。

(2)汽车行驶状态和参数的估计

汽车线控系统的实现需要很多汽车行驶状态和参数的保障,而这些参数一部分是通过传感器测得的,像车速、发动机转速、转向盘的转角等,还是很多参数是传感器无法直接测得的,如路面的附着系数、制动时轮胎的滑移率、前后轮侧偏角,以及车轮纵/侧垂向力等。即使传感器可以测得的参数也会受到传感器精度的影响,如存在标定误差以及温度漂移误差的影响,这些参数往往需要经过处理才能使用。针对汽车行驶状态和参数,国内外学者做了大量的研究,包括采用线性观测器、鲁棒观测器、滑模观测器和龙贝格观测器以及卡尔曼滤波算法来进行估计和预测。由于模型往往采用的是比较固定的参数,因此与实时变化的实际情况存在着一定的差距。

(3)汽车动力学分析

汽车线控系统的动力学建模与分析是开发控制算法的基础。特别是对于自动驾驶汽车而言,汽车动力学模型与运动学模型的建立是出于汽车运动的规划与控制考虑的。自动驾驶的场景下,控制系统的作用就是控制汽车尽可能精确地按照规划轨迹行驶。这就要求规划轨迹尽可能贴近实际情况。也就是说,轨迹规划过程中应尽可能考虑汽车运动学及动力学约束,使得运动控制的性能更好。对汽车进行准确的动力学分析和精确的建模是实现自动驾驶的关键步骤。

（4）汽车线控系统的集成

随着底盘控制功能的增加，相应的执行机构、传感器等数量也不断增加，子系统间的耦合、影响，甚至控制动作的冲突将不可避免。即使每个控制子模块达到很好的独立控制效果，如果不作任何协调或监督管理，可能仍达不到各自的控制目标。由于轮胎地面侧向力、纵向力和法向力之间存在耦合，因此线控转向系统、线控制动系统等的应用并不是简单的叠加，而是要对不同的子系统进行集成控制或协调控制。通过传感器信息融合、集成优化、控制、容错、故障诊断等，使线控转向系统与线控制动系统相互协调，实现轮胎地面力的最优分配，进而使操纵稳定性、主动安全性、舒适性、制动性能等整车综合性能达到最优。

（5）全矢量控制底盘线控技术

传统汽车是典型的欠驱动系统，只有油门踏板、制动踏板和转向盘 3 个关键的操纵装置，只能实现车辆总体的纵向和横向两个相对独立的可控输入，其动力学控制难度大、易失稳。随着汽车电控技术的发展，通过电控单元实现的控制输入量逐渐增多，汽车逐渐朝着全驱动甚至过驱动系统转变。

每个车轮受到的路面作用力都可分为纵向、横向和垂向 3 个相对独立的力，一辆常规四轮车辆系统的最大独立输入集合就包含上述的 12 个作用力（4 个车轮 ×3 个方向）。如果一辆汽车能够实现所有车轮的三维度作用力均独立可控，那么就称为全矢量控制（Full Vector Control，FVC）汽车。基于已具备的轮毂电机驱动技术和"电—液"线控制动技术，大转角的独立转向机构与基于磁流变阻尼器和空气弹簧的主动悬架，以实现"驱动—制动—转向—悬架"一体化的多功能电动轮系统，其构想如图 1.22 所示。

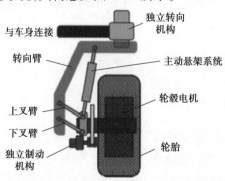

图 1.22　"驱动—制动—转向—悬架"一体化电动轮结构原理

全矢量控制汽车是典型的过驱动系统，每个车轮都具有驱动、制动、转向和悬架 4 个独立的操控部件。常见的四轮车辆系统共有 16 个可控输入，涵盖了车辆的最大独立输入集合，即可以实现 12 个独立车轮作用力的调控。FVC 汽车增加可控输入后，一方面，可以扩展整车动力学可控范围，减少汽车多个性能指标之间的相互制约，提高多目标优化的理论上限；另一方面，各功能的执行器之间可以形成交叉冗余的互补机制，保证车辆在各种部件失效工况下的安全性。FVC 汽车的主要功能集中在车辆底盘上，需要突破常规智能汽车底盘线控技术的架构，设计新型的全矢量控制底盘线控技术（简称 FVC 底盘）架构及其功能实现的方式,其基本架构示意如图 1.23 所示。4 个车轮是可以独立进行驱动、制动、转向和悬架调节的电动轮,且具备独立的电子电控系统。FVC 底盘动力学域控制器作为整个底盘的主控模块,负责整车的动力学控制和 4 个电动轮的动态协调。

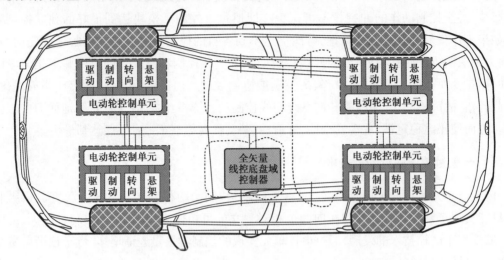

图 1.23　汽车全矢量控制底盘线控技术的基本架构

1.3　底盘线控技术现状与发展趋势

底盘线控技术系统取消了大量的机械连接装置及液压/气压等辅助装置,具有响应速度快和控制精度高的特点,易于实现车辆的自动控制,是自动驾驶技术实现的基础。常规底盘线控技术主要包含线控转向、线控制动、线控驱动和线控换挡技术。其中,线控驱动(线控油门)和线控换挡技术发展较为成熟,在各大车企中应用较为常见,其渗透率稳定。而线控转向和线控制动技术则处在快速发展和应用的阶段。

1.3.1　底盘线控技术现状

(1)各线控子系统发展现状

①线控驱动(线控油门):对于传统内燃机汽车而言,目前在乘用车和商用车上普遍应用,市场占有率达 99% 以上;对于新能源汽车而言,线控驱动技术已经全面应用,现在正处于集中电机驱动阶段,随着电气化水平的提高,未来将向以轮边电机和轮毂电机为代表的分布式驱动发展。

②线控转向:目前主要处在研发阶段。从整车厂角度,已搭载该技术的量产车型仅英菲尼迪旗下的几款车,国内高校如同济大学等正在进行预研发;从供应商角度,目前博世、采埃孚等厂商正积极研发样件,但还未在整车上搭载。

③线控制动:目前新一代的线控制动产品技术完善、工艺成熟,针对性地面向自动驾驶应用场景,初步进入量产阶段,主要供应商有博世、大陆、采埃孚、天合、日立、爱德克斯和布雷博等。目前全球主要的线控制动系统供应商为博世、大陆、采埃孚、天合,其中博世率先自研布局线控制动,占据领先的市场地位,其市场份额比重达到 65%。如图 1.24 所示为线控

制动系统全球市场份额。

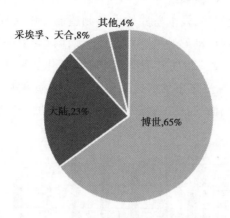

图1.24 线控制动系统全球市场份额

④线控悬架:线控悬架虽能自动调节线控弹簧的刚度、车身高度以及减振器阻尼,但由于质量、成本和可靠性的原因,目前属于非刚需配置,主要在C级和D级车中配备。对于整车厂而言,线控减振器的装配优先级最高,其次是线控弹簧,最后是线控防倾杆。从发展潜力上讲,线控空气弹簧、CDC(Continuous Damping Control,译为"连续减震控制")和MRC(Magnetic Ride Control,译为"主动电磁感应悬架")型线控减振器的未来发展前景相对较好。

⑤线控换挡:线控换挡系统摆脱了换挡机构与变速箱的机械连接,从而让设计师可以充分发挥想象力把换挡机构设计成想要的各种形式。同时线控换挡对换挡逻辑的安全设计和用户交互提出了更高的要求。线控换挡(电子换挡)是汽车智能化的基础,是大形势的需要,目前"新四化"的发展战略,带动各大汽车厂商都在向电动化、智能化方向发展,其中自动泊车和智能驾驶是智能化的基础,而它们都是基于电子换挡系统才能开发的功能。

(2)国内线控技术发展现状

随着新能源汽车与自动驾驶技术的快速发展,我国底盘线控技术行业在这样的大环境下有较大的市场前景。数据显示,2020年我国底盘线控技术行业市场规模达到111.1亿元,预计2026年将达到574.6亿元。如图1.25所示为2019—2026年我国底盘线控技术行业市场规模预测。

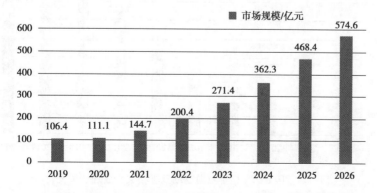

图1.25 2019—2026年我国底盘线控技术行业市场规模预测

从下游需求来看,随着汽车行业的快速发展,消费者对汽车安全性的要求越来越高,汽车底盘中主要系统经历了以机械系统为主、电子辅助机械系统向线控技术系统发展的阶段。受益于汽车电动化、智能化趋势,及下游原始设备制造商集中布局 L3 及 L3 以上自动驾驶,底盘线控技术作为更高级别自动驾驶的必备硬件,预计行业发展将迎来渗透率爆发式增长阶段。如图 1.26 所示为 2012—2021 年我国汽车产量变化。2021 年上半年我国汽车产量达到 1 256.9 万辆,其中新能源汽车市场渗透率超过 15%。高度自动驾驶汽车将实现限定区域和特定场景商业化应用。而底盘线控技术作为汽车电动化和智能化的核心技术,有望迎来规模爆发期。

图 1.26   2012—2021 年我国汽车产量变化

除此之外,自动驾驶技术在过去数年内已经成为汽车工业发展的一大风口,如图 1.27 所示,数据显示 2016 年以来我国自动驾驶相关企业注册年平均数量超过 1 000 家。而 L3 及 L3 以上更高级别自动驾驶的实现,离不开底盘执行机构的快速响应和精确执行,以达到与上层的感知和决策的高度协同。而底盘系统的升级,也就意味着其中驱动系统、制动系统和转向系统等功能模块的升级。从自动驾驶行业的产业规划来看,"十四五"时期是国内 L3 级别自动驾驶技术快速发展成熟的时期。随着未来自动驾驶水平进一步提高,预计线控转向渗透率将持续提升。对于智能驾驶来说,线控制动和线控转向子系统尤其重要。

图 1.27   2011—2020 年我国自动驾驶相关企业注册量变化

中国公司中,万向钱潮、万安科技、亚太机电、拿森、伯特利等都在研究线控制动技术。其中,亚太机电的 IEHB 已实现集成装车于北汽银翔,拿森的 Nbooster 已在 2019 年 1 月成功装配于北汽 EC3,伯特利的 WCBS 于 2020 年 5 月开始量产。伯特利具有成熟完整的 ABS、ESP 和 EPB 技术,尤其 EPB 技术可作为线控制动的电子冗余,one-box 方案进度领先其他国内厂商。

1)上海拿森汽车电子有限公司

上海拿森汽车电子有限公司(以下简称"上海拿森")成立于 2016 年 3 月,位于上海浦东新区,是国内同时具备线控制动和线控转向两大核心技术的公司。其主要产品有 NBooster 智能线控制动系统、EPS 智能线控转向系统、ESC 车辆稳定控制系统,以及满足 L3/L4 级自动驾驶完整底盘线控技术产品,并形成了从研发、设计到量产的综合能力。围绕汽车智能化,上海拿森布局了智能汽车和自动驾驶底盘线控技术核心产品,为主机厂提供完整的底盘线控技术解决方案。如图 1.28 所示为上海拿森 NBooster 智能线控制动系统,如图 1.29 所示为上海拿森 EPS 线控转向系统。

图 1.28　上海拿森 NBooster 智能线控制动系统

图 1.29　上海拿森 EPS 线控转向系统

其开发的 NBooster + ESC 冗余线控制动解决方案具备电源冗余、通信冗余、控制器冗余、执行器冗余、轮速冗余和驻车冗余等制动冗余特征,可充分满足 L2 级松手辅助、L3/L4/L5 级自动驾驶、限制场景/全自动泊车等不同场景里的自动驾驶应用,无论是 NBooster 失效,轮速传感器失效,还是 ESC 失效,都有备份方案保证车辆正常制动。该解决方案采取全方位措施以应对安全出行挑战,满足 L3/L4 自动驾驶需求。

2)上海同驭汽车科技有限公司

上海同驭汽车科技有限公司(以下简称"同驭汽车")核心团队自 2012 年起,开展 EHB

相关研发工作,是国内较早研发电子液压制动(EHB)系统的团队之一,团队具备机械、电控、算法、标定与测试全方位技术能力。全球目前只有博世、大陆、天合、日立等十余家国外知名汽车零部件公司相继开发出线控制动系统,同驭汽车成为国内首批量产线控制动系统的公司之一。

同驭汽车经过七代样机研发迭代,已掌握全部核心技术,并开发出国内先进的 EHB 产品,图 1.30 所示。同驭汽车的 EHB 主要为乘用车、商用车、无人驾驶车辆等企业客户提供技术服务以及销售相关零部件。同驭汽车已为日产、吉利、江淮、阿里、美团等 60 多家客户配套,涵盖乘用车、商用车、无人驾驶等各领域。图 1.31 所示为同驭汽车电子液压制动(EHB)系统,它的优势主要有噪声小,制动感觉可调且制动性能稳定,能量回收率高等。

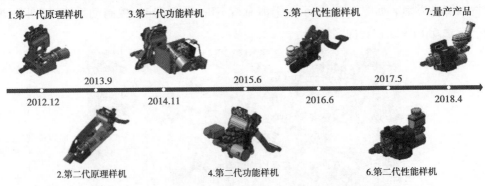

图 1.30 同驭汽车 EHB 开发历程

3)芜湖伯特利汽车安全系统股份有限公司

芜湖伯特利汽车安全系统股份有限公司(以下简称"伯特利")始建于 2004 年 6 月,已具备智能电子驻车系统(EPB)、汽车防抱死系统(ABS)、整车稳定控制系统(ESC)、电动尾门系统(ELGS)以及线控制动系统(WCBS)和高级驾驶辅助系统的独立开发与制造能力。2019 年 7 月,伯特利发布线控制动产品 WCBS,如图 1.32 所示。

图 1.31 同驭汽车电子液压制动(EHB)系统　　图 1.32 伯特利集成式线控制动系统 WCBS

WCBS 为客户提供 one-box 一体式解决方案,该产品不仅集成了真空助力器、电子真空泵、主缸和 ESC 的功能,还可以集成第三方控制软件,如胎压监测、EBD(电子制动力分配)、AEB(自动刹车辅助系统)、AVH(自动驻车系统)等,能更好地满足电动汽车、智能驾驶对制动系统的新需求。此外,该产品更好地实现了解耦,从而能 100% 充分利用电机的能力对制动能量进行回收。目前全球范围内与伯特利线控制动类似的产品,其技术主要集中于国际几大零部件行业巨头。WCBS弥补了国内同类产品的欠缺。伯特利产品具备快速增压、高度集成、解耦制动、优良的噪声性能以及集成后质量更轻的技术优势。

4)长城汽车股份有限公司

2021年6月29日,长城汽车股份有限公司(以下简称"长城汽车")在保定哈弗技术中心发布以全新电子电气架构和智慧底盘线控技术为核心的"咖啡智能2.0"技术。长城汽车本次发布的"咖啡智能2.0"包括一套全新的电子电气架构和一个全新的智慧底盘线控技术。它是底盘架构的一次全面革新,是实现高阶自动驾驶的载体以及围绕智能座舱、智能驾驶、智能服务的三大升级。长城汽车的智慧底盘线控技术系统是一套更完善的底盘解决方案。它从设计之初就以L4级及以上自动驾驶为目标搭建技术平台,并整合了线控转向、线控制动、线控换挡、线控油门、线控悬挂五大核心底盘系统,涵盖车辆前后左右上下6个自由度的运动控制,囊括所有底盘驾驶动作。

2021年7月26日,长城汽车正式推出了"智慧底盘线控技术"技术的介绍。该技术是100%自主知识产权,并且所有"人车解耦核心领域软硬件"都是长城汽车自主设计完成。预计在2023年正式投入商业应用,2025年长城汽车"智慧底盘线控技术"高阶自动驾驶前装渗透率将达到40%。

长城汽车相关资料显示,"智慧底盘线控技术"是一个划时代的智能底盘技术平台,支持L4级别以上的自动驾驶。同时,该平台所搭载的电子机械线控制动系统,是全球首个四轮EMB量产技术,汽车制动响应时间缩短至80 ms,并且还支持踏板收折。"智慧底盘线控技术"有着五大系统线控相互协调(线控转向、线控悬挂、线控制动、线控油门、线控换挡)技术,使汽车在100 km/h的时速下制动距离减少了4.8 m。如图1.33所示为长城汽车智慧底盘线控技术,图1.34所示为长城汽车智慧底盘线控技术——智能座舱。

图1.33 长城汽车智慧底盘线控技术

图1.34 长城汽车智慧底盘线控技术——智能座舱

（3）国外线控技术发展现状

国外对线控汽车研究起步较早。早在20世纪五、六十年代,美国天合(TRW)公司等转向系统供应商和德国Kasselmann和Keranen等就试图将转向盘与转向车轮之间用控制信号代替原有的机械连接,国外在线控转向和线控制动方向的研究和应用一直处于领先地位。

市场上线控制动技术主流的路线是电子液压制动(EHB)系统,且已经有多款量产产品,如博世的iBooster、大陆的MK C1等。电子机械制动(EMB)系统技术不够成熟,目前仍处于研发阶段。

1）德国采埃孚股份公司

德国采埃孚股份公司(ZF Friedrichshafen AG)(以下简称"ZF")是一家全球性技术公司,成立于1915年,致力于为乘用车、商用车和工业技术领域提供下一代移动性系统产品。ZF能使车辆进行自主观察、思考和行动。在车辆运动控制、集成式安全系统、自主驾驶以及电驱动四大技术领域,ZF能为现有的汽车制造商以及初创出行服务供应商提供广泛的解决方案,能为各种车型提供电驱动解决方案。自1981年进入中国以来,ZF在中国取得了稳固、长足的发展。目前,ZF在上海设置亚太地区总部,并有两个研发中心。ZF在上海、北京、天津、重庆、杭州、苏州、南京、长春、沈阳、成都、西安、武汉约24个中国主要城市,布局近40家制造工厂、3家售后公司,以及近240个售后服务网点,更将所有ZF的全球先进技术都引入了中国。

ReAX EPS是ZF推出的全球首款全电动商用车转向样机,其搭载一台扭矩达70 N·m的电机,可接管从横向控制到L4级自动驾驶在内的各项任务,一定程度上有利于货车在特定区域实现自动控制,如高速公路或厂区内。如图1.35所示为ZF新型全电动转向装置ReAX EPS。该装置中取消了液压及外围设备,其伺服力全部来自电机。ZF EPS可能为以后的线控转向应用提供支持。全电动转向的独特优势在于,它是先进驾驶辅助系统(ADAS)以及自动驾驶系统两大系统的重要组成部分,而这两大系统是提高车辆安全性、减轻驾驶员负担的重要助力。

同时,ZF作为线控减振器的领头企业,深耕CDC型线控减振器,目前已至少开发了四代产品,新品在系统集成上有新的突破。ZF的线控减振器将传感器集成进控制单元,比起其他品牌的线控减振器不仅减少了零件数量、减轻了系统质量,还降低了装配工作量,节约了空间。未来ZF的线控减振器技术将会逐步向下拓展到中小型车上。如图1.36所示为CDC线控减振器及电磁阀结构示意图。

图1.35　ZF新型全电动转向装置ReAX EPS　　图1.36　ZF旗下CDC线控减振器及电磁阀结构示意图

2）罗伯特·博世有限公司

罗伯特·博世有限公司（以下简称"博世"）成立于 1886 年，已经有百年的历史。博世于 1909 年首次进入中国市场，开设了第一家贸易办事处。1926 年，博世在上海创建了首家汽车售后服务车间。在过去的 100 余年里，博世见证了中国社会日新月异的变化——尤其是改革开放以来经济的迅速崛起。截至 2020 年 12 月 31 日，博世在中国经营着 56 家公司，销售额达 1 173 亿元人民币，中国市场首次成为博世最大的单一市场，也是博世除德国以外拥有员工人数最多的国家。博世的产品涉及汽车技术、工业技术、消费品和建筑智能化技术等领域。博世汽车技术部包括汽油系统、柴油系统、底盘系统、能源及车身系统、汽车多媒体等。

博世在 2013 年就推出了第一代 iBooster 技术，目前主打的是第二代产品。iBooster 采用机电伺服设计，具备高动态建压能力，能够确保在紧急情况下更快自主建压，大幅缩短制动距离，提升行车安全。如图 1.37 所示为博世 iBooster 电控制动助力器结构示意图。

储液器

主缸

踏板行程传感器

电控单元（集成电机和电子控制单元）

踏板接口

图 1.37　博世 iBooster 电控制动助力器

驾驶员踩下制动踏板时，获取踏板的位移，通过 ECU 计算后控制电机推动主缸实现制动。iBooster 制动技术具备很多优点，与传统真空助力器制动技术相比，最大的区别是没有真空泵，集成了各种传感器和控制器，体积和质量大大缩减，便于布置，制动响应速度更快，是实现自动驾驶的基础技术之一。

3）大陆集团

大陆集团始建于 1871 年，是全球领先的汽车零部件供应商之一。成立初期其主要生产橡胶制品、橡胶布以及马车和自行车的实心轮胎，如今其业务已经涵盖制动系统、动力总成及底盘的系统和零部件、仪表、信息娱乐系统、汽车电子、轮胎及工业橡胶制品等多个方面。1994 年，大陆集团正式进驻中国市场。目前，大陆集团在中国共设有 23 处生产基地、13 个研发基地，员工总数超 21 000 名。

如图 1.38 所示为大陆集团重点推出的电动液压式制动系统 MK C1 结构示意图，该产品自 2016 年开始投产，用于阿尔法·罗密欧 Giulia 新款车。它能够快速、精确、主动地建压，非常适合自动化驾驶，同时可实现 100% 的制动能量回收。MK C1 将串联主缸、制动助力器、控制系统（制动防抱死系统 ABS 和电子稳定控制系统 ESC）整合成为一个结构紧凑、质量轻的制动模块。

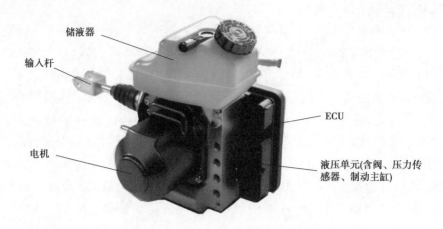

储液器

输入杆

ECU

电机

液压单元(含阀、压力传感器、制动主缸)

图 1.38　大陆集团 MK C1 线控系统

1.3.2　底盘线控技术发展趋势

(1)电动化推动底盘线控技术发展

在电池成本下降、产品技术提升等因素的推动下,全球电动车产销量快速增长,电动化成为全球汽车产业的发展方向。这为底盘相关零部件带来新的发展机遇。对比传统燃油车和新能源汽车的底盘系统,传动系统发生了较大变化,如制动系需要将机械真空泵替换成电子真空泵,行驶系和转向系基本一致,此外还需要新增电池盒等零件。

简单来说,沿用传统底盘的设计进行改造,虽然开发难度小、开发成本低、开发周期短,但是模块集成化较低、总体布置的难度较大,急需一种电动汽车专用的底盘平台,可以满足电动汽车设计更优化、集成度更高、性能更卓越的要求,底盘线控技术的出现可以很好地满足这样的要求。相较于原有底盘系统的刚性连接,线控系统更加柔性化,可以降低底盘设计和布局难度,避免子系统刚性连接而调整其他部件位置,有利于实现模块化底盘设计。在智能汽车时代,线控系统没有机械传递部件中的硬约束,基于电子控制单元(ECU)的系统控制策略可更加丰富,从而实现对底盘多个子系统的协同控制。

(2)智能化推动底盘线控技术发展

智能网联汽车是汽车产业的未来,伴随着汽车"新四化"的提出、政策暖风的频频吹动,智能网联汽车的发展迎来了新的机遇。智能汽车的感知识别、决策规划、控制执行 3 个核心系统中,与底盘相关的主要是控制执行,那么就需要对传统汽车的底盘进行线控改造以适用于自动驾驶。而且,整个智能系统对底盘线控技术的需求随着芯片处理系统以及多传感器深度融合、深度学习的发展在逐渐地上升。

线控技术是自动驾驶的基石。对于自动驾驶系统来说,线控油门、线控转向、线控制动这 3 个子系统尤其重要。特别是 L3 级别及以上等级的自动驾驶汽车,部分或全程都会脱离驾驶员的操控,这对智能驾驶控制系统的需求会迅速提高。

底盘线控技术是自动驾驶与新能源汽车中间的一个结合点,它是实现无人驾驶的关键载体。在自动驾驶还没有爆发之前,很少有人提到底盘线控技术这个概念。但是现在很多纯电动汽车的底盘已经具备了部分线控功能。随着自动驾驶的发展,底盘线控技术也得到了一个比较好的发展机遇,多种形态的高级别辅助驾驶或自动驾驶对底盘线控技术的需求正在增加。像蔚来 ES6、理想 ONE 以及小鹏 G3 等车型都配备了一定程度的高级别辅助驾驶,它们都需要底盘具有一定的线控功能。以制动系统为例,先进辅助驾驶或更高级的自动驾驶需要制动系统具备快速主动加压和精确控压的能力。传统的 ABS 不具备主动增压功能,ESP/ESC 具备主动增压功能但增压速度无法满足自动驾驶的需求。

(3)关键技术的突破

1)传感器技术更新升级

未来汽车传感器体积将更小,功能更加多样化,集成程度将更高。其优势比较明显,表现为工作时间更长、价格便宜、经济性好、可靠性高,并且可以提高系统测试准确度,以后将逐步取代传统传感器。

2)高电压供电系统的采用

经过研究发现,48 V 电压作为汽车供电电压既可以满足要求,又低于安全电压,是未来汽车电源的最佳选择。高电压供电系统的构思是采用双电压供电系统,12 V 一侧连接铅酸电池,给车灯、各种控制器和冷起动机供电,48 V 一侧安装 48 V 锂电池和起停电机,用于大功率用电器的供电。但是,高电压供电系统会带来系统设计、电弧管理、密封要求和导线设计等诸多难题,只有解决了这些难题,才能推动汽车电子行业继续向前发展。

3)控制系统集成化、网络化、智能化

采用新一代网络总线协议如 MOST、FlexRay 等,不仅满足带宽和传输速率的要求,还可以增加系统的可靠性。依托于互联网,实现自动导航、无人驾驶、自动避撞等操作,可大大提升汽车的安全性。恩智浦半导体执行董事、总裁兼首席执行官 Rick Clemmer 认为"未来的创新领域是互联汽车"。如图 1.39 所示为底盘线控技术系统电气架构 3~5 年后的发展趋势。

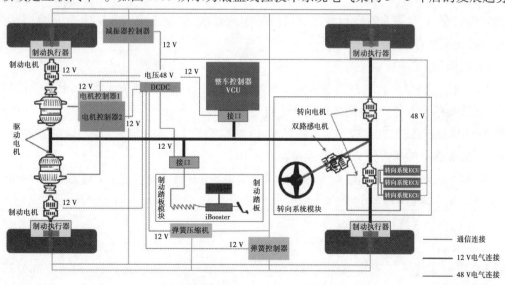

图 1.39 底盘线控技术系统电气架构趋势(3~5 年)

（4）智能电动底盘技术路线图框架

在 2021 年 10 月 19 至 21 日上海举办的中国汽车工程学会年会暨展览会上,清华大学车辆与运载学院教授张俊智发布"智能电动底盘技术路线图框架",他从智能底盘及其基本要求、总体目标与思路、具体目标与技术路径(乘用车智能底盘、商用车智能底盘、线控制动系统、线控转向系统、开发与测试平台、标准规范)、工作进展和后续安排等方面对"智能电动底盘技术路线图框架"作了介绍。

智能化后,对底盘提出了一些新的要求,也继承了原有的要求。第一个要求是安全,底盘与汽车行驶安全直接相关。第二个要求是体验,智能汽车对体验十分重视,而底盘是决定体验的重要环节,底盘方面的体验是一种高级的、与汽车运动相关的体验。第三个要求是低碳,底盘智能化后,引入一些耗能的装置,低碳成为智能底盘的一项基本要求。

1)智能底盘的总体目标和技术路线图思路

总体目标:2030 年智能底盘达到产品一流、技术引领。

2025 年目标:装载自主品牌线控制动、线控转向的智能底盘在有行业影响力的企业实现批量应用;智能底盘关键技术指标达到国际先进水平;关键部件产业链实现自主可控。

2030 年目标:自主智能底盘和线控执行的整车和零部件企业初步形成品牌效应;智能底盘总体达到国际先进水平,关键技术指标达到国际领先水平;智能底盘形成完整的自主可控产业链;培育有国际竞争力的企业。

2)乘用车智能底盘关键技术路径

智能底盘 1.0,底盘纵横向协同线控、实现 OTA;空气弹簧批量应用;底盘具备域控、形成标准化接口。

智能底盘 2.0,底盘纵向、横向、垂向三维协同线控,具备动力学控制全功能的冗余备份;可变减振器批量应用;实现软件定义底盘、形成标准化软件分离。

智能底盘 3.0,底盘纵向、横向、垂向三维协同实现自适应和自学习,全面满足功能安全、预期功能安全、信息安全对底盘软件、硬件、通信的要求;主动悬架产业链生态完整;高度集成的软件定义底盘、OTA 升级。

3)线控转向系统板块

2025 年目标:线控转向在高端车型实现批量应用,最高满足 L3 安全需求;具备关键零部件、控制策略的研发能力;关键部件产业链自主可控。

2030 年目标:线控转向应用形成市场规模,最高满足 L4 安全需求;具备全部零部件、控制策略、故障诊断的研发能力;全产业链自主可控。

路径方面,应对 L3 自动驾驶需求,采用六相电机、驱动电路冗余;应对 L4 自动驾驶需求,采用六相电机、双 ECU 冗余;应对 L5 自动驾驶需求,双电机及控制系统冗余。

4)线控制动系统板块

2025 年目标:线控液压、气压在电动及燃油高端车型实现批量应用,最高满足 L3 安全需求;EMB 完成样机研制;技术方面,控制性能达到国际一流水平,状态估计、传感等部分算法集成到域控;关键部件产业链自主可控。

2030 年目标:线控液压、气压实现大规模装车应用,最高满足 L4 安全需求;EMB 完成批量应用;技术方面,控制性能寿命、可靠性达到国际一流水平,实现软硬分离;完整产业链自主可控。

路径方面,单纯机械制动、EMB 以及两者结合的技术路线并存。

冗余方面,2025 年线控制动与现有 ESC、EPB 等组成多层次冗余,2030 年线控制动与全新备份制动、EPB 等形成冗余。

算法方面,2025 年面向 L3 使用场景实现多车紧急协同制动,2030 年面向 L4 使用场景实现极端路面、轮胎附着极限工况等多车协同制动。

硬件方面,2025 年关键部件兼容、性能国际一流,耐热达到量产水平;2030 年可靠性和寿命达到国际一流水平。

软硬分离方面,2025 年与电机控制相关、车载状态估计、传感等软件集成域控;2030 年软件集成到域控或中央控制器。

综上所述,底盘线控技术是一项全新的技术,它的运用和发展大幅度地提升了汽车的性能,进一步优化了汽车的设计,给汽车产业带来了新的发展方向和全新的变革,更好地满足了未来人们生活的需求。

本章小结

本章是汽车底盘线控技术的概述。主要介绍了线控技术的基本概念,底盘线控技术所包含的内容,其关键技术以及其在汽车上的应用现状及未来的发展趋势。所谓的线控技术就是将驾驶员的操纵动作经过传感器转变为电信号通过电缆直接传输到执行机构的一种系统。它采用导线柔性连接代替了原来的机械或液压连接,具有结构简单、安全、节能、环保等优势。但带来了一些挑战,如可靠性、成本等制约了线控技术的进一步发展。

目前,汽车底盘线控技术主要包含线控转向系统、线控制动系统、线控驱动系统、线控悬架系统和线控换挡系统 5 个子系统,基本上涵盖了底盘控制的各个方面。对底盘线控,传感器技术、容错控制技术、总线通信技术、汽车动力学的分析、线控技术的集成等都是其研究的关键技术。5 个子系统已经在车辆上实现了不同程度的应用。除了线控转向外,其余几项技术几乎已经发展成熟,实现了大规模的应用。随着汽车智能化、网联化和电动化的不断发展,线控技术的应用将越来越普遍,是今后汽车技术发展的重要方向之一。

课后习题

一、单选题

1.线控驱动技术又称为(   )。

    A.线控油门技术   B.线控踏板技术   C.线控制动技术   D.线控换挡技术

2.最早应用线控转向技术的车型是(   )。

    A.奥迪 A6   B.宝马 7 系   C.英菲尼迪 Q50   D.雷克萨斯 L40

3.电动助力转向系统的简称是(   )。

    A.ESP   B.EPS   C.ESC   D.ECS

4. 线控换挡主要应用在(　　)汽车上。

  A. 手动挡　　　 B. 自动挡　　　 C. 商用　　　 D. 乘用

5. 汽车线控技术可以用(　　)来表示。

  A. DBW　　　 B. DXW　　　 C. XBW　　　 D. XDW

6. 博世在 2013 年推出的第一代线控制动技术是(　　)。

  A. iBooster　　　 B. MK C1　　　 C. ReAX EPS　　　 D. EPS

7. 线控悬架系统也称为(　　)系统,是智能网联车辆的重要组成部分。

  A. 独立悬架　　 B. 非独立悬架　　 C. 多连杆悬架　　 D. 主动悬架

8. 为了减少能源的消耗,(　　)已成为全球汽车产业的发展方向之一。

  A. 智能化　　　 B. 电动化　　　 C. 网联化　　　 D. 共享化

9. 为了提高汽车的可靠性和安全性,汽车线控系统必须采取(　　)。

  A. ECU 控制　　 B. 软件控制　　 C. 硬件控制　　 D. 容错控制

10. 悬架是车架与(　　)之间的一切传力装置的总称。

  A. 车身　　　 B. 车轮　　　 C. 车桥　　　 D. 车体

二、多选题

1. 在下列选项中,(　　)属于智能网联汽车的线控技术。

  A. 线控转向技术　 B. 线控制动技术　 C. 线控驱动技术　 D. 线控换挡技术

  E. 线控悬架技术

2. 线控制动系统可分为(　　)。

  A. EHB　　　 B. EMB　　　 C. HBBW　　　 D. ECB

3. 线控悬架系统可以保证车身在(　　)等多种工况下的稳定性和舒适性。

  A. 防侧倾控制　　　　　　　 B. 防点头控制

  C. 防下蹲控制　　　　　　　 D. 不平整路面控制

4. 美国汽车工程师协会(SAE)按照汽车上网络系统的性能由低到高将其划分为(　　)。

  A. A 级网络　　 B. B 级网络　　 C. C 级网络　　 D. D 级网络

5. 汽车转向系统的发展经历了(　　)及线控转向系统等阶段。

  A. 机械转向系统　　　　　　 B. 液压助力转向系统

  C. 电子液压助力转向系统　　 D. 电动助力转向系统

三、判断题

1. 传统汽车线控驱动和电动汽车线控驱动是一样的。　　　　　　　　　(　　)

2. 汽车线控技术是起源于飞机的电传操纵系统(Fly-By-Wire)。　　　　(　　)

3. 48 V 电压作为汽车供电电压会成为未来的发展趋势。　　　　　　　(　　)

4. 对汽车进行准确的动力学分析和精确的建模是实现自动驾驶的关键步骤。(　　)

5. 传感器在底盘线控技术系统中可有可无。　　　　　　　　　　　　(　　)

6. 汽车上的总线只有 CAN 总线一种。　　　　　　　　　　　　　　(　　)

7. 线控驱动技术已经在汽车上广泛应用。　　　　　　　　　　　　　(　　)

8. ABS 是制动防抱死系统的简称。　　　　　　　　　　　　　　　　(　　)

9. 未来汽车传感器体积将更小,功能更加多样化,集成程度将更高。 （   ）

10. 线控转向目前没有在任何车型上应用。 （   ）

11. 电动化是全球汽车产业的发展方向之一。 （   ）

12. A 级网络是指面向传感器执行器的高速网络。 （   ）

四、填空题

1. 汽车由_____、_____、_____和_____4 个部分组成。

2. 线控系统主要由_____、_____和_____3 个部分组成。

3. 线控制动系统可分为_____、_____和_____3 种类型。

4. 智能汽车包括有_____、_____、_____3 个核心系统。

5. _____是自动驾驶的基石。

6. 容错控制分为_____控制和_____控制。

7. 线控油门系统取消了机械的拉索式结构,由油门位置传感器、ECU 和_____组成。

8. 悬架有_____和_____之分。

9. _____ V 电压作为汽车供电电压既可以满足要求,又低于安全电压,是未来汽车电源的最佳选择。

10. 为了提高汽车的可靠性和安全性,汽车线控系统必须采取_____技术。

11. 线控换挡是一种不需要任何机械结构,仅通过_____来实现变速器换挡的机构。

12. 汽车线控技术的简称是_____。

五、简答题

1. 线控转向系统由哪些部分组成?

2. 什么是容错控制技术?

3. 简述线控驱动系统的工作原理。

4. 汽车底盘由哪几部分组成?

5. 悬架的主要功能是什么?

6. 简述底盘线控技术的优缺点。

7. 简述转向系统的几种结构类型。

8. 线控制动系统主要有哪几种类型?

六、问答题

1. 底盘线控技术包括哪几部分内容?简述各部分基本结构特点。

2. 简述线控制动系统的类型及结构特点。

3. 底盘线控技术系统的主要关键技术有哪些?并简述。

第2章　汽车线控转向系统的构造

汽车转向系统的功用是使汽车按照驾驶员的意愿改变行驶方向,同时对汽车的操纵稳定性和主动安全性有重要影响。线控转向系统除了具有一般线控系统安全、轻便、控制精确的优点之外,还可以轻易地通过控制程序实现变传动比控制甚至理想传动比控制,即提高在低速时转向的灵敏性和高速时转向的稳定性。本章将系统学习线控转向系统的结构和原理,学习非常接近于线控转向的电动助力转向系统的结构和原理等。

【教学目标】

通过本章的学习,学生能够对汽车线控转向系统的结构组成和工作原理有一定程度的掌握,对汽车线控转向系统的关键技术有一个清晰的了解和认知。

【教学要求】

知识要点	能力要求
汽车线控转向系统结构认知	掌握汽车线控转向系统的概念及结构,了解汽车线控转向系统的布置方式和工作原理
汽车线控转向系统的关键技术	了解汽车线控转向系统的容错技术和路感反馈技术
汽车线控转向系统实训项目	了解汽车线控转向系统的应用实例以及如何排除线控转向系统的故障等

【案例导入】

提起线控转向,大家首先想到的就是英菲尼迪 Q50。然而,在博世华域转向系统有限公司(以下简称"博世华域转向")线控技术负责人看来,英菲尼迪 Q50 的转向系统中仍然有机械中间轴设计,还不能完全算作线控转向,如图 2.1 所示为博世华域转向在 2018 年 9 月路演的一辆奥迪车,其搭载的才是真正的线控技术。博世华域转向这款线控产品与其他产品相比,最大的不同就是完全取消了中间轴,这样做使机械完全断开,是真正意义上的线控转向。这样既能隔绝轮胎及底盘的振动,保证了驾驶的舒适性,还能实现转向比的数字参数化,使驾驶更加舒适。那么到底什么样的转向系统才算线控转向呢?线控转向比起传统转向有哪些优势和不足呢?

图 2.1　博世华域转向路演搭载车

2.1 汽车线控转向系统的结构

2.1.1 汽车线控转向系统组成

(1)汽车转向系统发展历程

汽车转向系统可分为两大类:机械转向系统和动力转向系统。其中,完全靠驾驶员手力操纵的转向系统称为机械转向系统。驾驶员作用在转向盘上的力矩通过机械零部件传递,通过转向器放大力矩,以实现车轮转向,其缺点是转向较沉重。借助动力来操纵的转向系统称为动力转向系统。动力转向系统可分为液压助力转向系统、电液助力转向系统、电动助力动力转向系统。

自1894年乘用车安装第一款现代意义上具备转向盘的转向系统开始,汽车转向系统结构一直在不断地创新发展。1954年,凯迪拉克汽车公司首次把液压助力转向应用于汽车上。经过几十年的技术革新后,出现了电控液压助力转向系统。1988年,日本铃木汽车公司在其小型轿车Cervo上装备了电动助力转向(EPS)系统,使EPS在日本得到迅速发展。欧美等国的汽车公司对EPS的开发比日本晚10年,但开发的力度较大。近几年,市场上出现了一些新技术——四轮转向系统及线控转向系统等,它们主要应用在一些比较高级或新型轿车上。技术与价格方面的原因使这两种转向系统目前还没有得到广泛应用。转向系统的发展大致经历了以下6个阶段:

①早期的纯机械转向系统。主体机械部分为转向器,经过多年的发展,其技术已经相当成熟,目前主要采用的有齿轮齿条式、循环球式和蜗杆曲柄销式等。

②机械控制液压助力转向(Hydraulic Power Steering,HPS)系统。它是在机械转向系统的基础上加装一套液压动力辅助装置组成的。转向油泵安装在发动机上,由曲轴通过皮带驱动并向外输出液压油。转向油罐由进、出油管接头通过油管分别与转向油泵和转向控制阀相连,转向控制阀用以改变油路。机械转向器和油缸体形成左、右两个工作腔,它们分别通过油道与转向控制阀连接。当驾驶员转动转向盘转向时,转向控制阀使转向油泵泵出来的工作液向左或右推动活塞,通过作用到传动机构使左、右前轮向左或右偏转,从而实现汽车的转向行驶。

③电子控制液压助力转向(Electronic Hydraulic Power Steering,EHPS)系统。它是靠液压力帮助驾驶员转向,但其液压泵(齿轮泵)是通过电动机驱动的,与发动机在机械上毫无关系,其助力效果只与转向盘速度和车辆的行驶速度有关。

④电动助力转向(Electric Power Steering,EPS)系统。它是一种直接依靠电动机提供辅助转矩的动力转向系统,可以根据不同的使用工况控制电动机提供不同的助力,实现转向助力随车速的变化而变化,仅在需要转向的时候提供转向动力,可降低燃油消耗率,且转向更加轻便。其最先在日本获得实际应用。1988年,日本铃木汽车公司开发出一种全新的电动助力转向系统,并装备在Cervo小型轿车上,随后又配备在Alto微型轿车上。此后,电动助力转向技术得到迅速发展,其应用范围从微型轿车、小型轿车向大型轿车和客车方向发展。

日本的其他汽车公司如大发、三菱、本田,以及美国的 Delphi 公司,英国的 Lucas 公司,德国的 ZF 公司都研制出了各自的 EPS。电动助力转向系统是动力转向系统的重要发展方向,它将逐渐取代液压助力转向系统。

⑤四轮转向(Four Wheel Steering,4WS)系统。其主要作用是提高汽车高速行驶或在侧向风力作用时的操纵稳定性,改善汽车低速行驶时的操纵轻便性,以及减小在停车场驻车时的转弯半径。本田 Prelude 轿车、马自达 602 轿车以及 GM Blazer XT-1 概念车都曾应用了四轮转向技术。如图 2.2 所示为奥迪 A8 的四轮转向,四轮转向系统除了传统的以前轮为转向轮外,后面的两个车轮也是转向轮。

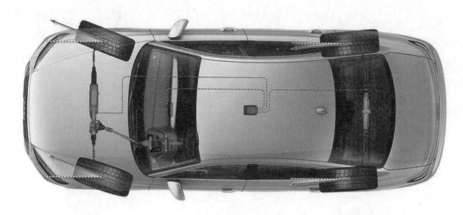

图 2.2　奥迪 A8 的四轮转向

⑥线控转向(Steering By Wire,SBW)系统。其研究可以追溯到 20 世纪 60 年代末期,当时德国的 Kasselmann 等试图将转向盘与转向车轮之间通过导线连接,受当时电子技术和控制技术的制约,一直无法在实车上实现。到了 1990 年左右,世界上各大汽车厂商、研发机构先后对 SBW 系统进行深入研究。目前,在一些汽车公司的概念车型上已经安装了 SBW 系统,预示着未来汽车的一个发展方向。2017 年,耐世特(Nexteer)公司开发了由"静默转向盘系统"和"随需转向系统"组成的线控转向系统,该系统可随需转向,在自动驾驶时转向盘可以保持静止,并可收缩至组合仪表上,从而提供了更大的车内空间。

纵观汽车转向系统的发展史,每一次技术变革都向着操作舒适、使用安全、节能环保的方向进步。电动助力转向系统作为现代汽车转向技术的主要配置,有着广阔的应用前景和发展空间。目前,世界上主要的汽车公司和零部件生产商都在研制或推出自己的电动助力转向系统。我国对转向系统的研究与发达国家之间还有相当的差距,第一步首先应开发拥有自主知识产权的 EPS,为进一步开发线控电动转向系统打下基础。

(2)电动助力转向系统结构和原理

电动助力转向(Electric Power Steering,EPS)系统是一种直接依靠电动机提供辅助转矩的动力转向系统,它的优点主要是结构简单、可以实现转向系统主动回正、噪声小、助力效果好和环保性好等。此外,转向助力由直流电动机提供,电动机只在需要动力转向时才消耗能量,极大地提高了燃油经济性。另外,EPS 不需要管路、泵、滑阀和转向液,维修方面有很大的优势。还可以根据不同的使用工况控制电动机提供不同的动力,实现转向助力随车速的变化而变化。

1)电动助力转向(EPS)系统的分类

电动助力转向(EPS)系统根据电机驱动部位和机械结构的不同,可将其分为转向管柱助力式、齿轮助力式、双小齿轮式、齿条平行式和齿条直接助力式等形式。

①转向管柱助力式(Column-EPS,C-EPS)。如图2.3所示,转向管柱助力式电动助力转向(C-EPS)系统的助力电机固定在转向管柱的一侧,通过减速增扭机构与转向轴相连,直接驱动转向轴助力转向。这种形式的电动助力转向系统结构简单紧凑、易于安装。

这种转向器的助力转矩经过了转向器放大,要求电机的减速机构传动比较小。电机布置在驾驶室内,工作环境好,对电机的密封要求低。但是电机安装位置距离驾驶员较近,要求电机的噪声一定要小。电机距离转向盘较近,电机的力矩波动容易直接传到转向盘上,导致转向盘振动,使驾驶员手感变差。助力转矩通过转向管柱传递,要求转向管柱有较大的刚度和强度。这种助力方式比较适合用于前轴负荷较小的微型轿车。

②齿轮助力式(Pinion-EPS,P-EPS)。如图2.4所示,齿轮助力式电动助力转向(P-EPS)系统的助力电机和减速增扭机构与小齿轮相连,直接驱动齿轮实现助力转向。助力电机不是安装在乘客舱内,可以使用较大的电机以获得较高的助力扭矩,而不必担心电机转动惯量太大产生的噪声。这种类型的转向系统可用于中型车辆,以提供较大的助力。

图2.3 转向管柱助力式电动助力转向机构 图2.4 齿轮助力式电动助力转向机构

这种转向系统的助力转矩经过了转向器放大,要求电机的减速机构传动比相对较小。电机安装在发动机舱内,工作环境较差,对电机的密封要求较高。但是电机安装位置距离驾驶员有一定距离,对电机的噪声要求不是太高。电机距离转向盘较远,电机的力矩波动容易直接传到转向盘上,使驾驶员手感适中。助力转矩不通过转向管柱传递,对转向管柱的刚度和强度要求较低。这种助力方式比较适合用于前轴负荷中等的轻型轿车,如北汽EV160采用的就是齿轮助力式电动助力转向系统。

③双小齿轮式(Dual-Pinion-EPS,DP-EPS)。双小齿轮式电动助力转向(DP-EPS)系统有两个小齿轮与齿条啮合:一个是电机驱动;另一个是驾驶员的操纵力驱动。

在双小齿轮式电动助力转向系统的结构中包含转向齿轮和驱动齿轮,其中,与转向管柱连接的齿轮是转向齿轮,与驱动电机连接的齿轮是驱动齿轮。扭矩传感器安装在转向小齿轮上,而驱动电机的输出力矩则通过蜗轮蜗杆减速机构作用在驱动小齿轮上并传递至齿条上,如图2.5所示。转向小齿轮可以不受转向系统传动比的约束,而采用更优化的传动比。

对于中型乘用车或者中型以上的乘用车而言,双小齿轮式电动助力转向系统是一种比齿轮助力式电动助力转向系统更为优越的设计。

④齿条平行式(Rack Parallel-EPS,RP-EPS)。齿条平行式电动助力转向(RP-EPS)系统将电机直接布置在齿条上,电机直接给齿条助力,如图2.6所示。这种系统的助力较大,适合于中大型的车辆。这种形式的转向系统一般通过滚珠丝杠和皮带将电机的助力传递到齿条上。

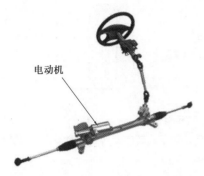

图2.5 双小齿轮式电动助力转向机构

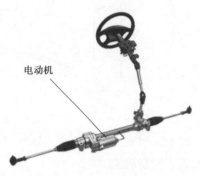

图2.6 齿条平行式电动助力转向机构

⑤齿条直接助力式(Rack Direct-EPS, RD-EPS)。如图2.7所示的齿条直接助力式电动助力转向(RD-EPS)系统的助力电机和减速增扭机构直接驱动齿条提供助力。其助力电机安装于齿条上的位置比较自由,在汽车的底盘布置时非常方便。同时,与C-EPS和P-EPS相比,RD-EPS可以提供更大的助力值,一般用于大型车辆上。这种转向系统的助力转矩作用在齿条上,助力转矩没有经过转向器放大,要求电机的减速机构具有较大的传动比。

图2.7 齿条直接助力式电动助力转向机构

电机安装在发动机舱内,工作环境较差,对电机的密封要求较高。电机安装位置与驾驶员之间有一定距离,对电机的噪声要求不是太高。电机距离转向盘较远,电机的力矩波动容易直接传到转向盘上,使驾驶员手感适中。助力转矩不通过转向管柱传递,对转向管柱的刚度和强度要求较低。

2)电动助力转向(EPS)系统的结构

电动助力转向直接依靠电动机提供辅助转矩,它可以根据不同的使用工况控制电动机提供不同的辅助动力。如图2.8所示为EPS系统的结构示意图,其主要包括扭矩传感器、车速传感器、电子控制单元、电动机、离合器、减速机构和机械转向器等。

EPS系统的大致工作原理为:当驾驶员操纵转向盘改变方向时,带动转向轴转动,扭矩传感器开始工作,把两段转向轴在扭杆作用下产生的相对转角转变成电信号传给ECU,ECU根据车速传感和扭矩传感器的信号决定电动机的旋转方向和助力电流的大小,并将指令传递给电动机,通过离合器和减速机构将辅助动力施加到转向系统中,从而完成实时控制的助力转向。

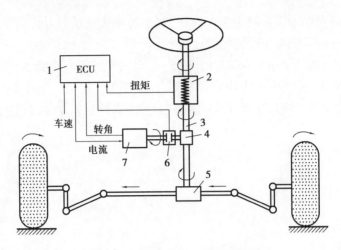

图 2.8　电动助力转向系统示意图

1—ECU;2—扭矩传感器;3—转向轴;4—减速机构;5—齿轮齿条式转向器;6—离合器;7—电动机

①ECU 控制功能。

a. EPS 控制。ECU 接收各传感器的信号,判断车辆当前的状况,并测定施加到直流电动机上相应的助力电流。对装有车辆稳定控制系统(VSC)的车型,根据制动防滑控制 ECU 信息,一起联合控制转向助力扭矩,使驾驶员的转向操作灵便,提高转向稳定性。同时,ECU 中的温度传感器用于检测 ECU 是否过热,如果温度传感器检测到 ECU 过热,则直流电动机上的助力电流就减小以降低温度。

b. 诊断与安全保护。如果 ECU 检测到 EPS 的故障,则与出现故障的功能相关的主警告灯点亮,提示驾驶员故障出现。同时,DTC(诊断故障代码)存储到存储器中,并进入安全保护模式。

②扭矩传感器结构。扭矩传感器用于检测作用于转向盘上扭矩信号的大小和方向,并把它转换为电信号用来计算扭力杆上的扭矩,然后将此信号输出到 ECU。按照扭矩测量原理分类,扭矩测量可分为传递法、平衡力法及能量转换法三类。由于电动助力转向的特殊工作条件,电动助力转向扭矩传感器都采用传递法进行测量,并要求传感器结构简单、工作可靠、精度适中。

目前,电动助力转向系统中的扭矩传感器种类很多,按测量原理分主要有电位计式、光式、电感式、电磁式、霍尔 IC 式和磁阻式等;按测量方式分有接触式和非接触式。接触式传感器主要代表有日系早期的扭矩传感器和美国 BI 公司的第一代扭矩转角传感器。其感知元件均采用高精度电位器,当扭杆发生形变转过一定角度时,机械结构巧妙地带动电位器同步旋转相应的角度,从而引起电位器的电阻发生变化,达到测量角度的目的。

如图 2.9 所示为美国 BI 公司生产的接触式、电位计式扭矩传感器的工作原理。在转向轴位置加一根扭杆,通过扭杆检测输入轴与输出轴的相对扭转位移,并将这种扭转变化传输给 ECU。通过多个滑动变阻器来控制输出信号,既能提供扭矩信号,又能提供转向盘位置信号。

如图 2.10 所示为扭矩传感器及其连接件的实物。

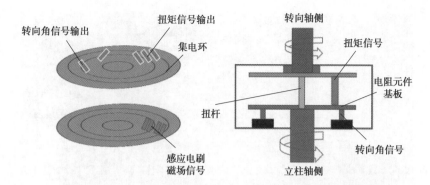

图 2.9　电位计式扭矩传感器原理

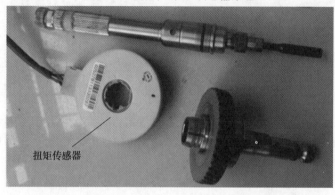

图 2.10　扭矩传感器和连接件

③减速机构。如图 2.11 所示为齿轮助力式电动助力转向(P-EPS)系统所采用的蜗轮蜗杆减速机构示意图。减速机构通过蜗杆和蜗轮传动降低电动机的转速,增大扭矩,并将其传送到转向齿轮。蜗杆由滚珠轴承支承以减小噪声和摩擦,在 EPS 系统结构里多数采用蜗轮蜗杆减速机构。如图 2.12 所示为电动机与蜗轮蜗杆实物。

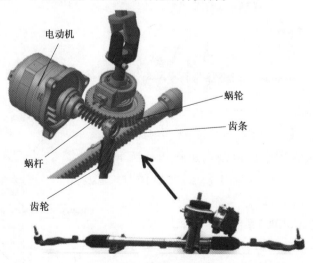

图 2.11　蜗轮蜗杆减速机构

图 2.12　电动机与蜗轮蜗杆实物

如图 2.13 所示为齿条平行式电动助力转向(RP-EPS)系统所采用的滚珠丝杆式传动机构。滚珠丝杆的主要结构包括丝杆、螺母、钢球、反向器和挡圈等。滚珠丝杆的传动原理与循环球式转向器类似:电机旋转,通过皮带轮带动丝杆螺母旋转,丝杆螺母内的螺旋槽与螺杆的螺旋槽相匹配,形成一个圆柱形的螺旋槽,螺旋槽内部充满钢球。丝杆螺母固定在转向器上,当丝杆螺母旋转时,通过中间的钢球挤压,带动丝杆左右移动。而中间的钢球通过返回管或者反相器等结构进行循环滚动。

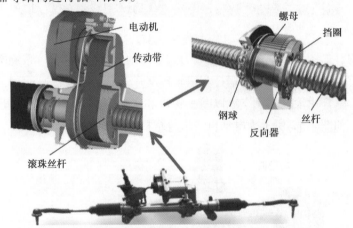

图 2.13　滚珠丝杆式传动机构

④电磁离合器。如图 2.14 所示的电磁离合器可以保证电动助力只在预定的范围内起作用。当车速、电流超过限定的最大值或转向系统发生故障时,离合器便自动切断电动机动力,恢复手动控制转向。

3)电动助力转向(EPS)系统控制功能

实际上目前的电动助力转向(EPS)系统非常接近线控转向了。EPS 与线控转向之间的主要差异就是线控转向取消了转向盘与车轮之间的机械连接,用传感器获得转向盘的转角数据,然后 ECU 将其折

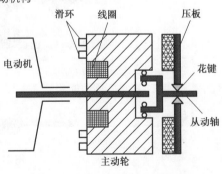

图 2.14　单片干式电磁离合器

算为具体的驱动力数据,用电机推动转向机转动车轮。而 EPS 则根据驾驶员的输入来增加转向力。线控转向的缺点是需要模拟一个转向盘的力回馈,因为转向盘没有和机械部分连接,驾驶者感觉不到路面传导来的阻力,会失去路感,不过在无人车上,就无须考虑这个因素了。在英菲尼迪 Q50L 上线控转向还保留机械装置,保证即使电子系统全部失效,依然可以正常转向。

①基本助力控制。当汽车低速转向时,EPS 系统提供充足的助力力矩,辅助驾驶员完成转向操作,使转向轻便,减轻驾驶员负担;当汽车高速转向时,EPS 系统提供较小的助力力矩,保证驾驶员拥有良好的路感,保障汽车行驶的稳定性。

②回正控制。虽然汽车的定位参数有一定的被动回正作用,但是这种回正力矩不足以使转向盘回到中间位置,需要 EPS 系统通过主动回正控制,使转向盘自动回正。ECU 通过转向盘转矩、转角及车速等输入信号,判断驾驶员的驾驶意图,若判断出转向盘处于自动回正过程,则控制助力电机提供相应助力,使转向盘平稳、快速地回到中间位置。

③阻尼控制。汽车在以较高车速行驶时,如果转向盘转速过快会很容易引起车辆侧翻,此时需要阻尼控制对转向盘转速进行抑制,保证高速行驶的平稳性。在高速行驶经过不平路面时,阻尼控制可以利用助力电机的反电动势减轻转向盘上的抖动,提高驾驶员的舒适度。

④PDC(Pull Drift Compensation,拉动漂移补偿)。PDC 功能触发的条件多样,可能是车辆行驶在拱形路面上,也可能是车辆受到侧风作用,还有可能是悬架系统安装左右不对称,其工作原理是可以测量驾驶者的转向输入,并随着路况自动适应改变,有助于补偿路面不平或侧风等因素引起的轻微方向偏移。

⑤TSC(Torque Steer Compensation,扭矩转向补偿)。任何车辆的转向盘都不可能安装在正中间,转向横拉杆左右长度是不一样的,角度也会有细微差异。另外,在急加速的过程中,左右车轮上的牵引力也不一致,这就导致会出现行驶跑偏的现象,扭矩转向补偿功能可适当缓解此现象。TSC 功能根据转角、车速、侧向加速度、横摆角速度、轮速、各轮牵引力等信号,当将要发生行驶跑偏时,给电机施加一个反向的力矩,防止产生行驶跑偏。

⑥DSR(Driver Steering Recommendation,驾驶员转向提示)。当车辆转弯时,如果转向不足或过度,就会存在冲出弯道或是甩尾等车辆失控的危险,特别是地面状况较为复杂如有雨、雪等路面湿滑情况时。电子稳定系统 ESP 具有 DSR 功能,通过 EPS 电动随速助力转向和 ESP 协同合作,当转向不足或者过度可能产生危险时,电动助力转向会轻打方向,提示驾驶员及时修正方向,保证车辆安全过弯。

⑦LDW + LKA/LCA。EPS 的这几个功能都是作为先进驾驶辅助系统 ADAS 的执行机构,如图 2.15 所示。LDW(Lane Departure Warning)车道偏离预警是当检测到车辆即将偏出车道时,在转向盘上给出一个振动的信号和通过预警显示对驾驶员进行提醒。

如图 2.16 所示,LKA(Lane Keeping Assist)车道保持辅助和 LCA(Lane Centering Assist)车道居中辅助的工作机理比较类似,通过环境感知传感器识别车辆相对于车道中央的位置,如果驾驶员无意间偏离车道,向驾驶员发出警告或通过自动转向干预使车辆重新回到车道内。

图 2.15　LDW 功能示意

图 2.16　LKA/LCA 功能示意

4)EPS 系统控制策略

①电动助力转向的控制过程。如图 2.17 所示,电动助力转向的基本助力控制过程如下:

a.输入由车速传感器测得的车速信号。

b.输入由转向盘扭矩传感器测得的转向盘力矩大小和方向。

c.根据车速和转向盘力矩,由助力特性得到电动机目标电流。

d.通过电动机电流控制器控制电动机输出力矩。

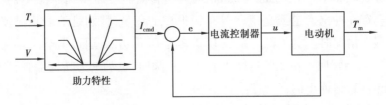

图 2.17　电动助力转向的基本助力控制过程

②助力特性的概念和要求。

A.助力特性的概念。助力特性是指助力随汽车运动状况(车速和转向盘操纵力)变化而变化的规律。

B.EPS 对助力特性的一般基本要求。

a.当转向盘输入力矩小于某一特定值(通常设为 1 N·m)时,助力矩为零,EPS 不起作用。

b. 在转向盘输入力矩较小的区域,助力部分的输出应较小,以保持较好的路感。

c. 在转向盘输入力矩较大的区域,为使转向轻便,助力效果要明显。

d. 在转向盘输入力矩达到驾驶员体力极限的区域时,应尽可能发挥较大的助力效果。

e. 随着车速的增大,助力应减小。

f. 符合国家标准对动力转向作用在转向盘上的最大操纵力要求。

(3)汽车线控转向系统组成

线控转向(Steering-By-Wire,SBW)系统是智能网联汽车实现路径跟踪与避障避险必要的关键技术,为智能网联汽车实现自主转向提供了良好的硬件基础,其性能直接影响车辆的主动安全与驾乘体验。线控转向系统取消了传统的机械式转向装置,使转向盘和转向轮之间无机械连接,可以减轻车体质量,消除路面冲击,具有减小噪声和隔振等优点。

线控转向系统主要由转向盘模块、转向执行模块和电子控制单元 ECU(Electronic Control Unit)3 个主要部分以及自动防故障系统、电源系统等辅助模块组成,如图 2.18 所示。

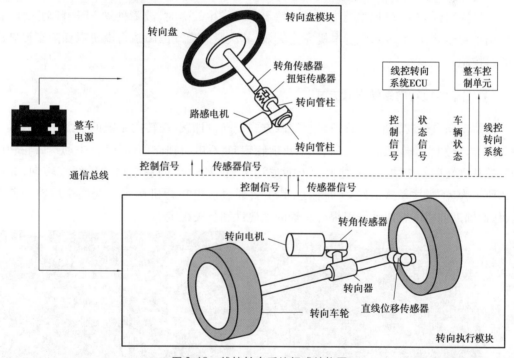

图 2.18　线控转向系统组成结构图

1)转向盘模块

转向盘模块包括转向盘、转向盘扭矩和转角传感器、路感电机及其减速器等部件。转向盘用于接收驾驶员的转向操纵;转向盘扭矩传感器和转角传感器分别用于采集驾驶员通过转向盘输入的转矩、转角和转速;路感电机及其减速器为驾驶员提供路感信息,输出转向盘的回正力矩。

2)转向执行模块

转向执行模块包括车轮转角传感器(或齿条位移传感器等)、转向电机、转向电机控制器和车轮转向组件等。直线位移传感器采集转向执行器直线位移信号,将其转换为前轮转角信号;转角传感器采集转向车轮的转角信息;转向电机及其减速机构用于克服转向阻力,带动转向系统转过相应的角度;齿轮齿条转向器接受并放大转向执行电机输出转矩,驱动转向车轮转向,完成驾驶员的转向意图。

3)ECU

ECU对采集的信号进行分析处理,判别汽车的运动状态,向路感电机和转向执行电机发送命令,控制两个电机的工作。其中,转向执行电机完成车辆转向角的控制,路感电机模拟产生转向盘回正力矩以保障驾驶员的驾驶感受。

4)电源系统

电源系统承担控制器、执行电机以及其他车用电机的供电任务,用以保证车载电器设备稳定工作。

5)自动防故障系统

自动防故障系统可在线控转向系统发生故障时提供冗余式安全保障。它包括一系列监控和实施算法,针对不同的故障形式和等级作出相应处理,以求最大限度地保持汽车的正常行驶。当检测到ECU、转向执行电机等关键零部件发生故障时,故障处理ECU自动工作,首先发出指令使ECU和转向执行电机完全失效,其次紧急启动故障执行电机以保障车辆转向的安全控制。

（4）汽车线控转向系统布置方式

按照转向电机的数量、布置位置与控制方式不同,目前线控转向系统的典型布置方式可分为5类,分别为单电机前轮转向、双电机前轮转向、双电机独立前轮转向、主动式后轮转向和四轮独立转向。如图2.19所示为英菲尼迪Q50L所采用的双电机前轮线控转向,如图2.20所示为ZF的主动式后轮转向系统,其主要通过机电执行机构来改变两个后轮的前束角,从而辅助前桥的转向动作以提升车辆的敏捷性和行驶稳定性。

图2.19　双电机前轮转向　　　　　图2.20　主动式后轮转向

表2.1列出了几种线控转向系统不同布置方式的优缺点。

表2.1　线控转向系统布置方式比较

布置方式	代表产品	优　点	缺　点
单电机前轮转向	ZF2001	结构简单,易于布置	单电机故障冗余性欠佳,电机功率较大

续表

布置方式	代表产品	优　点	缺　点
双电机前轮转向	英菲尼迪 Q50、精工 DPASS	冗余性好,且对单个电机功率要求较小	冗余算法复杂,零部件成本增加
双电机独立前轮转向	斯坦福大学 X1、P1	去掉转向器部件,提高了控制自由度和空间利用率	无冗余功能,转向协同控制算法较复杂
主动式后轮转向	ZF AKC	控制自由度增加,转向能力增强	零部件数量增加,结构较复杂,控制算法较复杂
四轮独立转向	吉大 UFEV	控制自由度更大,转向能力更强	系统结构复杂,可靠性降低,控制算法复杂

2.1.2　汽车线控转向系统工作原理

(1)线控转向系统工作过程与原理

如图 2.21 所示为线控转向系统组成示意图。线控转向系统的工作过程可概括为:当转向盘转动时,转向盘扭矩传感器和转向角传感器将测量到的驾驶员输入转矩和转向盘的转角转变成电信号输入电子控制单元 ECU,ECU 依据车速传感器和安装在转向传动机构上的角位移传感器的信号来控制转矩反馈电动机的旋转方向,并根据转向力模拟生成反馈转矩,同时控制转向电动机的旋转方向、转矩大小和旋转角度,通过机械转向装置控制转向轮的转向位置,使汽车沿着驾驶员期望的轨迹行驶。

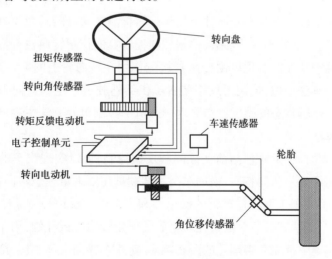

图 2.21　线控转向系统组成示意图

其工作原理如图 2.22 所示,并概述如下:

①转向输入。当驾驶员转动转向盘时,转向盘转角位移传感器检测出驾驶员转向意图,并将其转换成数字信号,连同车速信号、横摆角速度信号、侧向加速度信号、道路附着条件以

及其他车辆行驶相关信息通过数据总线传输给线控转向系统 ECU。

②实现转向。ECU 按照提前设定好的前轮转角控制算法,计算出前轮转角控制信号,并将其传递给转向电机,进而控制转向车轮输出目标前轮转角。

③实现路感反馈。ECU 按照提前设定好的回正力矩计算方法,计算出回正力矩的大小,将其传递给转向盘系统中的路感电机,使驾驶员获得一定的反映路感信息的回正力矩。

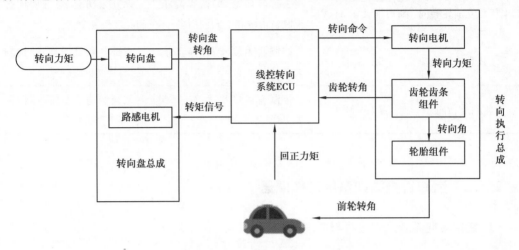

图 2.22　线控转向系统的工作原理

(2)线控转向控制功能与策略要点

汽车转向系统的基本功能是保证车辆在任何工况下转动转向盘时都有较理想的操纵稳定性和主动安全性。总体来说,线控转向的控制功能主要有基本的转向控制和路感反馈控制两大方面。

转向控制功能依赖于安装在转向柱上的传感器检测转向盘的转角、转矩,识别驾驶员的转向意图,电子控制单元处理这些参数,根据转向控制算法控制转向执行机构以实现一定的车轮转角。路感反馈功能的实现可由传感器检测作用在转向轮上的力,由电子控制单元根据一定的路感控制算法处理,控制力反馈装置提供给驾驶员一定的转向阻力矩。可调的反馈增加了驾驶员对车辆状态的感觉。与之对应的电子控制单元算法主要包括转向控制算法和路感反馈控制算法。

合适的前轮转角控制策略包括前馈控制和反馈控制,可以实现汽车的理想转向。前馈控制策略是指为实现理想转向特性,根据车况和驾驶员需要确定理想转向传动比,主动控制前轮转角,以期待不同车速下改善车辆的操纵性和安全性。反馈控制策略是指由横摆角速度、质心侧偏角等车辆状态参数对前馈控制得到的前轮转角进行补偿,用于确保车辆在各种附着系数路面和车速下都能获得理想的瞬态响应,防止车辆侧滑和甩尾,削弱大侧向风干扰影响等,实现车辆的稳定转向。

线控转向执行控制根据当前路况、车辆行驶状态及性能要求,提出控制目标(如目标路径、期望的车辆运动响应、驾乘舒适性等)和约束条件,并对难以直接测量的状态或参数进行状态观测和参数辨识,综合控制目标和约束条件等信息计算出期望的车轮转角指令,由转向电机执行。

　　根据模块的功能,可以将线控转向控制执行分为两个层次:上层控制策略进行车辆运动状态控制,主要有变传动比控制和车辆稳定性控制两种方法,以计算期望的车轮转角;下层控制策略准确、快速地实现该车轮转角。线控转向的主要控制方法与特点见表2.2。

表 2.2　线控转向的主要控制方法与特点

控制内容	控制算法	特　点
上层:变传动比控制	随车速变化;横摆角速度增益不变;侧向加速度和横摆角速度增益不变;遗传算法、模糊控制	实现低速灵活、高速稳定
下层:车辆稳定性控制	分数阶 PID、模糊 PID;LQR、LQG 最优控制算法;前馈控制、反馈控制、前馈-反馈控制;自适应滑模控制;自适应全局快速滑模控制;自适应终端滑模控制、快速终端滑模控制;自适应快速非奇异终端滑模控制;自适应神经网络滑模控制;模型预测控制四轮转向和集成控制	基于车辆动力学模型,根据车辆运动控制目标,利用控制算法计算参考前轮转角
下层:转向电机控制	PID 控制;前馈控制;模糊 PID;无电流传感器控制;双向控制	使转向电机准确快速跟踪目标前轮转角

2.1.3　汽车线控转向系统特点分析

(1)线控转向系统的优势

1)改善汽车的操纵稳定性

线控转向系统有效地实现了转向轮和转向盘两者之间的同步,从而使得驾驶员对汽车的控制更加灵敏,有助于提高汽车的操纵稳定性。

2)提高舒适性和被动安全性

线控转向系统可以避免汽车在行驶的过程中由地面的不平整以及转向轮的不平衡等因素所导致的抖动传递到转向盘上。当车辆遇到碰撞发生的情况时,由前围入侵传递到转向管柱上的碰撞能量几乎为零,提高了整车发生碰撞时对驾驶员的保护性能。

3)节能环保、有利于整车轻量化

线控转向系统只需要在转向的时候进行工作,不仅有效增加了传动效率,还更加经济、环保。取消了转向盘与转向轮之间的机械结构,使转向系统整体质量减轻了大约 5 kg。

(2)线控转向系统的劣势

①硬件上需要较高功率的路感电机和转向电机,软件上需要复杂的力反馈电机和转向执行电机的算法实现。

②线控转向系统的安全性和可靠性有待提高,这是各汽车企业考虑的核心问题。

③冗余设备导致额外增加的成本和质量是阻碍其发展的因素之一。

（3）线控转向系统与电动助力转向系统的区别

①取消了转向系统功能模块间的机械连接,降低了车辆的噪声和振动。省下的空间可以用来布置传感器、计算单元或其他信息娱乐系统。

②消除了碰撞事故中转向柱后移而引起驾驶员伤害的安全隐患。

③转向盘转角和力矩可以独立设计,实现不同主观驾驶感受的转向感,增强车辆的驾驶体验。

2.2　汽车线控转向系统的关键技术

2.2.1　线控转向系统的容错技术

容错技术,也称容错控制技术。为了提高汽车的可靠性和安全性,汽车线控转向系统必须采取容错控制技术,即当有些部件出现故障或失效时,它们在系统中的功能可以用系统中的其他部件部分或完全代替,使系统能继续保持规定的性能或不丧失最基本的功能,或进一步实现故障系统的性能最优。

目前,线控转向系统能达到上路行驶要求的很少,在保证可靠性、安全性的同时将成本降低到合理水平仍是其主要挑战。具备容错功能的线控转向系统要达到上路行驶的要求,需要结构复杂的硬件冗余,成本较高。电子部件可能会毫无预警信号地发生某些故障,于是产生了对其进行容错控制等实际问题的需要,且对容错设备要求不仅可以检测传感器产生的故障,还能同时检测多个故障。容错与故障诊断技术的提高是线控转向技术能够正式地应用,达到上路行驶条件的关键技术之一。

（1）汽车线控转向系统的故障分析

线控转向系统除了能向驾驶者提供良好的操控性能之外,还必须保证它的安全可靠性。线控转向系统中转向盘与转向轮之间的机械连接不再存在,完全依靠电子和电气元件工作,需要采用容错措施。容错技术的实现主要依靠冗余,即所设计的系统在功能上或者数量上有一定的冗余,以致当某个零部件出现故障时,其冗余部分能承担起相应的工作。

表2.3—表2.5为线控转向系统可能出现的故障类型及发生概率。电机中的开关管断路、旋变信号异常和温度传感器异常等故障发生概率较高,对系统影响较大;传感器中的短路、开路和机械故障等对系统影响较大,但是发生频率不高;通信总线中的接头接触不良对系统影响较大且发生概率较高。

表2.3　电机故障

故障类型	发生概率	对系统影响程度
电机绕组断相	低	高
电机绕组短路	低	高
开关管断路	高	高

故障类型	发生概率	对系统影响程度
开关管短路	低	高
位置传感器失效	中	低
控制芯片失效	低	低
上述故障混合出现	低	高
电流传感器信号异常（电机、母线）	低	低
旋变信号异常	高	高
母线电压采集异常	低	低
温度传感器异常（IGBT/电机）	高	高

表 2.4　传感器故障

故障类型	发生概率	对系统影响程度
短路	低	高
开路	低	高
电压过高或过低	低	低
信号混入	高	低
机械故障	低	高

表 2.5　通信总线故障

故障类型	发生概率	对系统影响程度
接头接触不良	高	高
开路	低	高
外部屏蔽受损	低	低
信号混入	高	中
总线初始化故障	低	高
总线发送超时故障	低	高
接收超时故障	低	高

①电机故障。对系统影响较大的故障分别是电机绕组断相、电机绕组短路、开关管短路、开关管断路、旋变信号异常和温度传感器异常或不同故障混合出现等，且出现频率较高的故障有开关管断路、旋变信号异常和温度传感器异常等。

②传感器故障。对系统影响较大的故障分别是短路、开路和机械故障，虽然信号混入的

出现频率较高但对系统的影响程度较低。

③通信总线故障。对系统影响较大的故障分别是接头接触不良、开路、总线初始化故障、总线发送超时故障、总线接收超时故障等,且出现频率较高的故障主要是接头接触不良,虽然信号混入的出现频率较高但对系统的影响程度较低。

(2)汽车线控转向系统的容错方案

前已述及,为了满足汽车的可靠性与安全性要求,线控转向系统必须采用容错控制技术。冗余是容错控制的基础。基于容错控制技术的线控转向系统,在不影响系统的控制功能的情况下提高了转向系统的可靠性,保证了车辆的正常行驶及安全性。

目前的容错方法从技术的角度可以分为两大类:一类是依靠硬件备份的冗余技术;另一类是依靠软件的容错算法技术。硬件冗余方法主要是通过对重要部件及易发生故障部件提供备份,以提高系统的容错性能;软件冗余方法主要是依靠控制器的容错算法来提高整个系统的冗余度,从而改善系统的容错性能。

1)硬件冗余的方案

线控转向系统中的电机、传感器、ECU、电源、通信网络等易发生故障的硬件部分进行备份设计。备份的装置可以实现与原装置一样的功能,备份的装置可以与原装置同时工作,也可以一个工作而另一个处于待命状态。

2)软件冗余的方案

软件容错算法在不改变转向系统结构、增加过多设备的情况下,对故障剩余正常工作的转向系统装置进行控制。当部分装置发生故障时,通过实时数据采样,定位故障类型与位置,通过整合剩余正常工作的装置,互相协同工作,从而达到正常工作状态。

表2.6为线控转向系统两种容错方法的对比。硬件备份技术与软件容错技术具有高度互补性,硬件备份技术能够在硬件层面提升容错控制技术的可靠性,软件容错技术能够减少因硬件冗余导致转向系统在空间体积等方面的需求。未来的线控转向系统将是同时拥有硬件备份和软件容错算法的高度智能的系统。

表2.6　线控转向系统两种容错方法的对比

技术类型	控制算法	系统体积和质量	系统成本	可靠性	成熟度
硬件备份	简单	体积大,质量重	高	高	高
软件容错算法	复杂	体积小,质量轻	低	低	低

目前使用的主要容错措施除了系统的故障分析、故障等级划分,以及针对不同等级的故障处理等微观方面的手段外,关于线控转向系统的容错设计硬件设计上主要有3种形式:液压转向系统作为应急转向系统、双套互相监控的线控转向系统和机械转向系统作为后备转向系统。

2.2.2 　线控转向系统的路感反馈

(1)"路感"的概念

对于传统的转向系统来说,驾驶员在转向时需要克服的力包括回正力矩和摩擦力矩,其中回正力矩对应了前轮侧向力的信息,使汽车的运动状态(包括车轮和路面的附着状态)与驾驶员手上的力有一种对应关系,也就是所谓的"路感",即车辆在行驶特别是在转向过程中,转向系统把车辆运动状态和路面状态信息反馈给驾驶员的一种现象。驾驶员就是通过转向盘反馈的路感信息来感知车辆的运动状态,感受汽车在不同的道路上行驶情况的。

汽车转向过程中的转向轻便性与路感相互矛盾,低速时要求转向轻便性,高速时要求有路感。路感的强弱通常用路感强度来表示。路感强度是指转向盘操纵力增加单位值时,相应输出力的变化量。目前对理想的路感尚无定论,对不同的人有不同的理解。

线控转向系统取消了转向盘和转向轮之间的机械连接,必须在转向柱上安装电机(称为力反馈电机)向驾驶员提供一个转向阻力矩,使驾驶员感知路面和车辆状况,同时避免路面的不平冲击等传到驾驶员手上。不同的车型、不同的行驶环境、不同的驾驶风格需要不同的路感。例如,经常在狭窄拥挤的城市街道穿行和驻车的车辆,要求反应灵敏,转向尽量轻便,对路感要求不突出;在高速公路直线行驶或在盘旋公路上行驶时,需要驾驶员精确操纵,要求车辆具有高的路感强度,此时驾驶员需要通过转向盘得到更多的汽车响应信息,使驾驶员精确控制汽车转向。受道路的客观情况所决定,汽车在大多数时间内是直线行驶,或在微小的转角范围内行驶,汽车侧向加速度较小,引起的轮胎侧偏力变化也较小。为了使驾驶员感知本来就不明显的路面状况的变化,希望在这一转角区域内有较强的路感。

(2)线控转向系统"路感"的实现

如图 2.23 所示,驾驶员转动转向盘时需要克服的阻力矩主要包括两个方面:一是回正力矩;二是摩擦力矩。路感反馈力矩就包含了回正力矩和摩擦力矩。目前人们所知道的获取路感反馈力矩的方法有参数拟合法、传感器测量法和基于动力学模型的方法,其中第三种基于动力学模型的方法是目前研究的主流。

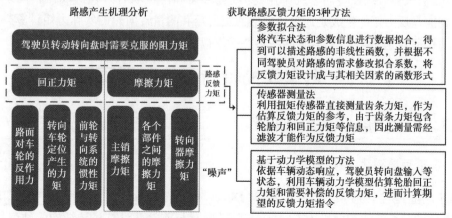

图 2.23　线控转向系统的路感反馈

如图 2.24 所示,基于动力学模型的方法是依据车辆动态响应、驾驶员转向盘输入等状态,利用车辆动力学模型估算轮胎回正力矩和需要补偿的反馈力矩,进而计算期望的反馈力矩指令。

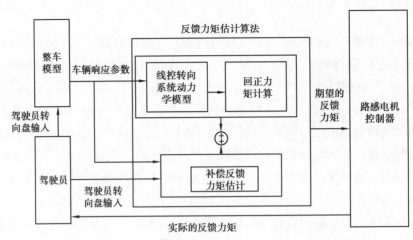

图 2.24　基于动力学模型的路感反馈控制思路

创建线控转向系统动力学模型:线控转向系统动力学模型可以分为转向盘转角、路感电机转角、转向电机转角和左前轮绕主销转动、右前轮绕主销转动 5 个自由度。将模型分为 6 部分,即转向盘组件、路感模拟组件、转向执行组件、齿轮齿条组件、左转向前轮组件和右转向前轮组件 6 部分。其中,左转向前轮组件、右转向前轮组件和前轮绕主销回正力矩模型与传统转向系统相同。

回正力计算:转向器齿条受力包含回正力矩和摩擦力矩,回正力矩包括由轮胎侧向力与轮胎拖距共同造成的回正力矩和主销内倾内移造成的回正力矩。齿条力的获取可以通过加装传感器测量,但这会增加系统的成本,且不易安装。此外,传感器的测量信号很难直接应用到控制策略中,因为测量信号中夹杂着噪声需要处理,这增加了工作量和控制策略的复杂程度。可以采用卡尔曼滤波技术等实现对转向器齿条力的估计。

在线控转向系统转向盘的力感设计中可不计系统的干摩擦,常用建立基于经验的汽车转向系统回正力矩算法模型,通过驾驶员主观评价方法确定经验模型中的参数。这种方法简单实用,被大多数线控转向系统采用,如戴克公司和博世联合开发的线控转向系统原型车。其转向盘反力矩的生成是通过模拟的回正力矩和测量转向轮的实际力矩计算得到。路感和转向轻便性是一对矛盾,合理的路感特性模拟目前仍是一项重要的研究课题。

2.3　汽车线控转向系统实训项目

2.3.1　线控转向系统应用实例

(1)英菲尼迪搭载实例

英菲尼迪线控转向系统,又称 DAS(Direct Adaptive Steering,译为"线控主动转向系统"),跟传统的机械式转向机构不同,DAS 的转向盘与前轮并没有机械结构的硬连接,而是通过电信号来控制转向动作。目前,该系统已经搭载在旗下 Q50、Q50L、Q60 和 QX50 四款车型上,如图 2.25 所示为 DAS 系统示意图。此项全球首创技术开创性地将机械传递转换为电子信号,根据行驶路况和转向盘状态数据综合计算,智能控制车轮的转向角度与反应速度,而且在操作方面丝毫不改变驾驶者的习惯。

图 2.25 英菲尼迪 DAS 系统示意图

1)DAS 线控转向结构特点与工作原理

如图 2.26 所示,这套线控转向系统的构成与传统转向系统结构类似,由转向盘、转向柱、转向机组成。不同之处在于它多了 3 组 ECU 电子控制单元、转向盘后的转向动作回馈器、离合器以及自动防故障系统和电源等辅助系统等。结构上虽保留了传统的转向盘与转向柱,但两者的机械连接在正常情况下是通过离合器分离的,完全没有机械力的传递,路面施加给车轮的力不会直接传至转向盘。

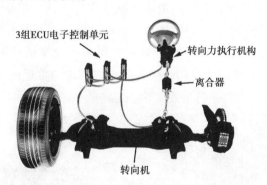

图 2.26 英菲尼迪 Q50L 线控转向系统结构示意图

①前轮转向模块。前轮转向模块包括前轮转角传感器、转向执行电机、电机控制器和前轮转向组件等。其功能是将测得的前轮转角信号反馈给主控制器,并接受主控制器的命令,控制完成转向盘所要求的前轮转角,实现驾驶员的转向意图。

②主控制器。主控制器对采集的信号进行分析处理,判别汽车的运动状态,向转向盘回正电机和转向电机发送命令,控制两个电机协调工作。主控制器还可以对驾驶员的操作指令进行识别,判定在当前状态下驾驶员的转向操作是否合理。当汽车处于非稳定状态或驾驶员发出错误指令时,前轮线控转向系统将自动进行稳定控制或将驾驶员错误的转向操作屏蔽,以合理的方式自动驾驶车辆,使汽车尽快恢复到稳定状态。

③转向盘模块。转向盘模块包括转向盘组件、转向盘转角传感器、力矩传感器、转向盘

回正力矩电机。其主要功能是将驾驶员的转向意图(通过测量转向盘转角)转换成数字信号并传递给主控制器,同时主控制器向转向盘回正电机发送控制信号,产生转向盘回正力矩,以提供给驾驶员相应的路感信息。

④自动防故障系统。自动防故障系统是线控转向系统的重要模块,它包括一系列的监控和实施算法,针对不同的故障形式和故障等级作出相应的处理,以求最大限度地保证汽车的正常行驶。作为应用最广泛的交通工具之一,汽车的安全性是必须首先考虑的因素,是一切研究的基础,故障的自动检测和自动处理是线控转向系统最重要的功能之一。它采用严密的故障检测和处理逻辑,以最大限度地提高汽车安全性能。

DAS 的工作原理为:车辆转向时,不再依靠传统的机械连接,车轮的转向角度与反应速度依靠 3 组电子控制单元(ECU)进行控制,根据行驶路况和转向盘转动力度、速度进行综合计算,从而控制转向电机及传动机构实现转向。

3 个 ECU 属于并联关系,负责的内容各不相同(从左至右分别为左前轮、转向盘、右前轮),并同时彼此互相监测其他两个 ECU 的工作情况。当任意一个 ECU 被监测到出现了问题时,备用模式将立刻通过一个离合器被激活,恢复至传统的机械传动转向模式,确保万无一失。但在正常情况下,转向盘靠备用离合器保持与转向齿条和前轮分离,而转向回正电机对转向盘(驾驶员)产生适当的转向力反馈。

2)英菲尼迪 Q50L 驾驶体验

如图 2.27 所示,在对 Q50L 的试驾体验中,DAS 线控转向没有传统机械转向那种细碎的振动,这归功于其对多余路面反馈的自动屏蔽功能。DAS 线控转向可大幅减少路面不平引起的转向盘抖动,从而消除多余路面反馈对驾驶造成的干扰。根据分析统计,全新 Q50L 在高速行驶状态下,需驾驶者进行转向校正次数只有同级车型平均水平的 40%,有效地缓解驾驶疲劳,让驾驶更加轻松惬意。DAS 线控转向还可与主动车道控制系统(Active Lane Control,ALC)共同作用,根据路面情况和转向盘转向对车轮角度适时微调,将车辆偏移车道的风险降低 30% 左右,显著提升了行车安全性。

图 2.27 英菲尼迪 Q50L 试驾

驾驶英菲尼迪 Q50L 很容易找到一种"车随心动"的快感,转向指令毫无迟滞地传递到车轮。由于采用电子信号控制,DAS 线控转向避免了传统机械转向无法克服的力损失以及时间延迟,转向指令传输毫无迟滞,以最灵敏的反应,使普通驾驶者在任何驾驶状态下都能从容掌控车辆,安享驾驶乐趣。此外,DAS 线控转向还提供 3 种定制转向模式,使驾驶者可以根据路面情况或个人喜好选择稳重、标准或轻盈模式,轻松实现个性定制的驾驶体验,如图 2.28 所示。

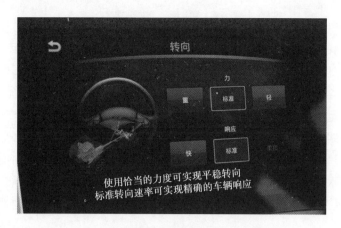

图 2.28 英菲尼迪 Q50L 线控转向模式选择

（2）罗伯特·博世（简称博世）汽车转向系统

提起线控转向，大家首先想到的就是英菲尼迪 Q50。然而，博世线控转向系统与英菲尼迪 Q50 的线控转向系统有很大的区别。博世公司开发的线控转向系统，完全取消了转向柱，由上转向执行器 SWA 构成的上转向系统和全冗余式下转向执行器 SRA 构成的下转向系统两部分组成，而且上转向系统和下转向系统之间没有刚性连接，是真正意义上的线控转向。这样既能隔绝轮胎及底盘的振动，保证了驾驶的舒适性，还能实现转向比的数字参数化，使驾驶更加舒适。如图 2.29、图 2.30 所示，博世这套线控转向结构看起来非常简单，一个转向电机连接转向机，主要控制转向执行，另一个电机是力反馈电机，它与转向盘相连，用来模拟转向路感和调节转向系统阻尼力。

图 2.29 转向电机连接转向机示意图

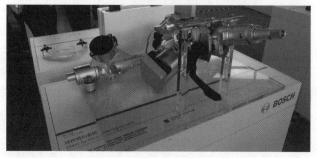

图 2.30 博世线控转向系统

1）博世线控转向系统的优点

博世线控转向的先决条件是一套失效可操作的系统架构,博世线控转向系统架构所包含的所有单元都采取了全冗余的系统方案,相当于有两套系统实时并联工作,当其中一套失效时,另一套能继续保证转向指令被执行。这就意味着博世线控转向系统可以在保证安全的同时,实现高质量的手感模拟。同时,它还具备以下独特功能:

在性能方面,线控技术将以往需要依赖齿轮、齿条才能实现的转向比变成软件参数,让不同车型可以通过软件参数调整获取不同的转向比,从而赋予驾驶者更加便捷的驾驶感受。与此同时,线控技术还能提供更丰富的驾驶模式。无机械连接能有效地隔绝底盘的干扰,通过模拟驾驶手感提升了驾驶舒适感。同时,转向比的参数化可以实现多种驾驶模式,如舒适模式、运动模式等。

在整车布置方面,线控技术取消了中间轴,能有效优化整车布置、简化转向系统。相比之下,传统车辆的空间布置则显得十分有限。

2）博世线控转向系统试驾感受

在2021年博世的技术日上,博世带来了搭载线控转向系统的试驾车,通过车上电脑控制,它可以模拟路面反馈,或者完全隔绝路面反馈,对于驾驶模式调节的车型来说,这是一项非常好用的技术。除了对驾驶体验的提升外,这种转向系统最重要的是对未来自动驾驶所起到的关键作用。

①低速状态下非常实用。例如,当人们在车库停车时,通过调整转向比,可以让转向盘只需转半圈就能达到方向"打到底"的状态,从而避免不停地来回打方向,能轻松将车停好。

②高灵敏度。在试驾过程中,随着车速发生变化,转向盘的齿比参数也在改变,转向盘的敏感度处于不断调整中,这样不但可以确保操控性,还能保证安全性。

除了博世外,采埃孚(ZF)、耐世特、舍弗勒、蒂森克虏伯等众多供应商都在研发自己的线控转向技术。如图2.31所示为耐世特开发的线控转向系统示意图。

图2.31　耐世特线控转向系统

（3）丰田电动助力转向系统实例

如图2.32所示为丰田电动助力转向系统,其采用电机直接驱动齿条的结构形式。

如图2.33所示为丰田电动助力转向系统的组成示意图。它主要由分相器型扭矩传感器、驱动电动机(无刷直流电动机)、减速机构、分相器型转角传感器和ECU5个部分组成。

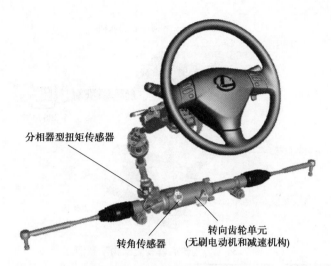

图 2.32　丰田电动助力转向系统

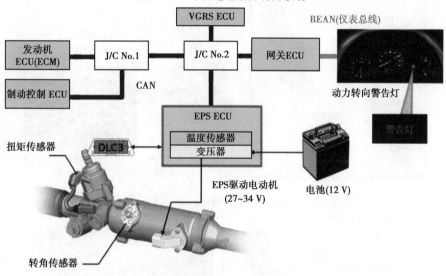

图 2.33　丰田 EPS 系统组成示意图

1）分相器型（非接触式）扭矩传感器

如图 2.34 所示为扭矩传感器安装位置结构，其主要作用是检测扭转杆扭转变形，将其转变为电子信号并输出至 EPS 的 ECU。

如图 2.35、图 2.36 所示为分相器型扭矩传感器的结构示意图。扭矩传感器由分相器单元 1、2 及扭转杆组成，转子部分的分相器单元 1 固定于转向主轴，转子部分的分相器单元 2 固定于小齿轮轴，扭转杆扭转后使两个分相器单元产生一个相对角度。EPS ECU 根据两个分相器单元的相对位置决定对 EPS 电动机提供多少电压。其基本原理为定子线圈上提供一个正弦的励磁电流，在气隙中空间形成一个正弦分布的旋转磁场，转子线圈感应该磁场得到一个与励磁同频率但不同赋值和不同相位的正弦电压信号，通过解析该感应电动势可以得出转子线圈的位置，从而得到测量扭杆偏转角。

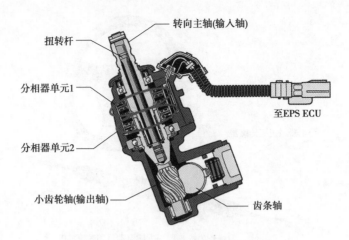

图 2.34　扭矩传感器安装结构示意图

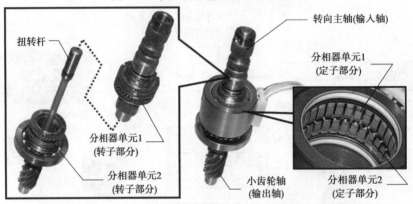

图 2.35　分相器型扭矩传感器的结构示意图 1

图 2.36　分相器型扭矩传感器的结构示意图 2

2)无刷直流电动机

如图 2.37 所示为电动机的安装位置及结构示意图。电动机与齿条轴共轴,由转角传感器、定子及转子组成。

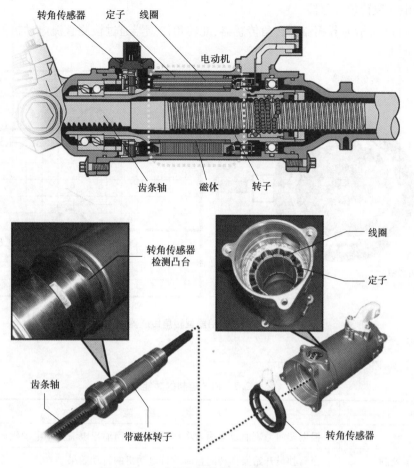

图 2.37　电动机的安装位置及结构示意图

3）减速机构

如图 2.38 所示为减速机构的结构示意图，电动机的转动传到滚珠式减速齿轮机构，经过滚珠及蜗杆传导到齿条轴上。滚珠式减速齿轮固定于转子上，滚珠在滚珠式减速齿轮机构内部经过导向进行循环，滚珠式减速齿轮机构具有 4 个导引部件。

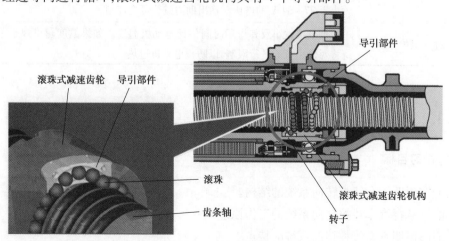

图 2.38　减速机构的结构示意图

4）分相器型转角传感器

如图 2.39 所示为分相器型转角传感器,此转角传感器通过检测直流电动机的旋转角度防止扭矩波动。

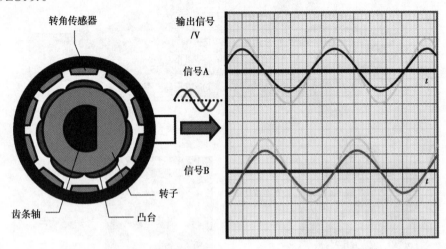

图 2.39　分相器型转角传感器

5）EPS 控制的功能

表 2.7 为 EPS 控制包含的功能。

表 2.7　EPS 控制的功能

项　目	功　能
基本控制	根据转向力矩值及车速大小计算得到所需输出电流控制电动机运转
惯性补偿控制	当驾驶员开始操作转向盘时改善电动机的启动效果
转向复位控制	当转向盘从极限位置向回转动时,EPS 提供复位助力控制
衰减控制	当车辆高速过弯时调节助力输出,以防止车身出现较大摇摆
变压器增压控制	对 EPS ECU 的电压进行增压,当驾驶员未对转向盘进行任何操作时或车辆保持直线行驶时该电压保持在 0 V。当驾驶员对转向盘进行操作时根据负载大小以 27 ~ 34 V 的电压对输出助力进行可变控制
系统过热保护控制	根据电流大小及其作用时间估计电动机温度。如果温度超出规定范围,系统将对输出电流进行限制,以防止电动机过热

2.3.2　线控转向系统的构造实训任务

（1）学习目标

①能够说明汽车线控转向系统的结构。

②能够掌握汽车线控转向系统的工作原理。

③能够说明汽车线控转向系统的特点。

④能够结合故障现象诊断并排除故障。

（2）**实训任务**

本章的实训任务为线控转向系统结构认知与故障诊断排除。详见《实训指导手册》。

本章小结

本章主要介绍了汽车线控转向系统的构造及工作原理。首先，从汽车转向系统的发展历史出发，介绍了汽车线控转向系统发展过程中几种不同的类型，重点对与线控转向系统非常接近的电动助力转向系统进行了介绍，详细叙述了其不同的结构类型以及其组成和工作原理。其次，介绍了汽车线控转向系统的结构和原理及其布置方式。再次，介绍了汽车线控转向系统的关键技术，包括容错技术和路感反馈的实现。最后，介绍了线控转向系统英菲尼迪和博世的搭载的实例以及丰田 EPS 系统的结构组成，通过实例的讲解有助于加深对理论知识的理解和掌握。

课后习题

一、单选题

1.奥迪 A8 四轮转向系统的转向轮是（　　）。

　　A.前轮转向　　　　　　　　　　B.后轮转向

　　C.四轮都是转向轮　　　　　　　D.依靠别的方式进行转向

2.齿条平行式电动助力转向系统将电机直接布置在（　　）上。

　　A.齿轮　　　　　　B.齿条　　　　　　C.蜗轮　　　　　　D.蜗杆

3.电动转向助力系统的优点有（　　）。

　　A.结构简单　　　B.油耗低　　　　　C.噪声小　　　　　D.以上都是

4.（　　）类型转向器助力电机不是安装在乘客舱内，可以使用较大的电机以获得较高的助力扭矩，而不必担心电机转动惯量太大产生的噪声，且可用于中型车辆，以提供较大的助力。

　　　　A.转向管柱助力式　B.齿轮助力式　　　C.双小齿轮式　　　D.齿条平行式

5.（　　）类型转向器将电机直接布置在齿条上，电机直接给齿条助力，且这种系统的助力较大，适合于中大型的车辆。

　　　　A.转向管柱助力式　B.齿轮助力式　　　C.双小齿轮式　　　D.齿条平行式

6.英菲尼迪线控转向系统又称为（　　）。

　　　　A.DBC　　　　　　B.DCD　　　　　　C.DAS　　　　　　D.DAD

7.（　　）类型转向器的电机布置在驾驶室内，工作环境好，对电机的密封要求低，且比较适合用于前轴负荷较小的微型轿车。

　　　　A.转向管柱助力式　B.齿轮助力式　　　C.双小齿轮式　　　D.齿条平行式

8.（　　）电动助力转向系统有两个小齿轮与齿条啮合：一个是电机驱动；另一个是驾驶员的操纵力驱动。

　　　　A.转向管柱助力式　B.齿轮助力式　　　C.双小齿轮式　　　D.齿条平行式

9.EPS 与线控转向之间的主要差异就是线控转向取消了（　　）与（　　）之间的机械连接。

    A.转向盘;车轮　　　　B.转向盘;转向柱　　C.转向柱;车轮　　　　D.悬架;车轮

10.线控转向系统容错技术冗余的故障类型为（　　）。

    A.电机故障　　　　　B.传感器故障　　　　C.通信总线故障　　　D.以上都是

二、多选题

1.线控转向的主要控制方法有（　　）。

    A.传动比控制　　　　B.车辆稳定性控制　　C.通信总线控制　　　D.转向电机控制

2.线控转向系统容错技术冗余的故障类型有（　　）。

    A.电机故障　　　　　B.传感器故障　　　　C.通信总线故障　　　D.机械故障

3.驾驶员转动转向盘时需要克服的阻力矩主要包括（　　）。

    A.回正力矩　　　　　B.摩擦力矩　　　　　C.转向力矩　　　　　D.侧向力矩

4.电动助力转向(EPS)系统根据电机驱动部位和机械结构的不同,可将其分为（　　）。

    A.转向管柱助力式　B.齿轮助力式　　　　C.双小齿轮式　　　　D.齿条平行式

    E.齿条直接助力式

5.以下哪几项属于汽车线控转向系统的优势?（　　）

    A.改善汽车的操纵稳定性　　　　　　　　　B.提高舒适性和被动安全性

    C.节能环保　　　　　　　　　　　　　　　D.利于整车轻量化

三、判断题

1.汽车转向系统可分为机械转向系统和动力转向系统。（　　）

2.英菲尼迪线控转向系统3个ECU属于串联关系,负责的内容是相同的。（　　）

3.线控转向系统取消了传统的机械式转向装置,转向器和转向轮之间无机械连接,可以减轻车体质量,消除路面冲击,具有减小噪声和隔震等优点。（　　）

4.转向盘模块包括转向盘、转向盘转矩和转角传感器、路感电机及其减速器等部件。（　　）

5.汽车转向系统的基本性能是保证车辆在任何工况下转动转向盘时都有较理想的操纵稳定性和主动安全性。（　　）

6.线控转向系统除了能向车辆使用者提供良好的性能之外,还必须证明它的安全可靠性。（　　）

7.为了满足汽车的可靠性与安全性要求,线控转向系统必须采用容错控制技术。（　　）

8.线控转向系统只需要在转向的时候进行工作,不仅有效增加了传动效率,还使得燃油更加经济、环保。（　　）

9.线控转向系统有效地实现了转向系统和转向盘两者之间的同步,从而使得驾驶员对汽车的控制更加灵敏。（　　）

10.合适的前轮转角控制策略包括前馈控制和反馈控制。（　　）

11.驾驶员转动转向盘时需要克服的阻力矩是回正力矩。（　　）

12.丰田电子转向助力系统采用的是电机直接驱动齿条的结构形式。　　　（　　）

四、填空题

1.线控转向技术基于传统转向基础,取消_____,通过_____传输驾驶员的转向意图,并作出路面信息反馈。

2.线控转向系统由_____、_____、_____ 3 个主要部分以及自动防故障系统、电源系统等辅助模块组成。

3.路感的强弱通常用_____来表示。

4.电动助力转向（EPS）系统根据电机驱动部位和机械结构的不同,可将其分为_____、_____和_____等形式。

5.双小齿轮式电动助力转向系统有两个小齿轮与齿条啮合:一个是_____;另一个是_____。

6.齿条平行式电动助力转向系统,将电机直接布置在齿条上,电机直接给齿条助力,这种形式的转向系统一般通过_____将电机的助力传递到齿条上。

7.齿条直接助力式电动助力转向系统的_____和_____直接驱动齿条提供助力。

8.齿条平行式电动助力转向系统所采用的滚珠丝杆式传动机构的主要结构包括_____、_____、_____、_____等。

9.转向功能的实现由安装在转向柱上的传感器检测转向盘的_____和_____,以识别驾驶员的转向意图。

10.合适的前轮转角控制策略包括_____和_____,可以实现汽车的理想转向。

11.目前的容错方法从技术的角度可以分为两大类:一类是_____;另一类是_____。

12.驾驶员转动转向盘时需要克服的阻力矩主要包括两个方面:一是_____;二是_____,路感反馈力矩就包含了_____和_____。

五、简答题

1.汽车转向系统可分为哪两大类?

2.汽车线控转向系统由什么组成?

3.汽车线控转向系统的布置方式有哪些?

4.电动助力转向系统的优点有哪些?

5.电动助力转向系统的类型有哪些?

6.电动助力转向系统主要由哪些零部件组成?

7.什么是容错技术?

8.什么是路感反馈?

六、问答题

1.简述电动助力转向系统的组成和工作原理。

2.EPS 对助力特性的基本要求有哪些?

3.汽车线控转向系统的优劣势分别是什么?

第3章 线控转向系统性能测试

驾驶员对汽车的操纵主要有加减速、停车和转向。汽车是在一个复杂的环境中行驶的。受道路、交通状况的影响,汽车有时沿直线行驶,有时沿曲线行驶。出现意外情况时驾驶员需要作出紧急转向、制动等操作,以避免事故发生。此外,汽车行驶中还不断受到地面不平、不利风力等外界因素的干扰。汽车的转向系统对车辆的操纵起着关键作用,本章所讨论的转向系统性能测试直接关系整车的操纵稳定性。

【教学目标】

通过本章的学习,学生能够了解线控转向系统性能测试的相关国家标准,掌握线控转向系统性能测试的内容、方法,以及相关实训知识。

【教学要求】

知识要点	能力要求
线控转向系统性能测试概述	了解转向系统性能测试的相关国家标准以及测试的主要内容
线控转向系统性能测试内容	了解操纵稳定性试验以及台架试验的内容和方法
线控转向系统性能测试实训	掌握线控转向系统性能测试的方法和评价

【案例导入】

如图 3.1 所示为汽车之家车家号"汽车工程师联盟"对长安福特锐界在一个专业整车综合试验场进行的测评。通过测试可以验证整车的性能是否满足相应的国家标准要求,同时为消费者提供购车参考。本章将详细介绍关于汽车线控转向系统的性能测试试验。

图 3.1　长安福特锐界路试图

3.1　线控转向系统性能测试概述

3.1.1　汽车转向系统试验国家标准

目前为止,有关汽车转向系统性能要求、测试、试验的国家标准主要有《机动车运行安全技术条件》(GB 7258—2017)、《汽车转向系　基本要求》(GB 17675—2021)、《汽车操纵稳定性试验方法》(GB/T 6323—2014)等。不同国家标准的主要区别见表 3.1。

表3.1　不同国家标准适用范围的区别

序　号	标准号	适用范围
1	GB 7258—2017	该标准是道路上行驶的所有机动车(个别除外)的技术标准要求,对机动车的整车、发动机、转向系、制动系、行驶系、传动系、照明装置、安全防护装置等都有明确规定,是进行注册登记检验和在用机动车检验、机动车查验等机动车运行安全管理及事故车检验最基本的技术标准,也是我国机动车新车定型强制性检验、新车出厂检验和进口机动车检验的重要技术依据之一
2	GB 17675—2021	该标准规定了 GB/T 15089—2001 规定的 M 类、N 类车辆和 O 类挂车转向系统的技术要求和试验方法,是汽车制造商和零部件厂家进行转向系统设计、试验的参考依据
3	GB/T 6323—2014	该标准规定了适用于 M 类、N 类、G 类车辆的汽车操纵稳定性蛇行试验方法、转向瞬态响应试验方法(转向盘转角阶跃输入、转向盘转角脉冲输入)、转向回正性能试验方法、转向轻便性试验方法,适用于二轴的 M 类、N 类、G 类车辆的稳态回转试验方法,适用于 M 类、N 类车辆的转向盘中心区操纵稳定性试验方法

本书主要针对上述国家标准中对转向系的测试要求进行叙述。

3.1.2　汽车的操纵稳定性

（1）操纵稳定性的概念

汽车的操纵稳定性是指在驾驶者不感到过分紧张、疲劳的情况下,汽车能遵循驾驶者意图,按照转向系统及转向车轮给定的方向行驶,且当遭遇外界干扰时,汽车能抵抗干扰而保持稳定行驶的能力。上述的概念包含了两个方面的含义:一是操纵性;二是稳定性。操纵性是指汽车能够准确地响应驾驶员的转向指令;稳定性是指汽车受到外界干扰(路面不平或者阵风扰动等)后恢复原来运动状态的能力。汽车的操纵稳定性是汽车主动安全性的重要评价指标。

（2）转向系与操纵稳定性

在研究汽车的操纵稳定性时,常把汽车看作一个控制系统。控制系统在人们的生活中处处可见。例如,家用电冰箱的温度控制系统,用户在温控器上设置自己需要的冰箱温度,即提供控制系统的给定值。安装在冰箱内的感温元件测出的温度与给定温度比较,控制器根据偏差,按冰箱温控特性曲线通过继电器控制压缩机停止或工作,从而使冰箱温度得到控制。这样的一个控制系统可以用如图3.2所示的框图来描述。

当把汽车看作一个控制系统时,驾驶员对转向盘的操作就是这个系统的输入。转向盘输入有角位移输入和力矩输入,在实际驾驶车辆时,这两种输入是同时叠加的。此时研究的内容就变成了对控制系统的研究。研究转向盘在不同的输入下汽车行驶曲线的时域响应与频域响应,并以它们来表征汽车的操纵稳定性。此外,操纵稳定性还与悬架、传动系统等有密切关系。图 3.3 所示为人-汽车组成的系统示意图。

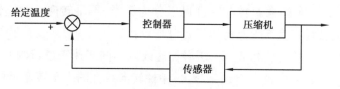

图 3.2　操纵稳定性控制系统示意图

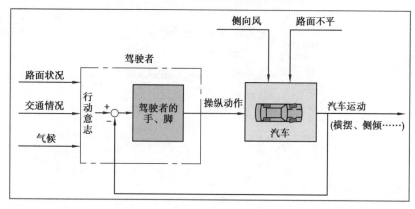

图 3.3　人-汽车组成的系统

研究前首先定义汽车的坐标系。如图 3.4 所示,当车辆在水平路面上处于静止状态下,定义 x 轴平行于地面指向车辆前方,z 轴通过汽车质心指向上方,y 轴指向驾驶员的左侧,坐标系的原点 O 令其与质心重合。与操纵稳定性有关的主要运动参量为:车厢角速度在 z 轴上的分量——横摆角速度 ω_r,汽车质心速度在 y 轴上的分量——侧向速度 v,汽车质心加速度在 y 轴上的分量——侧向加速度 a_y。

图 3.4　汽车坐标系与汽车的主要运动形式

其次讨论稳态响应与瞬态响应。汽车的时域响应可分为不随时间变化的稳态响应和随时间变化的瞬态响应。例如,汽车等速直线行驶是一种稳态。当汽车等速直线行驶时,急速转动转向盘至某一转角时,停止转动转向盘并维持此转角不变,即给汽车以转向角阶跃输入,一般汽车经过短暂时间后便进入等速圆周行驶,这也是一种稳态,称为转向角阶跃输入下进入的稳态响应。在等速直线行驶与等速圆周行驶这两个稳态之间的过渡过程便是一种瞬态,相应的瞬态运动响应就是转向角阶跃输入下的瞬态响应。

如图3.5所示,汽车的稳态转向特性可以分为3类:不足转向、中性转向和过度转向。这3种不同的转向特性在汽车上具有以下行驶特点:

在转向盘保持一个固定转角δ_{sw}下,缓慢加速或以不同车速等速行驶时,随着车速增加,不足转向特性的汽车转弯半径R会越来越大;中性转向特性的汽车转弯半径R会保持不变;过度转向特性的汽车转弯半径R会越来越小。操纵稳定性良好的汽车应该具有适度的不足转向特性。

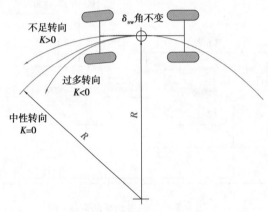

图3.5　汽车的3种稳态转向特性

瞬态特性是另一个与汽车操纵稳定性息息相关的特性,它反映的是驾驶员在转动转向盘的那一瞬间车辆的运动特性。通常来说会通过转向盘阶跃输入下的瞬态响应来表征汽车的操纵稳定性。无论驾驶何种车辆,在转动方向的那一瞬间,车辆并不是一瞬间达到转向角度的,它需要经历一个过程才能达到。这个时间称为"反应时间",与之对应的车辆运动变化使用"横摆角速度"来进行衡量。

3.1.3　性能测试条件与要求

(1)路试场地及环境条件

1)条件要求

汽车操纵稳定性道路试验应在专用汽车试验场进行。

①试验路面应是干燥、清洁的水泥混凝土或沥青铺装的路面,任何方向上的坡度不应大于2%。对转向盘中心区操纵稳定性试验,坡度应不大于1%。

②风速应不大于5 m/s。

③大气温度为0～40 ℃。

2)汽车试验场

按照投资方来分,汽车试验场可分为汽车厂自建的综合试验场、第三方专业公司建设的服务型试验场和零部件厂商建设的匹配类试验场。汽车厂自建试验场的数量是最多的,一汽集团、东风汽车、长安汽车、长城汽车、比亚迪汽车、江淮汽车、一汽大众、上汽大众、上汽通用等厂商都有自建的汽车试验场,其中上汽大众、一汽大众和长安汽车的试验场规格比较高。第三方专业公司建设的服务型试验场主要有中汽中心盐城汽车试验场、中汽中心呼伦贝尔冬季汽车试验场、交通运输部北京通州试验场、重庆机动车强检试验场、天津摩托车技术中心试验场、长安大学汽车试验场、解放军定远试验场等。零部件厂商建设的匹配类试验场主要有玲珑轮胎集团中亚轮胎试验场、玛吉斯轮胎试验场、博世(呼伦贝尔)汽车测试技术中心、博世(东海)汽车测试技术中心等。

按照气候条件来分,汽车试验场主要分为冬季试验场、夏季试验场和综合试验场。冬季试验场有中汽中心呼伦贝尔冬季汽车试验场、黑龙江红河谷汽车试验场、博世(呼伦贝尔)汽车测试技术中心,对应试验主要在 11 月到第二年 3 月的冬季低温期。夏季试验场有上汽大众吐鲁番试车场、中交火焰山检测中心,对应试验主要集中在 6—10 月的高温期。其余试验场均可算作综合试验场,全年均可进行相关道路试验。

国内主要试验场多数具备高速环道试验道路,且长度多数均在 5 km 以上。其中,可进行车速 200 km/h 及以上试验的场地有襄阳汽车试验场、重庆垫江试验场、山东中亚轮胎试验场和中汽试验场。中汽试验场高速环道的最高车速可达 300 km/h。

表 3.2 为国内主要试验场坡道对比。中汽试验场的坡道种类数量及低附坡道数量均处于国内主要试验场中的第一位,其次为山东中亚轮胎试验场和交通运输部汽车试验场。另外,有一半以上的试验场并不具备低附坡道的试验场地资源。

表 3.2　国内主要试验场坡道对比分析表

坡　道	交通运输部汽车试验场	中国定远汽车试验场	襄阳汽车试验场	海南热带汽车试验场	重庆垫江试验场	重庆大足试验场	山东中亚轮胎试验场	重庆机动车强检试验场	河南焦作试验场	广德试验场	中汽试验场
坡道种类数量/种	8	4	7	5	7	8	9	4	3	3	10
低附坡道数量/坡	2	1	0	0	1	6	3	0	0	0	6

表 3.3 为国内主要试验场低附制动路对比。国内主要试验场的低附制动路加速段长度均在 1 km 左右,其中,山东中亚轮胎试验场、重庆垫江试验场、中汽试验场、襄阳汽车试验场的低附路面数量较多,类型较为丰富。

如图 3.6 所示为机械工业孝感汽车试验场。其位于湖北省孝感市孝昌县陡山乡和邹岗镇鹞子山区域。该试验场面积约 984 亩[①],一期工程总投资 1.12 亿元人民币,建设有进场路、高速环道、碎石环道、越野环道、综合试验场坪、标准坡道、通过性设施(垂直障碍、水平壕沟、涉水池及维修厂房等设施)。该试验场二期项目建设已完成,包括综合性能试验路、

———————————

① 1 亩 ≈ 666.67 m²。

ABS 试验路、噪声测试路、操纵稳定性场坪、综合强化路、特殊通过性设施、综合调控楼等,总投资 1.14 亿元。试验道路及设施均按超重型特种越野车辆试验要求建设,可以满足轴荷不大于 15 t、总质量不大于 120 t 的车辆进行试验。

表 3.3　国内主要试验场低附制动路对比分析表

低附制动路	交通运输部汽车试验场	中国定远汽车试验场	襄阳汽车试验场	海南热带汽车试验场	重庆垫江试验场	重庆大足试验场	山东中亚轮胎试验场	重庆机动车强检试验场	河南焦作试验场	广德试验场	中汽试验场
低附路面数量/条	1	3	4	1	6	1	8	1	1	1	5
加速段长度/km	0.8	1	1	1	1	1.3	0.8	1.4	1.7	0.8	0.92

图 3.6　孝感汽车试验场照片

试验场具备的路试条件主要包括以下几种类型:

①高速环道。高速环道试验区为水泥混凝土路面,呈椭圆形,总长 3.34 km,直线段长度 780 m、路面宽 10 m,弯道半径 220 m、路面宽 12 m,纵向坡度小于 0.1%,如图 3.7 所示。最大设计轴荷 15 t、路面承载 120 t,最高时速 160 km/h。

图 3.7　试验场高速环道

②综合性能试验区。综合性能试验区由直线性能路、ABS性能路及噪声测试路3个部分组成。其中直线性能路为水泥混凝土路面,总长2 600 m,直线段长度1 260 m,路面宽10 m,直线段纵坡不大于0.1%、拱度不大于2%。西北调头环最小半径35 m,路面宽9 m,东南调头环最小半径35 m,路面宽12 m。

ABS性能路为低附着系数路面和高附着系数路面两种,总长1 260 m,路面宽10 m。其中低附着系数路面为陶瓷材料铺装,全长260 m,路面宽6 m,附着系统不大于0.3。整个ABS性能路段纵坡不大于0.1%、拱度不大于2%。噪声测试路路面为(ISO-1沥青混合料)特殊噪声吸附材料铺装。

③可靠性试验路。可靠性试验路由连接路(长220 m,宽6 m,路面材料为小碎石)、碎石环道(长3 015 m,宽6.5 m,路面材料为小碎石)、越野环道(长2 780 m,宽5 m,路面材料为泥土)、比利时石块路(长300 m,宽6 m,路面材料为石块和混凝土)、鹅卵石路(长150 m,宽6 m,路面材料为鹅卵石和混凝土)、鱼鳞坑路(长150 m,宽6 m,路面材料为混凝土)、扭曲路(长80 m,宽5 m,路面材料为混凝土)、搓板路(长150 m,宽5 m,路面材料为混凝土)组成,其中,连接路、碎石环道、越野环道为一期工程建设,比利时石块路、鹅卵石路(图3.8)、鱼鳞坑路、扭曲路、搓板路等综合强化路为二期拓展项目建设。

图3.8 鹅卵石路

④动态广场。动态广场设计为直径160 m的试验广场,水泥混凝土路面,单向纵坡不大于1%。

⑤标准坡道。标准坡道由20%、30%、40%、60% 4种坡度组成。20%、30%标准坡道路面由混凝土铺装,40%、60%坡道由毛石浆铺装。20%坡道长39 m,30%坡道长58 m,40%坡道长71 m,60%坡道长26 m(图3.9),宽度均为6 m。

⑥涉水试验区。涉水试验区全长100 m,水池底部直线段有效长度46 m,水池宽度5.5 m,涉水最大深度1.47 m,边缘高度2.2 m,过渡坡度4.9%,如图3.10所示。

图 3.9　60% 坡道

图 3.10　涉水试验

（2）汽车操纵稳定性测试仪器设备

台架试验的试验仪器一般为质心高度试验台、静态侧倾能力试验台、汽车转向器试验台、静态力学参数试验台等。

道路试验的试验仪器一般为车速仪、陀螺仪（可测量汽车的横摆角速度、车身侧倾角、车身纵倾角、纵向加速度、横向加速度）、转向盘力矩和转角测量仪、汽车操纵稳定性测试仪和多通道数据采集系统等。

1）陀螺仪

陀螺仪主要有角速度陀螺仪和垂直陀螺仪两种类型。陀螺仪主要用于测量整车姿态角、角速度等重要的操控指标。陀螺仪的安装使用的是车辆的绝对坐标系，即车辆的纵轴作为纵向参考，大地重力方向作为垂向参考，其中 X 向前为正，Y 向右为正，Z 向下为正。陀螺仪安装时尽量安装在车辆质心位置，GPS 天线要安装在陀螺仪的正上方。如图 3.11 所示为耐欧电气生产的电子陀螺仪。其使用 GPS 辅助的惯性导航系统，内部高度集成了带温度补偿的 MEMS 加速度计、陀螺仪、磁强计、气压计和 GNSS 接收机。它可以同时输出侧倾角等姿态角度、加速度、角速率和车速信号。陀螺仪用于操纵稳定性测试、横向稳定性测试等姿态测试。

图 3.11　电子陀螺仪

2）转向盘力矩转角传感器

转向盘力矩转角传感器（也称测力转向盘）是以高速微处理器为核心的智能化测量仪器，主要用于汽车操纵稳定性试验、横向稳定性试验和汽车的转向盘转动参数测量。角度测量采用高精度光电编码器，无须调零，无转动圈数限制；转矩测量采用应变式扭矩传感器。底部设计了轻量化通用铝合金转接适配器，可以快捷安装在原车转向盘上。如图 3.12 所示为耐欧电气生产的转向盘力矩转角传感器。

图 3.12　转向盘力矩转角传感器

（3）试验车辆条件

试验汽车应按厂方规定装备齐全。试验前应测定车轮定位参数，对转向系统、悬架系统进行检查，并按规定进行调整、紧固和润滑。只有认定试验汽车已符合厂方规定的技术条件时，方可进行试验，并对测定及检查的有关参数的数值进行记录。

试验时若用新轮胎，轮胎至少应经过 200 km 正常行驶的磨合；若用旧轮胎，试验终了，残留花纹的深度应不小于 1.6 mm。轮胎气压满足汽车出厂技术要求。

试验汽车按试验项目可在厂定最大总质量和轻载两种状态下进行试验。厂定最大总质量为包括驾驶人、试验员及测试仪器质量在内的汽车总质量。轻载状态是指除驾驶人、试验员及仪器外，没有其他加载物的状态。如果轻载质量已超过最大总质量的 70% ，则不必进行轻载状态的试验。试验中,N 类车辆的装载物应均匀分布于货箱内,M 类车辆的装载物分布于座椅和地板上,其比例应符合《汽车道路试验方法通则》(GB/T 12534—1990)中的规定。轴载质量必须符合厂方规定。

(4)汽车试验的两种评价方法

试验中的性能评价有主观评价和客观评价两种方法。客观评价法是指通过测试仪器测出表征性能的物理量如横摆角速度、侧向加速度、侧倾角及转向力等来评价操纵稳定性的方法。主观评价法就是感觉评价,其方法是让试验人员根据试验时自己的感觉来进行评价,并按规定的项目和评分办法进行评分。

研究汽车本身特性的开路系统只采用客观评价法。研究"人-汽车"闭路系统的试验常同时采用客观评价与主观评价两种方法。

由于汽车是由人来驾驶的,因此主观评价法始终是操纵稳定性的最终评价方法。例如,客观评价中采用的物理量是否可以表征操纵稳定性,就取决于用这些物理量评价性能的结果与主观评价是否一致。熟练的试验驾驶员在进行主观评价试验时,还能发现仪器所不能检测出来的现象。较为常见的是先由人的感觉发现问题,然后用仪器来进行检测。虽然开路系统试验只用客观评价法,但是其试验方法本身及采用的评价指标,实际上均是由人们的长期实践或专门设置的主观评价试验来检验、确定的。

主观评价的一个缺点是它受到评价者个人主观因素的影响,不同评价者可能给出差别较大的评价结果;另一个缺点是一般情况下,它不能给出汽车性能与汽车结构两者之间有何种联系的信息。而开路系统客观评价试验中的评价指标,可以通过理论分析确定它们与汽车结构参数的函数关系,开路系统客观评价试验可以指出改变汽车结构及结构参数以提高性能的具体途径。例如,确定稳态响应与瞬态响应的转向盘角阶跃输入试验、确定横摆角速度频率响应特性的转向盘角脉冲输入试验以及转向盘中心区操纵稳定性试验,就是由长期汽车工程实践与专门的主观评价试验所肯定下来的开路系统客观评价试验方法。

3.2　线控转向系统性能测试内容

3.2.1　转向系统性能测试内容概述

(1)汽车操纵稳定性试验项目

汽车操纵稳定性试验项目较多,总体可分为两类试验,即室内台架试验和道路试验。台架试验主要用于测定和评价有关操纵稳定性的汽车基本特性,如质量分配、质心高度等。对汽车操纵稳定性道路试验,我国现行国家标准主要包括表 3.4 中的 7 项试验。

表 3.4　操纵稳定性的主要道路试验项目内容及要求

序　号	试验名称	适用范围	试验汽车载荷状态
1	蛇行试验	M 类、N 类、G 类车辆	额定最大装载质量
2	转向瞬态响应试验(转向盘转角阶跃输入)		额定最大装载质量和轻载两种状态
3	转向瞬态响应试验(转向盘转角脉冲输入)		
4	转向回正性能试验		额定最大装载质量
5	转向轻便性试验		
6	稳态回转试验	两轴的 M 类、N 类、G 类车辆	额定最大装载质量和轻载两种状态
7	转向盘中心区操纵稳定性试验	M_1 类和 N_1 类车辆	

(2)转向系统性能测试道路试验项目

对 M 类和 N 类车辆转向系统应作以下测试:
①汽车驶离转向圆时异常振动的测试。
②汽车不足转向的测试。
③汽车转向系统完好时转向操纵力的测量。
④汽车转向系统出现故障时的转向操纵力的测量。

(3)转向系统台架试验项目

转向系统台架试验项目主要包括功能试验、空载转动试验、助力电流特性试验、输入输出特性试验、反向冲击试验、回正试验以及正向阶跃/脉冲特性、反向阶跃/脉冲特性等。此外还包括可靠性、耐久性、电磁兼容性等试验。

3.2.2　汽车操纵稳定性试验

(1)蛇行试验

1)试验目的与待测变量
蛇行试验属于"驾驶人-汽车-外界环境"组合而成的闭路系统性能试验。其试验目的是评价汽车的随动性、收敛性、方向操纵轻便性及事故可避免性等。在保证安全的前提下,试验应以尽可能高的车速进行,以考查汽车在接近侧滑或侧翻工况下的操纵性能。

本项试验需要测量的变量有转向盘转角、横摆角速度、车身侧倾角、通过有效标桩区时间和侧向加速度。

2）试验方法

在试验场地上按图3.13及表3.5的规定,布置标桩10根。接通仪器电源,使之预热到正常工作温度。试验驾驶人应具有较丰富的驾驶经验。在正式试验前,按图示路线往返,练习5次。

图3.13　蛇形试验各变量的时间历程曲线

表3.5　蛇行试验中不同车型的标桩间距及基准车速

汽车类型	标桩间距 L/m	基准车速/(km·h⁻¹)
M_1类、N_1类和 M_1G类、N_1G类车辆	30	65
M_2类、N_2类和 M_2G类、N_2G类车辆		50
M_3类及最大总质量≤15 t 的 N_3类和 M_3G类、N_3G类车辆	50	60
M_3类(铰接客车)及最大总质量 >15t 的 N_3类和 M_3G类、N_3G类车辆		50

试验汽车以近似基准车速 1/2 的稳定车速直线行驶,在进入试验区段之前,记录各测量变量的零线,然后蛇行通过试验路段,同时记录各测量变量的时间历程曲线及通过有效标桩区的时间。提高车速(车速间隔自行选择),重复上一过程,共进行 10 次(撞倒标桩的次数不计在内)。最高车速不超过 80 km/h。

3）试验数据处理及评价指标

①数据处理。试验中主要记录并处理蛇行车速、平均转向盘转角、横摆角速度、车身角速度、侧向加速度、汽车前进速度、质心侧偏角、转向盘力矩、转向盘直径、转向盘角速度等数据,并拟合画出不同测量参数随着不同自变量的变化曲线。

②评价指标。根据标准《汽车操纵稳定性指标限值与评价方法》(QC/T 480—1999),蛇行试验应按基准车速下的平均横摆角速度峰值 ω_r 与平均转向盘转角峰值 θ 进行评价计分。但相关文献研究表明,这两个评价指标反映的不是纯操纵稳定性,其大小与整车的外形尺寸和轴距等有直接关系,外形尺寸越大、轴距越长,绕过同样桩距标桩所必需的平均横摆角速度峰值 ω_r 和平均转向盘转角峰值 θ 越大(假定转向系统传动比相同),评价结果越差。ω_r 与 θ 需在外形尺寸和轴距相同的两辆样车之间才具有可比性,才能进行量化评价。

为使蛇行试验的主、客观评价结果一致,蛇行试验可采用 3 项补充评价指标,即平均横摆角速度峰值增益 ω_r/θ、平均车身侧倾角峰值增益 Φ/θ 以及转向盘转矩梯度(转向盘力矩与侧向加速度的比值)。平均横摆角速度峰值增益将现行蛇行试验评分的两项指标 ω_r 和 θ 综合起来,ω_r/θ 越小,则车辆动态性能越好。虽然车身侧倾角与侧向加速度有直接关系,但两者不是线性关系,仍存在悬架与转向综合因素的影响。平均车身侧倾角峰值增益 Φ/θ 越大,其动态性能就越差。转向盘转矩梯度能反映车辆的可操纵性。随着车速的增加,因车辆平均侧向加速度峰位增益的倒数 θ/a_y（a_y 为真实的侧向加速度值）总是减小,故转向盘转矩梯度必须保持在某一限值以上,否则驾驶人会感到车辆不易控制。转向盘转矩梯度随车速增加减小得越缓慢,该车的可操控性就越好。如图 3.14 所示为长安欧尚在重庆长安汽车垫江试验场测试时的照片。

图 3.14　长安欧尚在重庆长安汽车垫江试验场测试

（2）转向瞬态响应试验（转向盘转角阶跃输入）

1）试验目的与待测变量

本项试验通过测定从转向盘转角阶跃输入开始到所测变量达到新的稳态值为止的这段时间内汽车的瞬态响应过程,用时域的特征值和特征函数表示车辆瞬态响应特性,从而评价汽车的转向瞬态响应品质。

本项试验需要测量的变量有汽车前进速度、转向盘转角、横摆角速度、车身侧倾角、侧向加速度和汽车质心侧偏角。

2）试验方法

试验前,以试验车速行驶 10 km,使轮胎升温。试验车速按被试汽车最高车速的70%并四舍五入为 10 的整数倍确定。接通仪器电源,使之达到正常工作温度。

试验时,汽车以试验车速直线行驶,先按输入方向轻轻靠紧转向盘,消除转向盘自由行程并开始记录各测量变量的零线,然后以尽快的速度(起跃时间不大于 0.2 s 或起跃速度不低于 200°/s)转动转向盘,使其达到预选好的位置并固定数秒钟(待所测变量过渡到新稳态值),停止记录。记录过程中保持车速不变。试验中转向盘转角的预选位置(输入角),按稳态侧向加速度值 1～3 m/s² 确定,从侧向加速度为 1 m/s² 做起,每隔 0.5 m/s² 进行一次试验。

试验按向左转和向右转两个方向进行。可以两个方向交替进行,也可以连续进行一个方向,再进行另一个方向。如图3.15 所示为转向盘转角的阶跃输入曲线。

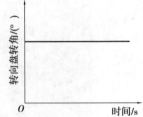

图 3.15　转向盘转角阶跃输入

3)试验数据处理及评价指标

各测量变量的稳态值采用进入稳态后的均值。若汽车前进速度的变化率大于 5%,或转向盘转角的变化超出平均值的 10%,本次试验无效。

①数据处理。试验中需记录和处理汽车前进速度、转向盘转角、横摆角速度、车身角速度、侧向加速度和质心侧偏角等数据,并拟合出横摆角速度与侧向加速度响应时间的关系曲线、侧向加速度稳态响应与转向盘转角的关系曲线、横摆角速度稳态响应与转向盘转角的关系曲线、侧向加速度响应时间与稳态侧向加速度的关系曲线、汽车侧偏角与稳态侧向加速度的关系曲线、"汽车因素"(由横摆角速度峰值响应时间乘以稳态汽车侧偏角求得)与稳态侧向加速度的关系曲线、横摆角速度总方差与稳态侧向加速度的关系曲线以及侧向加速度总方差与稳态侧向加速度的关系曲线。

②评价指标。根据标准《汽车操纵稳定性指标限值与评价方法》(QC/T 480—1999),本项试验,按侧向加速度值为 2 m/s² 时的汽车横摆角速度响应时间 T 进行评价计分。

(3)转向瞬态响应试验(转向盘转角脉冲输入)

1)试验目的与待测变量

本项试验通过测定从转向盘转角脉冲输入开始到所测变量达到新稳态值为止的这段时间内汽车的瞬态响应过程,确定汽车的横摆角速度频率特征,从而反映汽车对转向输入响应的真实程度。

本项试验需要测量的变量有汽车前进速度、转向盘转角、横摆角速度和侧向加速度。

2)试验方法

试验前,以试验车速行驶 10 km,使轮胎升温。试验车速按被试汽车最高车速的 70% 并四舍五入为 10 的整数倍确定。接通仪器电源,使之达到正常工作温度。

汽车以试验车速直线行驶,使其横摆角速度为(0±0.5)°/s,并记下转向盘中间位置(直线行驶位置)。然后给转向盘一个三角脉冲转角输入,如图 3.16 所示。试验时向左或向右转动转向盘,并迅速转回原处保持不动,记录全部过程,直至汽车回复到直线行驶位置。转向盘转角输入脉宽为 0.3～0.5 s,其最大转角应使本试验过渡过程中最大侧向加速度为 4 m/s²。转动转向盘时应尽量使其转角的超调量达到最小。记录时间内,保持加速踏板位置不变。

试验至少应按左、右方向转动转向盘各 3 次。每次输入的时间间隔不得少于 5 s。

3）试验数据处理及评价指标

①数据处理。试验完毕后，在专门的信号处理设备或通用电子计算机上进行转向盘脉冲输入和横摆响应的幅频特性与相频特性分析，并根据试验数据处理结果的平均值，向左和向右转动转向盘，分别绘制出汽车的幅频特性和相频特性图。

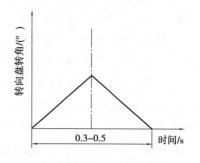

图 3.16　转向盘转角三角脉冲输入

②评价指标。转向盘转角脉冲输入试验将整车看作一个系统，按谐振频率 f_p、谐振峰水平 D 和相位滞后角 α 三项指标进行评价计分。汽车受到外来因素干扰时，系统的谐振频率 f_p 越高、谐振峰水平 D 和相位滞后角 α 越小，整车所受到的影响越小，抗干扰能力越强。

基于所绘出的幅频和相频特性图可确定谐振频率 f_p、谐振峰水平 D 和相位滞后角 α 三项指标，然后根据《汽车操纵稳定性指标限值与评价方法》（QC/T 480—1999）确定其评价计分值。

（4）转向回正性能试验

1）试验目的与待测变量

本项试验目的在于鉴别汽车转向的回正能力。在驾驶人松开转向盘之前，驾驶人作用于转向盘的力为定值，当驾驶人松开转向盘的瞬间，保舵力由某一定值突然变为零，这实质是转向盘力阶跃输入的瞬态响应试验，它包含着保舵力与汽车运动之间的关系，在一定程度上反映出汽车"路感"的好坏。转向回正性能试验是汽车转向盘力输入的一个基本试验，用以表征和评价汽车由曲线行驶自行恢复到直线行驶的过渡过程和能力。

本项试验需要测量的变量有汽车前进速度、横摆角速度和侧向加速度。

2）试验方法

①低速回正性能试验。在试验场地上用明显的颜色画出半径为 15 m 的圆周。接通仪器电源，使其达到正常工作温度。试验汽车直线行驶，记录各测量变量零线，然后调整转向盘转角，使汽车沿半径为 15 m 的圆周行驶，调整车速，使侧向加速度达到（4 ± 0.2）m/s²（达不到此侧向加速度的汽车，按试验汽车所能达到的最高侧向加速度进行试验），固定转向盘转角，稳定车速并开始记录，待 3 s 后，突然松开转向盘并作一标记（可以用一微动开关和一个讯号通道同时记录），至少记录松手后 4 s 的汽车运动过程。记录时加速踏板位置不变。

试验按向左转和向右转两个方向进行，每个方向 3 次。

②高速回正性能试验。对最高车速超过 100 km/h 的汽车，要进行本项试验。

试验车速按被试汽车最高车速的 70% 并四舍五入为 10 的整数倍确定。接通仪器电源，使之达到正常工作温度。试验汽车沿试验路段以试验车速直线行驶，记录各测量变量的零线。随后驾驶员转动转向盘使侧向加速度达到（2 ± 0.2）m/s²，待稳定并开始记录后，迅速松开转向盘并作一标记，至少记录松手后 4 s 的汽车运动过程。记录时加速踏板位置保持不变。

试验按向左转与向右转两个方向进行,每个方向 3 次。

3)试验数据处理及评价指标

①数据处理。转向回正性能试验的横摆角速度时间历程曲线分两大类:收敛型(图 3.17 中曲线Ⅲ、Ⅳ和Ⅵ、Ⅴ)和发散型(图 3.17 中曲线Ⅰ和Ⅱ)。对发散型,不进行数据处理;对收敛型,按向左转和向右转分别确定稳定时间、残留横摆角速度、横摆角速度超调量、横摆角速度自然频率、相对阻尼系数、相对阻尼系数均值和横摆角速度总方差等指标。确定评价指标时,时间坐标原点以微动开关时间历程曲线上松开转向盘时微动开关所作的标记为准。

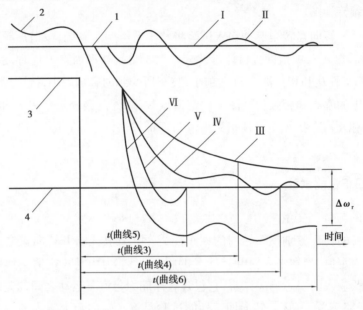

图 3.17 横摆角速度时间历程

1—横摆角速度响应;2—转向盘转角输入;3—微动开关信号;4—横摆角速度零线

②评价指标。本项试验按松开转向盘 3 s 时的残留横摆角速度绝对值 $\Delta\omega_r$ 及横摆角速度总方差 E_r 两项指标进行评价计分。$\Delta\omega_r$ 越小说明汽车转向后自动回正保持直线行驶的能力越好,E_r 越小说明松开转向盘后自动回正越迅速。如图 3.18 所示为某车型正在进行转向回正性试验。

图 3.18 汽车转向回正性试验

（5）转向轻便性试验

1）试验目的与待测变量

本项试验目的就是在汽车低速大转角下行驶时，通过测量驾驶人操纵转向盘力的大小来评价驾驶人操纵汽车转向盘的轻重程度。

本项试验需要测量的变量有转向盘力矩、转向盘转角、汽车前进速度和转向盘直径。

2）试验方法

转向轻便性试验的路径一般为双纽线，如图 3.19 所示。双纽线轨迹按照规定的方程得出。在双纽线最宽处、顶点和中点（即结点）的路径两侧各放置两个标桩，共计放置 16 个标桩。标桩与试验路径中心线的距离为 1/2 车宽加 50 cm，或按转弯通道圆宽的 1/2 加 50 cm。

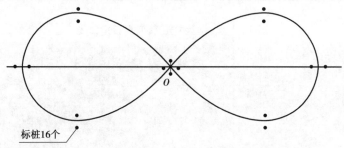

图 3.19　双纽线路径

接通仪器电源，使之预热至正常工作温度。试验前，使汽车沿双纽线路径行驶若干周让驾驶员熟悉路径和相应操作。随后，使汽车沿双纽线中点 O 处的切线方向作直线滑行，并停车于 O 点处，停车后注意观察车轮是否处于直行位置，否则应转动转向盘进行调整，然后双手松开转向盘，记录转向盘中间位置和作用力矩的零线。

试验时，使汽车以（10 ± 2）km/h 的车速沿双纽线路径行驶，待车速稳定后，开始记录转向盘转角和作用力矩，并记录行驶车速作为监控参数。汽车沿双纽线绕行一周至记录起始位置，即完成一次试验，全部试验应进行 3 次。在测量记录过程中，驾驶员应保持车速稳定和平稳地转动转向盘，不应同时松开双手，并且在行驶中不准撞倒标桩。

3）试验数据处理及评价指标

①数据处理。根据记录的转向盘转角和作用力矩，按每一周双纽线路径整理成如图 3.20 所示的转向盘力矩-转向盘转角曲线，或者直接采用计算机采样所得参数，确定出汽车转向轻便性的转向盘最大作用力矩均值、转向盘最大作用力矩均值、转向盘的作用功、转向盘平均摩擦力矩和转向盘平均摩擦力等各项参数。

②评价指标。由测得的转向盘上的转角和力矩绘出示功图，最大转向力与示功图面积大小可以作为转向轻重的尺度。转向轻便性试验按转向盘平均操纵力与最大操纵力两项指标进行评价计分。操纵力应越小越轻便，但太小后可能会出现操纵无手感的缺陷。如图 3.21所示为某车型正在进行转向轻便性试验。

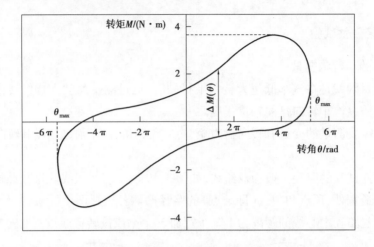

图 3.20 转向盘力矩-转向盘转角曲线

图 3.21 转向轻便性试验

(6)稳态回转试验

1)试验目的与待测变量

本项试验目的是测定汽车的转向特性及车身侧倾特性。标准《汽车操纵稳定性指标限值及评价方法》(QC/T 480—1999)明确规定,稳态回转试验不及格的车辆其操纵稳定性的总评价为不合格。

本项试验需要测量的变量主要有汽车横摆角速度、汽车前进车速和车身侧倾角。希望测量的变量有汽车质心侧偏角、汽车纵向加速度和汽车侧向加速度。

2)试验方法

稳态回转试验有固定转向盘转角连续加速法和定转弯半径法两种试验方法。

①固定转向盘转角连续加速法。在试验场地上以醒目的颜色画出半径不小于 15 m 的圆周。接通仪器电源,使测量仪器预热至正常工作温度。试验开始前,汽车应以侧向加速度为 3 m/s^2 时的相应车速沿画定的圆周行驶 500 m 以使轮胎升温。

驾驶员操纵汽车以最低稳定速度沿所画圆周行驶,待安装于汽车纵向对称面上的车速传感器在半圈内都能对准地面所画圆周时,固定转向盘不动,停车并开始记录,记下各变量的零线,然后汽车起步,缓缓加速(纵向加速度不超过 0.25 m/s^2),直至汽车的侧向加速度达到 6.5 m/s^2(或受发动机功率限制,或汽车出现不稳定状态时的最大侧向加速度)为止。记录整个过程。如图 3.22 所示为某车型测试现场。

图 3.22　某车型测试现场

②定转弯半径法。试验前,在试验场地上用明显颜色画出半径为 30 m 的圆弧形试验路径,如图 3.23 所示。路径两侧沿圆弧中心线每隔 5 m 放置标桩,两侧标桩至圆弧中心线的距离为 1/2 车宽加 b。b 值的确定原则是:若试验车轴距≤2.5 m,$b=30$ cm;若 2.5 m<试验车轴距≤4 m,$b=50$ cm;若试验车轴距>4 m,$b=70$ cm。

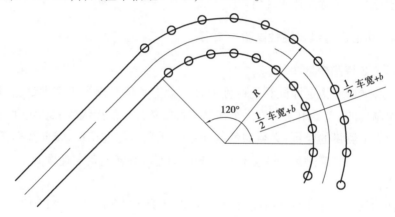

图 3.23　定转弯半径法试验标桩布置

试验开始之前,汽车应以侧向加速度为 3 m/s² 时的相应车速沿画定的圆周行驶 500 m 以使轮胎升温。接通仪器电源,使之预热到正常工作温度。

汽车以最低稳定车速行驶,调整转向盘转角,使汽车能沿圆弧行驶。在进入圆弧路径并达到稳定状态后开始记录,保持加速踏板和转向盘位置在 3 s 内不动,逐步增加车速,使车辆侧向加速度增量每次不大于 0.5 m/s²,直至侧向加速度达到 6.5 m/s² 或受发动机功率限制,或汽车出现不稳定状态时的最大侧向加速度为止。汽车通过试验路径时,如撞倒标桩,则试验无效。试验按向左转和向右转两个方向进行,每个方向试验 3 次。

3)试验数据处理及评价指标

①固定转向盘转角连续加速法试验数据的处理。确定、计算侧向加速度、转弯半径比和汽车前后轴侧偏角差值,并分别绘出转弯半径比、前后轴侧偏角差、车身侧倾角与侧向加速度的关系曲线。

②定转弯半径法试验数据的处理。确定、计算侧向加速度和汽车前后轴侧偏角差值。

③稳态回转试验评价计分指标

a.中性转向点的侧向加速度 a_n。a_n 值用最小二乘法按无常数项的三次多项式拟合曲线进行推算。a_n的物理意义是在加速过程中,汽车由不足转向变为过度转向时(即中性转向点)对应的侧向加速度值。a_n值越大说明转向过程中汽车的操纵及安全稳定性越好,转向翻车的可能性越小;a_n值越小则说明汽车会过快地出现过度转向而导致翻车。

b. 不足转向度 U。按前、后轴侧偏角之差与侧向加速度关系曲线上侧向加速度值为 2 m/s^2 处的平均斜率计算可得到不足转向度 U。U 是对汽车不足转向"量"大小的评价,虽然汽车都应具有不足转向特性,但不足转向的"量"并非越大越好。不足转向"量"越大,转向稳定性越好,但转向的侧向力减弱,对操纵性不利;不足转向"量"越小,则在转向时汽车会较早进入不稳定性状态。

c. 车身侧倾度 K_φ。按车身侧倾角与侧向加速度关系曲线上侧向加速度值为 2 m/s^2 处的平均斜率计算可得到车身侧倾度 K_φ。K_φ 表示转向过程中车身的倾斜程度,K_φ 越大汽车越不安全,侧倾过大将直接导致车辆失控。

基于上述 3 项指标,可参照《汽车操纵稳定性指标限值及评价方法》(QC/T 480—1999)对试验车辆的稳态回转特性作出评价。

(7)转向盘中心区操纵稳定性试验

1)试验目的与待测变量

转向盘中心区操纵稳定性试验也可称为转向盘中间位置操纵稳定性试验,最初是由美国德尔福公司制订的,主要用来评价汽车在高速行驶条件下的操纵性和稳定性。

本项试验需要测量的变量:必须测量的变量包括汽车前进车速、转向盘转角、转向盘力矩、汽车横摆角速度;希望测量的变量有汽车侧向加速度和转向盘角速度。

2)试验方法

试验的初始状态为等速直线行驶,试验标准车速为 100 km/h,也可以 100 km/h 车速为基准,提高或降低试验车速(车速间隔为 20 km/h)。

试验时转向盘输入为振荡型转角输入,首选输入形式为正弦波(此时车辆以近似于正弦曲线的蛇行行驶),其他输入也可(如三角波)。转向盘输入频率的基准值为 0.2 Hz,频率偏差 ≤ ±10%。输入转角幅值应足以使车辆的侧向加速度峰值达到基准值,允许峰值偏差为 ±10%。侧向加速度峰值的基准值为 2 m/s^2,也可采用较小值或不大于 4 m/s^2 的其他值。

试验过程中的转向输入可通过人工或转向机器人来实现。当采用人工输入转向信号时,试验应当至少持续 40 s,以保证至少获取 8 个输入周期的数据。当采用转向机器人输入转向信号时,试验应当至少持续 20 s,以保证至少获取 4 个输入周期的数据。

3)试验数据处理及评价指标

此试验的原始数据中包含着丰富的车辆转向特性信息,根据需要可绘制出转向盘力矩与转向盘转角、横摆角速度与转向盘转角、横摆角速度与转向盘力矩、侧向加速度与转向盘转角、转向盘力矩与侧向加速度等多条特性曲线。这些特性曲线中分别包含着不同的评价指标。如图 3.24 所示是典型的转向盘力矩与侧向加速度的关系曲线,它反映的是转向盘力输入特性。在这条曲线中通常提取 5 个参数作为评价指标,即转向盘力矩为 0 时的侧向加速度、侧向加速度为 0 时的转向盘力矩和转向盘力矩梯度以及侧向加速度为 0.1g 时的转向盘力矩和转向盘力矩梯度。

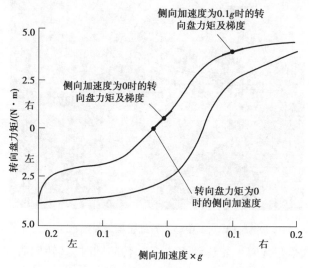

图 3.24　转向盘力矩与侧向加速度的关系曲线

转向盘力矩为 0 时的侧向加速度表征的是车辆的回正性能;侧向加速度为 0 时的转向盘力矩表征的是转向系统的库仑干摩擦;侧向加速度为 0 时的转向盘力矩梯度表征的是路感;侧向加速度为 0.1g 时的转向盘力矩表征的是转向盘非线性力的大小;侧向加速度为 0.1g时的转向盘力矩梯度表征的是车辆非线性路感。

3.2.3　转向系统性能测试道路试验

(1)汽车驶离转向圆时异常振动的测试

①试验方法。汽车在下述车速下,沿切线方向离开半径 50 m 圆周:M_1 类车辆为 50 km/h;M_2 类、M_3 类、N_1 类、N_2 类和 N 类车辆为 40 km/h,当设计最高车速低于 40 km/h 时以设计最高车速为准。

②判断依据。转向系统不能有异常振动。

(2)汽车不足转向的测试

①试验方法。当车辆转向车轮转到约最大转向角的一半,且车速不低于 10 km/h 时,随即放开转向操纵装置输入。

②判断依据。车辆应维持在原来的转向半径轨迹上或转向半径变大。

(3)汽车转向系统完好时转向操纵力的测量

①试验方法。汽车以 10 km/h 的车速从直线行驶进入转向行驶状态。对转向盘在转向操纵输入有效半径上的转向操纵力进行测试。记录转向操纵力输入,转向操纵力测量应该左右各做一次。如图 3.25 所示为用转向盘扭矩传感器对转向时的相关参数进行测量。

图 3.25　用转向盘扭矩传感器测量

②判断依据。汽车在转向半径达到表 3.6 的转向圆时,其转向时间和施加的转向操纵力满足表 3.6 的要求。

表 3.6　转向系统完好时转向操纵力的要求

车辆类别	转向操纵力/N	转向时间/s	转向半径/m
M_1 和 M_2	≤150	≤4	12
M_3、N_1 和 N_3	≤200	≤4	12
N_2	≤250	≤4	12

(4)汽车转向系统出现故障时的转向操纵力测量

①试验方法。同汽车转向系统完好时转向操纵力测量的试验方法。

②判断依据。汽车在转向半径达到表 3.7 的转向圆时,其转向时间和施加的转向操纵力满足表 3.7 中的要求。

表 3.7　转向系统出现故障时转向操纵力的要求

车辆类别	转向操纵力/N	转向时间/s	转向半径/m
M_1 和 M_2、N_1	≤300	≤4	20
M_3 和 N_3	≤450	≤6	20
N_2	≤400	≤4	20

3.2.4　转向系统性能测试台架试验

台架试验主要用来验证转向系统本身的性能和指标。本小节以电动助力转向为例叙述其台架试验的主要内容。如图 3.26、图 3.27 所示为试验台架的结构原理与实物图,通过试验台架可进行以下性能试验:

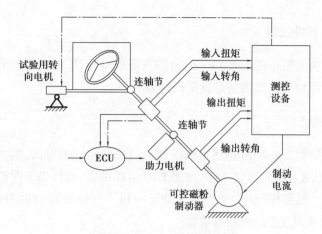

图 3.26 试验台架结构原理图

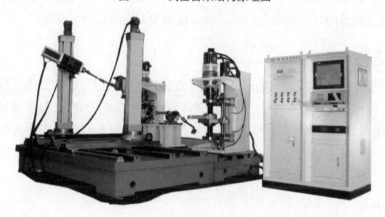

图 3.27 转向系统综合性能试验台

(1)功能试验

功能试验用来验证转向系统本身的工作情况是否正常。评价的依据如下所述：

①转动转向盘，全过程感觉平滑，无卡滞现象。

②转向盘无明显振动。

③转动转向盘至某一角度停下时，输出端无惯性延时动作。

(2)空载转动试验

空载转动试验用来验证汽车点火前后机械摩擦阻力和输入、输出轴的力和力矩。评价的主要依据是测得的数据满足设计要求。

(3)助力电流特性试验

助力电流特性试验是为了验证不同车速下输入力矩与电动机助力电流之间的关系。评价的主要依据是测得的数据满足设计要求。

（4）输入、输出特性试验

输出扭矩对应输入扭矩特性是EPS助力的主要表现特性。此试验的目的是得到输入、输出扭矩的关系。评价的主要依据是满足设计要求。

（5）反向冲击试验

转向盘快速转向和反向冲击都是考核控制系统快速响应的方法，但因主动冲击输入位置端的关系，电机的助力方向不同。1/4加载模拟道路冲击，可以基本反映行进中车辆来自路面的反力矩影响。理想情况下，冲击带来的反向扭力与电机瞬间助力必须平衡（能量抵消），不能因冲击或助力过度造成扭杆旋转。

电机电流作为主要评价指标，其幅度或三角区内能量可作为辅助评价指标。反向冲击和电机电流响应造成的转向盘角度位移可以直接测量并定值评价。

（6）回正试验

回正试验主要用来评价EPS的回正性能。在弹性力作用下，从最大角度位置开始自由回正。在输入侧扭矩和转角特性中，扭矩的变化必然滞后角度的变化，但低速情况下因助力明显，回正效果将好于高速情况，可以输入扭矩为零时的残留角作为主要评价指标。

3.3 线控转向系统性能测试实训

（1）学习目标

①能够说明线控转向系统性能测试的要求。
②能够掌握线控转向系统性能测试的方法和评价。

（2）实训任务

本章实训任务为线控转向系统性能测试。详见《实训指导手册》。

本章小结

本章主要介绍了线控转向系统的性能测试。首先介绍了汽车转向系统试验的相关国家标准以及汽车操纵稳定性的概念，随之简述了转向系统与操纵稳定性相辅相成的关系，并对国内试验场的有关情况和试验所需的仪器设备进行了简要介绍。其次重点讲述线控转向系统性能测试的内容。操纵稳定性的道路试验，主要有以下几个试验内容：蛇行试验、转向盘转角阶跃输入的转向瞬态响应试验、转向盘转角脉冲输入的转向瞬态相应试验、转向回正性能试验、转向轻便性试验、稳态回转试验以及转向盘中心区操纵稳定性试验。最后以电动助力转向EPS为例介绍了转向系统的台架试验的内容。

课后习题

一、单选题

1. 按照气候条件来分,汽车试验场主要分为( )。

　　A. 冬季试验场　　　　B. 夏季试验场　　　　C. 综合试验场　　　　D. 以上都是

2. ( )规定了 M 类、N 类车辆和 O 类挂车转向系统的技术要求和试验方法,是汽车制造商和零部件厂家进行转向系统设计、试验的参考依据。

　　A. GB 7258—2017　　B. GB 17675—2021　　C. GB/T 6323—2014　D. 以上都是

3. 由长期汽车工程实践与专门的主观评价试验所肯定下来的开路系统客观评价试验方法为( )。

　　A. 确定稳态响应与瞬态响应的转向盘角阶跃输入试验

　　B. 确定横摆角速度频率响应特性的转向盘角脉冲输入试验

　　C. 转向盘中心区操纵稳定性试验

　　D. 以上都是

4. ( )用来验证汽车点火前后机械摩擦阻力和输入、输出轴的力和力矩。

　　A. 空载转动试验　　　　　　　　　B. 助力电流特性试验

　　C. 输入、输出特性试验　　　　　　D. 功能试验

5. ( )是为了验证不同车速下输入力矩与电动机助力电流之间的关系。

　　A. 空载转动试验　　　　　　　　　B. 助力电流特性试验

　　C. 输入、输出特性试验　　　　　　D. 功能试验

6. ( )的目的是得到输入、输出扭矩的关系。

　　A. 空载转动试验　　　　　　　　　B. 助力电流特性试验

　　C. 输入、输出特性试验　　　　　　D. 功能试验

7. ( )用来验证转向系统本身的工作情况是否正常。

　　A. 空载转动试验　　　　　　　　　B. 助力电流特性试验

　　C. 输入、输出特性试验　　　　　　D. 功能试验

8. ( )主要用来验证转向系统本身的性能和指标。

　　A. 道路试验　　　　B. 台架试验　　　　C. 传动试验　　　　D. 对照试验

9. 功能试验用来验证转向系统本身的工作情况是否正常。评价的依据主要是( )。

　　A. 转动转向盘,全过程感觉平滑,无卡滞现象

　　B. 转向盘无明显振动

　　C. 转动转向盘至某一角度停下时,输出端无惯性延时动作

　　D. 以上都是

10. ( )主要用来评价 EPS 的回正性能。

　　A. 回正试验　　　　　　　　　　　B. 助力电流特性试验

　　C. 输入、输出特性试验　　　　　　D. 功能试验

二、多选题

1.汽车的稳态转向特性可以分为(　　)。

　　A.不足转向　　　　　B.中性转向　　　　　C.过度转向　　　　　D.任意转向

2.按照气候条件来分,汽车试验场主要分为(　　)。

　　A.冬季试验场　　　　B.夏季试验场　　　　C.秋季试验场　　　　D.综合试验场

3.转向盘输入有(　　)。

　　A.角位移输入　　　　B.力矩输入　　　　　C.位移输入　　　　　D.动力输入

4.由长期汽车工程实践与专门的主观评价试验所肯定下来的开路系统客观评价试验方法有(　　)。

　　A.确定稳态响应与瞬态响应的转向盘角阶跃输入试验

　　B.确定横摆角速度频率响应特性的转向盘角脉冲输入试验

　　C.转向盘中心区操纵稳定性试验

　　D.车轮防抱死试验

5.转向系统性能测试道路试验中对 M 类和 N 类车辆转向系统应作以下测试(　　)。

　　A.汽车驶离转向圆时异常振动的测试

　　B.汽车不足转向的测试

　　C.汽车转向系统完好时转向操纵力的测量

　　D.汽车转向系统出现故障时的转向操纵力测量

三、判断题

1.按照气候条件来分,汽车试验场主要分为冬季试验场、夏季试验场和综合试验场。

(　　)

2.GB 7258—2017 规定了 GB/T 15089—2001 规定的 M 类、N 类车辆和 O 类挂车转向系统的技术要求和试验方法,是汽车制造商和零部件厂家进行转向系统设计、试验的参考依据。(　　)

3.转向盘输入有角速度输入和力矩输入。(　　)

4.试验中的性能评价有主观评价和客观评价两种方法。(　　)

5.蛇行试验属于"驾驶人-汽车-外界环境"组合而成的闭路系统性能试验。(　　)

6.无论哪项试验都需要测量汽车前进速度、转向盘转角、横摆角速度、车身侧倾角、侧向加速度和汽车质心侧偏角。(　　)

7.空载转动试验用来验证汽车点火后机械摩擦阻力和输入、输出轴的力和力矩。

(　　)

8.助力电流特性试验是为了验证不同转速下输入力矩与助力电流之间的关系。(　　)

9.输出扭矩对应输入扭矩特性是 EPS 助力的主要表现特性。(　　)

10.功能试验用来验证转向系统本身的工作情况是否正常。(　　)

11.回正试验不是用来评价 EPS 的回正性能。(　　)

12.台架试验主要用来验证转向系统本身的性能和指标。(　　)

四、填空题

1. 汽车的时域响应可分为_____和_____。

2. 汽车的稳态转向特性可以分为 3 类：_____、_____和_____。

3. 研究转向盘在不同的输入下汽车行驶曲线的_____，并以它们来表征汽车的操纵稳定性。

4. 转向盘输入有_____和_____。

5. 瞬态运动响应就是转向角_____下的瞬态响应。

6. 汽车操纵稳定性道路试验，应在_____进行。

7. 试验中的性能评价有_____和_____两种方法。

8. 蛇形试验的试验目的是评价汽车的_____、_____、_____及事故可避免性等。

9. 空载转动试验用来验证汽车点火前后机械摩擦阻力和输入、_____。

10. 助力电流特性试验是为了验证不同车速下_____之间的关系。

11. 输出扭矩对应输入扭矩特性是_____的主要表现特性。

12. 转向系统的功能试验用来验证_____。

五、简答题

1. 瞬态特性指什么？

2. 转向系统性能测试道路试验包含哪些试验内容？

3. 汽车操纵稳定性台架试验的试验仪器一般有哪些？

4. 汽车操纵稳定性道路试验的试验仪器一般有哪些？

5. 汽车试验的两种评价方法是什么？

6. 汽车不足转向的测试试验方法是什么？

7. 功能试验用来验证转向系统本身的工作情况是否正常。评价的依据主要是什么？

8. 转向系统性能测试的台架试验有哪几种试验方法？

六、问答题

1. 什么是汽车的操纵稳定性？

2. 路试的场地及环境的条件和要求是什么？

3. 汽车操纵稳定性试验有哪几种试验方法？并简述其试验方法。

第4章 汽车线控制动系统的构造

汽车制动系统对汽车的行驶安全有直接的影响。传统的液压或者气压制动系统,结构和管路布置复杂,液压或空气回路泄漏的隐患加大,装配和维修难度随之提高。而线控制动技术集成一系列智能制动控制功能,易提供诸如制动防抱死、车辆稳定性控制等现有制动系统的功能。尤其是电控机械制动系统结构简单,功能集成可靠,将最终取代传统的液压或者气压制动系统,成为未来车辆的发展方向。

【教学目标】

通过本章学习,学生能够掌握汽车线控制动系统的结构和汽车线控制动系统的关键技术,了解关于汽车线控制动系统的实训项目。

【教学要求】

知识要点	能力要求
汽车线控制动系统的结构	掌握汽车线控制动系统组成和工作原理,能够分析汽车线控制动系统的特点
汽车线控制动系统的关键技术	了解线控制动系统的系统安全和容错技术,了解线控转向系统制动力最优分配策略
汽车线控制动系统构造实训	了解线控制动系统应用实例的结构组成,掌握线控制动系统故障诊断排除

【案例导入】

在 2021 年 4 月的上海车展上,著名的制动系统供应商布雷博(Brembo)带来了他们的研究成果 Brake-By-Wire 线控制动解决方案(图 4.1),其最大的独特之处在于其创新的"分布式"架构。它直接取消了制动总泵,并在每个车轮上都设置有单独的电动制动执行器,这样一来,每个车轮都是一套相对"独立"的制动系统,不再需要总泵的"助力"支持。相较于传统汽车制动系统,采用线控制动的汽车具有更高的安全性、更多定制化、更多集成化、更少的维护和布局更灵活等优点。

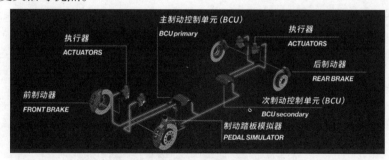

图 4.1　布雷博线控制动解决方案

4.1　汽车线控制动系统的结构

4.1.1　汽车线控制动系统组成

(1)汽车制动系统的发展历程

汽车制动系统的发展经历了从机械制动到液压、气压制动,从鼓式制动器到盘式制动器(图 4.2),ABS 从无到有,从 ABS 到 ESP 的发展过程。

图 4.2　鼓式制动器与盘式制动器

早期的汽车采用的是与四轮马车相同的轮胎制动器，利用一个长杠杆把一块摩擦衬垫压紧轮胎来制动。1889 年，德国的戈特利布·戴姆勒（Gottlieb Daimler）把制动鼓装在后轮上，再绕上钢缆而成为制动装置。

1902 年，法国的路易斯·雷诺（Louis Renault）发明鼓式制动器并注册专利。同年，英国的兰切斯特发明了凸轮式制动器，还取得了盘式制动器的专利权。这种盘式制动器的最大问题是制动时的冲击噪声，铜质衬垫和金属圆盘之间发出的咔嚓声十分刺耳。

1907 年，英国人赫·弗罗特提出用石棉板作刹车片的设想，从而解决了兰切斯特盘式制动器存在的制动噪声问题，并且比其他摩擦材料耐用得多。

1918 年，一个年轻的英国人洛克希德（Lockheed）创造了液压制动器，利用液压主缸和油管把压力油传递到制动轮缸，使制动蹄压紧制动鼓。直至 1921 年，杜森贝克在汽车的 4 个轮子上都装有液压制动器，组成完整的汽车液压制动系统。

1936 年，博世取得了 ABS 专利权。ABS 是由装在车轮上的电磁式转速传感器和控制液压的电磁阀组成，使用开关方法对制动压力进行控制。

1978 年，ABS 系统有了突破性发展。博世公司与奔驰公司合作研制出三通道四轮带有数字式控制器的 ABS 系统，并批量装于奔驰轿车上。微处理器的引入使 ABS 系统开始具备智能化，从而奠定了 ABS 系统的基础和基本模式。

1995 年，博世和戴姆勒-奔驰首次在 S 级车辆上应用了电子车身稳定系统 ESP。1997 年之后，ESP 逐步量产（图 4.3）。

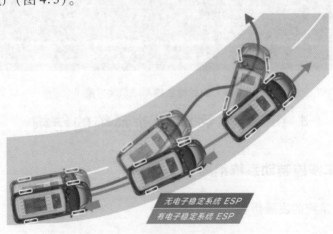

图 4.3　ESP 功能演示

2013 年,博世正式推出线控制动系统 iBooster,2016 年推出第二代。

2017 年,大陆集团推出了能满足 L3 以上自动驾驶需求的 one-box 方案,逐渐打破了博世 iBooster 一统江山的地位,先后应用到奥迪 e-tron 全线、宝马新 X5 及 X7 等车型上。

(2)线控制动系统分类与组成

目前,线控制动系统主要分为 3 种类型:第一种是电子液压制动(EHB)系统,第二种是电子机械制动(EMB)系统,第三种是混合线控制动(HBBW)系统。如图 4.4 所示。

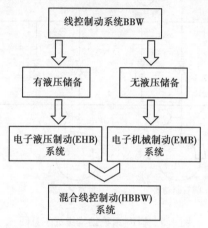

图 4.4　线控制动系统的类型

1)电子液压制动系统

电子液压制动(Electronic Hydraulic Brake,EHB)系统是从传统的液压制动系统发展来的。但与传统制动方式的不同点在于,EHB 以电子元件替代了原有的部分机械元件,将电子系统和液压系统相结合,是一个先进的机电液一体化系统,其控制单元及执行机构布置集中。因为使用制动液作为制动力传递的媒介,也称为集中式或湿式制动系统。与传统的液压制动系统相比,EHB 系统有了显著进步,其结构紧凑,改善了制动效能,控制方便可靠,制动噪声显著减小,不需要真空装置,有效减少了当 ABS 工作时因制动管路内的压力波动而导致的制动踏板出现震动现象,提供了更好的踏板感觉。

图 4.5 所示为 EHB 系统的结构组成示意图。EHB 系统主要由 4 大部分组成:制动踏板模块、液压驱动模块、制动执行模块和控制单元。

①制动踏板模块:主要包括制动踏板、踏板力传感器、踏板位移传感器和踏板行程模拟器等。负责获取驾驶员意图,同时为驾驶员提供合适的制动踏板感觉。

②液压驱动模块:主要有两种结构形式,一种是由液压泵和高压蓄能器提供动力源(P-EHB);另一种是由电机和减速机构为动力源(I-EHB)。"液压泵 + 高压蓄能器"是通过高压蓄能器的高压能量来提供主缸液压力或轮缸制动力以实现主动调节。"电动机 + 减速机构"是将电动机的力矩转化成直线运动机构(减速机构)上的推力从而推动主缸产生相应的液压力。

③制动执行模块:主要包括主缸、液压管路、轮缸等。这些机构跟传统液压制动系统的结构保持一致,将推动主缸的推力转化成制动器的液压力,最后通过摩擦力作用在制动器上

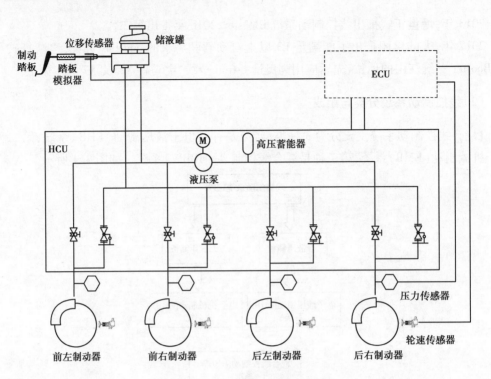

图 4.5　EHB 系统结构组成示意图

产生相应的制动力矩。

④控制单元:主要包括电子控制单元(ECU)、液压控制单元(Hydraulic Control Unit，HCU)、压力传感器等。HCU 用以精确调节轮缸液压力。压力传感器作为反馈单元将液压力实时反馈到整车控制器里,用作控制算法的输入量。

2)电子机械制动系统

电子机械制动(Electronic Mechanical Brake,EMB)系统基于一种全新的设计理念,完全摒弃了传统制动系统的制动液及液压管路等部件,大大简化了制动系统的结构,便于布置、装配和维修,更为显著的是随着制动液的取消,对环境的污染大大降低了。EMB 系统由电机驱动产生制动力,每个车轮上安装一个可以独立工作的电子机械制动器,也称为分布式、干式制动系统。与 EHB 系统相比,EMB 系统制动器中去除了所有的液压控制单元,制动执行单元即伺服电机直接安装在制动钳体上。如图 4.6 所示为 EMB 系统结构示意图。

EMB 系统主要由车轮制动模块、电子控制单元(ECU)、制动踏板模块、通信网络、电源等部分组成。

①制动踏板模块:主要包括制动踏板、踏板模拟器、位移/压力传感器等。

②车轮制动模块:主要由制动执行器、制动控制器、机械传动机构、传感器(主要有制动力传感器、轮速传感器)等组成。

③电子控制单元(ECU):负责接收信号,判定驾驶员意图,输出制动指令至制动控制器。统筹整个制动系统。

④通信网络:负责与整车各控制器通信。

⑤电源:给整个制动系统提供制动力所需的能量。

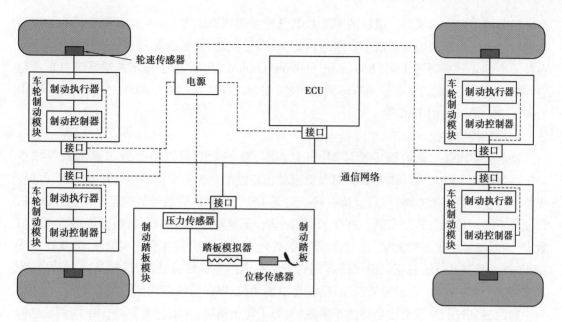

图 4.6　EMB 系统结构示意图

3)混合线控制动(HBBW)系统

混合线控制动(Hybrid Brake By Wire,HBBW)系统的主流布置方式为前轴采用电子液压制动(EHB)系统,后轴采用电子机械制动(EMB)系统。

前轴采用 EHB 系统可以实现前轮单轮制动力调节,同时靠装于前轴的 EHB 系统实现制动失效备份以满足安全可靠要求。后轴采用 EMB 系统,一方面可以缩减制动管路的长度,消除压力控制过程中管路过长带来的不确定性;另一方面能够使电子驻车制动(EPB)系统布置更加方便。电子控制单元 ECU 用于实现制动压力控制。如图 4.7 所示为 HBBW 系统结构示意图。

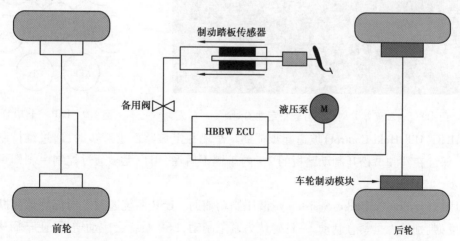

图 4.7　HBBW 系统结构示意图

(3)ESP 系统结构与原理

ESP 是 Electronic Stability Program(译为"电子稳定程序")的缩写,是博世的专利,是在

ABS 的基础上发展起来的。最新的博世 ESP 已经发展到第 9 代。第 9 代 ESP 在原有的车身稳定控制上还为车辆增加了众多实用的功能,如车道检测、碰撞预警和自适应巡航等。ESP 在技术上的正式称呼是 ESC(Electronic Stability Control,译为"电子稳定控制系统或车身稳定控制系统"),不同的汽车厂商有不同的叫法,如丰田-VSC、沃尔沃-DTSC、宝马-DSC、本田-VSA、日产-VDC、通用-ESC 等。

1)ESP 控制功能

ESP 能够增强车辆的稳定性控制,研究表明,装备 ESP 可以使严重车祸的数量减少50%。如图 4.8 所示为有和无 ESP 对车辆行驶稳定性的对比。车辆必须避开突然出现的障碍物。驾驶员先快速左转,然后直接右转。对无 ESP 的车辆,突然的转向运动产生了甩尾,驾驶员不能再控制急转的车辆。对有 ESP 的车辆,车辆要避开障碍物时,根据传感器测得的数据,判断车辆处于不稳定状态。系统算出的处理方法是 ESP 对左后轮实施制动,这样就支持了车辆的旋转运动,前轮依旧保持有侧向力。车辆向左偏转行驶时,驾驶员向右转向,为了支持这个转向动作,右前轮被制动,后轮自由滚动,以保证后轴有最佳侧向力。

前面提到过的车道变化会导致车辆激转,为了防止甩尾,左前轮要制动。在特别紧急的情况下,车轮被紧急制动,以限制前轴的侧向力。等所有的不稳定行驶状态被纠正后,ESP 的调节作用才结束。

经过多年发展,随着硬件、软件的不断升级,其控制功能早已超出 ABS、EBD、TCS 和 VDC 4 大基本功能,如图 4.9 所示为 ESP 的部分控制功能。

图 4.8　有和无 ESP 对车辆行驶稳定性的对比

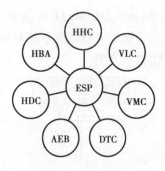

图 4.9　ESP 控制功能

①HHC(Hill Hold Control)坡道起步辅助。车辆在上坡路面上起步时,通过维持制动系统压力,保证在驾驶员松开制动踏板的 2 s 内车辆不后溜,用户无须通过控制手刹即可实现坡道起步。

②HBA(Hydraulic Brake Assistanty)液压制动辅助。ESP 系统通过压力传感器判断压力上升梯度,判别是否是紧急制动,一旦确认为紧急制动,ESP 系统会主动增压,让车辆达到最大减速度,以减小刹车距离。

③HDC(Hill Descent Control)陡坡缓降。HDC 能帮助车辆低速下坡(最大 50% 坡度),车辆速度的控制通过 ESP 主动增压来完成,不需要驾驶员主动地制动干预(图 4.10)。

图 4.10　陡坡缓降功能按键与仪表显示

④AEB(Autonomous Emergency Braking)自动紧急制动。基于环境感知传感器(如毫米波雷达或视觉摄像头)感知前方可能与车辆、行人或其他交通参与者所发生的碰撞风险,并通过 ESP 系统自动触发实施制动,以避免碰撞或减轻碰撞程度的主动安全功能。

⑤DTC(Drag Torque Control)发动机拖滞扭矩控制。在低附着路面上,尤其是冰面上制动时,若进入 ABS 控制,由于传动系统的拖滞力、驱动轮的轮速恢复非常缓慢,此时 ESP 系统会发指令给动力总成,要求增加输出扭矩,以便尽快恢复轮速,提高车辆的稳定性。或者当车辆在高速行驶时,如果驾驶员松开油门,发动机在驱动系统的带动下,会发生反方向运转,形成一种非主动的制动力,影响车辆的正常惯性行驶和滑行。而 DTC 控制系统会自动提升发动机输出扭矩,避免发动机制动造成的扭矩拖拽现象,来避免产生车辆非主动制动。

⑥VMC(Vehicle Motion Control)车辆运动控制。VMC 提供了完整的车辆横纵向运动控制功能,一般用于 L3 级及以上的自动驾驶。VMC 从上层控制器接收横纵向运动控制命令,协调管理下属各驱动、制动、转向执行器实现车辆的横纵向运动控制。

⑦VLC(Vehicle Longitudinal Control)车辆纵向控制。VLC 功能为 ESP 系统提供了一个加速接口,可负责对安装 ADAS(先进驾驶辅助系统)的车辆进行纵向控制。ADAS 根据驾驶情况提供加速度请求,VLC 通过主动控制发动机和制动来实现对加速度的调节,VLC 一般用于 ACC(自适应巡航)及 APA(自动泊车)功能。

2)ESP 结构组成

如图 4.11、图 4.12 所示为奥迪 A4 所采用的 ESP 系统结构示意图。从结构组成上看,ESP 由传感器、控制单元和执行器 3 个部分组成。

①控制单元。控制单元主要负责整个系统的信息运算分析和控制指令的发出,为了保障系统的可靠性,在系统中有两个处理器,两者都用同样的软件处理信号数据,并相互监控比较。如果控制单元出现故障,驾驶者仍可作一般的制动操作,但 ABS、EBD、TCS、ESP 等功能都将失效,这时可诊断出"控制单元故障"或"供电电压故障"的故障存储。

②侧向加速度传感器。侧向加速度传感器可以确定车辆是否受到使车辆发生滑移作用的侧向力,以及侧向力的大小。如果无该信号,控制单元将无法计算出车辆的实际行驶状态,ESP 功能将失效。

③转向盘转角传感器。转向盘转角传感器是依据光栅原理进行角度的测量的,它位于转向灯开关总成和转向盘之间,集成在安全气囊的螺旋电缆内。该传感器根据驾驶员操纵转向盘的不同转向程度,向控制单元传送转向盘转动的角度,测量的角度范围为 ±540°,对

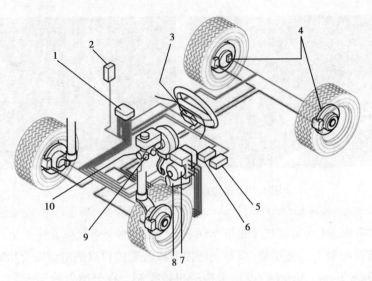

图 4.11 奥迪 A4 轿车 ESP 系统结构

1—控制单元;2—纵向加速度传感器;3—转向盘角度传感器;4—轮速传感器;5—横摆率传感器;
6—侧向加速度传感器;7—液压控制单元;8—动态液压泵;9—制动压力传感器;10—制动助力器

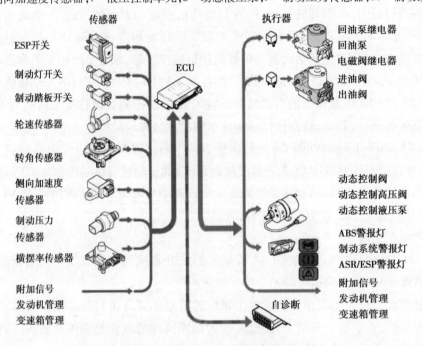

图 4.12 奥迪 A4 轿车 ESP 系统主要组成

应转向盘转 3 圈。如果该传感器无信号,则车辆无法确定行驶方向,ESP 功能将失效。

④轮速传感器。轮速传感器用以检测每个车轮的实际转速,以便判断车轮的运动状态。如果没有该信号,则 ABS、ESP 警报灯亮,表明系统无法正常工作,即 ABS、ESP 功能失效。

⑤横摆率传感器。横摆率传感器主要是用以确定车辆是否沿垂直轴线发生转动,并给控制单元提供转动速率。如果没有横摆率测量值,控制单元无法测量车辆是否发生转动,ESP 功能将失效。在实际结构中,横摆率传感器通常与侧向加速度传感器集成在一起,共同安装在一个舱盒内,位于前仪表台内,为车辆的重心位置,这样既可以减小安装尺寸,又能保

证精确的配合数值。

⑥制动压力传感器。制动压力传感器检测制动系统的实际压力,控制单元相应计算出作用在车轮上的制动力和整车的纵向力大小,如果 ESP 正在对不稳定状态进行调整,控制单元将这一数值包含在侧向力计算范围之内,如果没有制动压力信号系统将无法计算出正确的侧向力,ESP 功能失效。

⑦液压控制单元(Hydraulic Control Unit,HCU)。液压控制单元是 ESP 系统的核心,是主要的执行机构。制动分泵通过液压控制单元的电磁阀控制,通过对制动分泵的进油阀和出油阀控制,建立 3 种工作状态,即建压、保压和卸压,从而达到对每个车轮制动压力的独立调节,进而实现 ESP 的控制功能。如图 4.13 所示为液压控制单元结构分解图。其主要包括多种不同功能的电磁阀、柱塞泵、蓄能器、阻尼器等零部件。如图 4.14 所示为液压控制单元实物。

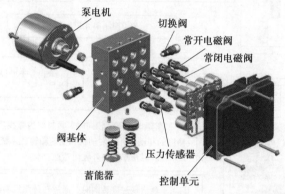

图 4.13　液压控制单元结构

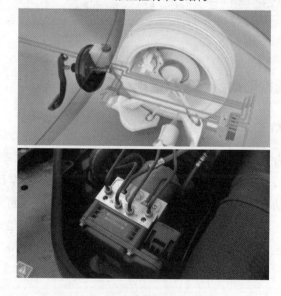

图 4.14　液压控制单元实物图

3)ESP 工作原理

转速传感器不断提供每只车轮的转速数据,转向盘转角传感器将它得到的数据直接通过 CAN 总线传给控制单元。由这两种信息控制单元算出车辆的所需转向和行驶行为。

　　侧向加速度传感器向控制单元传送车辆侧向的偏转信息,横摆率传感器传送车辆的离心趋势。从两种信息控制器算出车辆的实际状态。如果算出的所需值和实际值有偏差,控制系统进行调节。

　　ESP决定哪个车轮应制动或加速、发动机力矩是否该减小、在自动变速车辆上是否需要使用变速器控制单元,然后根据传感器传输的数据,系统检查调节作用是否有成效。如果有成效,则ESP停止工作,并继续观察车辆的运行状态;如果没有成效,则调节系统重新工作。调节系统工作时,ESP信号灯亮。如图4.15所示为ESP的控制过程。

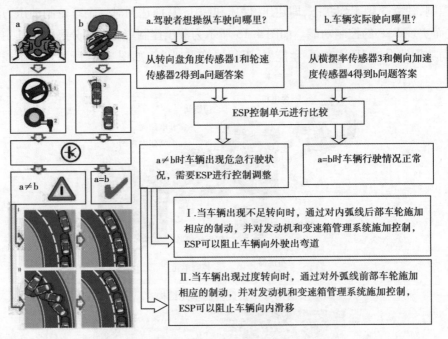

图4.15　ESP的控制过程

4.1.2　汽车线控制动系统工作原理

(1)传统液压制动系统工作原理

　　如图4.16所示为传统液压制动系统的结构示意图。其工作原理可以简述如下:驾驶员对制动踏板施加压力,经过杠杆作用放大,传递到真空助力器。真空助力器踏板一侧与大气相通,另一侧连接发动机进气管产生负压,进而压力被放大并传递到制动主缸推杆。制动主缸推杆被推动后,液压油经过油管,利用帕斯卡原理压力放大并传递到制动钳。高压液压油推动制动钳活塞,液压力转化为活塞推力,推动制动钳的摩擦衬片挤压制动盘。轮毂组件将车轮和制动盘固定在一起,从而产生阻碍车轮旋转的摩擦力,使动能转化为热能,制动盘产生大量热量。

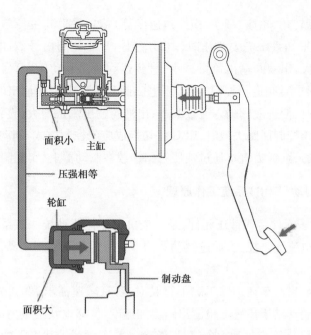

图 4.16 传统液压制动系统结构

(2)电子液压制动(EHB)系统工作原理

EHB 系统的工作过程主要是对压力供给单元的控制和高速开关阀的控制,产生并储存制动压力并可分别对 4 个轮胎的制动力进行单独调节。其工作原理如图 4.17 所示。

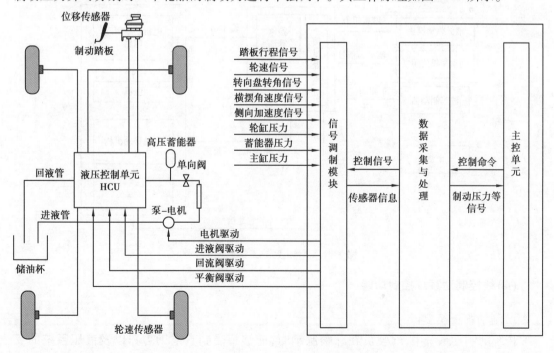

图 4.17 EHB 系统工作原理图

驾驶员踩下制动踏板,数据采集系统将踏板行程传感器、踏板力传感器的信息汇同车辆的行驶状态(转向盘转角、轮速、车速、横摆角速度等)信息采集到主控单元(ECU)中进行综合分析和判断。当得知系统需要增压时,ECU 输出 PWM 控制信号,对电磁阀进行控制,使进液阀输入流量增大,出液阀输出流量减小,直到达到所需制动压力;当得知系统需要保压控制时,ECU 通过对电磁阀进行控制,使增压电磁阀和减压电磁阀输出的流量保持不变;当得知系统需要减压时,使进液阀输入流量减小,出液阀输出流量增大,直到所需的制动压力;当某几个高速开关阀控制回路失效时,ECU 将切换成应急控制模式,制动踏板力的液压管路与应急制动管路连通,踏板力直接通过液压管路加载在制动器上,实现制动。

(3)电子机械制动(EMB)系统工作原理

EMB 系统以电子元件替代液压元件,是一个机电一体化系统。该系统通过电子控制单元对制动电机实施电流大小控制,通过制动器的卡钳从两侧夹紧制动盘,实现车轮制动。其工作原理如下:

如图 4.18 所示,当汽车在不同工况下行驶时,若有减速需求,驾驶员会踩下制动踏板。电子制动踏板上的制动踏板传感器检测出踏板加速度、位移以及踏板力的大小等制动信号,ECU 单元通过车载网络接收制动指令信号,综合当前车辆行驶状态下的其他传感器信号并结合相应的意图识别算法识别出驾驶员的制动意图,计算出每个车轮各自实时所需的最佳制动力。4 个独立的车轮制动模块接受 ECU 的输出信号,控制电机的转速完成扭矩响应,然后通过机械传动机构执行器来产生相应的制动力实现制动。

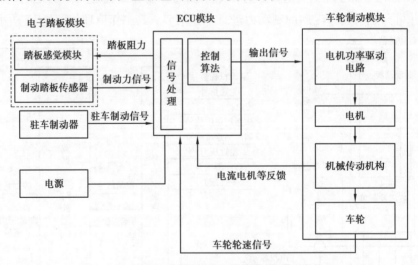

图 4.18　EMB 系统工作原理图

(4)线控制动系统控制功能

1)制动踏板模拟

传统的制动系统中,驾驶员在踩踏制动时,能够感受到真空助力器以及液压系统的反馈,整车在不同制动压力的驱动下,建立起相应的减速度,给驾驶员建立起制动踏板感。踏板踩踏速度、踏板力、踏板行程以及对应压力和减速度的建立都影响制动踏板感觉。传统的制动踏板感觉是基于制动样件选型来调整,每个企业都有基于样件的踏板感觉自定义。在踏板模拟机构的研究中,踏板力与行程关系的调节主要分为主动调节式和被动调节式两种不同的实现方法。

主动调节式是在模拟机构控制单元内预设踏板力与行程的关系,踏板动作信号控制与主缸相连伺服液压单元中电磁阀的通断,在主缸中产生相应的液压来模拟与踏板行程相应的踏板力感觉。

被动调节式是依据模拟踏板力与行程的关系,设计含有弹簧等弹性元件的机械结构来近似模拟两者之间的关系。

两种方式相比,前者理论上可以通过预设程序的调节,得到最优的踏板力与行程的关系特性,但它在执行动作过程中消耗能量较多,控制过程复杂,且对作动器的响应速度要求高,不利于实车应用;后者简单可靠,易于实现,且可以反馈良好踏板力与行程之间的线性关系。

2)汽车动态稳定性控制

汽车发生制动时,可能出现偏离轨道、侧向滑动和失去转向能力的现象,使汽车在制动过程当中未能按照预期的轨迹运行。为了提高驾驶的安全性,改善车辆的方向稳定性和转向操纵能力,底盘控制系统由此诞生。它主要包括防抱死制动系统(ABS)、驱动防滑控制系统(Acceleration Slip Regulation,ASR)、牵引力控制系统(Traction Control System,TCS)等,还有同时涉及纵向动力学和侧向动力学的车辆稳定性控制系统(Vehicle Stability Control,VSC)。

1990年年初,日本最先出现汽车操纵稳定性控制的思想,通过分配车轮的纵向力来调节车辆的横摆运动,并将VSC应用到丰田汽车上。1995年以后,Bosch推出的VDC(Vehicle Dynamics Control,译为"车辆动力学控制系统")采用汽车实际值与目标值的差值信息来决定汽车的运动状态。车辆稳定性控制系统是在ABS的基础上研发的,汽车提供给两侧车轮的纵向力形成相反的横摆力矩,与危险的力矩相抵消使汽车再次平稳行驶,控制汽车的横向操纵稳定性,这标志着车辆纵向动力学和操纵动力学逐渐融合。操纵稳定性控制系统发展到现在,有很多控制方法,控制目标主要有横摆角速度、车轮侧偏角等。如图4.19所示为车辆稳定性控制系统的组成图,其中"信号输入"部分通过各种传感器获得信号,如转向角传感器、车速传感器等。

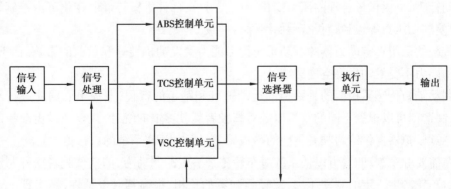

图4.19 车辆稳定性控制系统的组成图

3)制动能量回收技术

新能源汽车的制动能量回收,又称能量再生制动(简称再生制动),是指新能源汽车在制动或者松开加速踏板减速过程中,驱动电机此时应该处于发电机的工作状态,这样才可以将汽车行驶中的动能转化为电能存储到储能装置(车载动力电池等)中,并达到利用电机产生的反向力矩为车辆提供制动力矩使汽车减速甚至停车的目的。

车辆制动时,控制器通过对此时整车情况的分析处理,分配电机制动力及机械制动力的比例进而控制驱动电机产生相应的制动力。在此过程中,驱动电机处于发电状态,通过变换电路对电池进行充电以实现能量回收,同时,电机转子切割线圈磁场所产生的感应电流和感应电动势将形成制动。力矩使电机减速以产生电机制动力矩,通过传动系统作用于驱动轮进而实现制动。能量回收模型如图4.20所示,制动能量依次经过驱动轮、传动系统、驱动电机、DC/DC变换器,最终到达储能装置电池组,实现制动能量的回收。

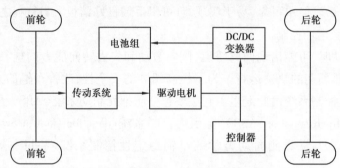

图4.20 新能源汽车制动能量回收模型

4.1.3 汽车线控制动系统特点分析

(1)EHB系统特点分析

EHB系统相较于传统制动系统具有很多优点,如结构简单紧凑、制动噪声小、可提供更好的踏板感和可分析驾驶员意图判断不同的制动行为等。

1)EHB系统的优势

①传统制动系统的制动特性无法随意改变,而EHB系统通过分析驾驶员意图,判断不同的制动行为,可提供最合理的压力变化特性。另外,部件机械特性的变化可由控制算法进行补偿,使制动压力等级和踏板行程始终保持一致。

②传统的采用真空助力器的制动系统助力能力受发动机转速和负荷的影响,而EHB系统的制动能力不受发动机真空度影响。

③制动踏板传感器检测的是踏板的运动速度和踏板的行程,电控单元据此进行制动压力调节,制造商可以根据不同的车型以及对驾驶者驾驶习惯的统计,仅仅通过更改控制算法和踏板感觉模拟器提供给驾驶者不同的踏板感觉,使得EHB系统的可移植性好。

④在需要驻车制动时,可以使系统对车轮施加一定的制动力,即使驾驶者松开制动踏板依然能对车轮产生一定的制动压力,减轻驾驶者的负担,提高驾驶舒适性,易实现电子驻车控制和坡起辅助控制等功能。

⑤传统制动系统只能在一定程度上实现前后制动压力的分配,而EHB系统在四轮压力分配方面有很大的自由度,当车辆处在左右附着系数不同的路面上制动时效果显著。

2）EHB 系统的不足

EHB 系统的局限性是整个系统仍然需要液压部件，离不开制动液。

（2）EMB 系统特点分析

1）EMB 系统的优势

①能够使车辆结构得到简化。EMB 系统的应用使汽车可以省去制动储液罐、制动主缸、助力装置、液压阀以及复杂的管路系统等。

②极大地缩减制动反应的时间。传统的液压制动系统反应时间为 400～600 ms，EHB 系统的反应时间为 120～150 ms，而 EMB 系统的反应时间只要 90 ms，刹车距离可以缩短 60%，安全性能大幅度提高。

③维护简单。EMB 系统没有使用制动液，不用担心液体泄漏，这对于电动车来说尤其重要，液体泄漏可能导致短路或元件失效，维修起来麻烦且造成的维修成本高。

④轻量化。一系列电子元器件代替了原来笨重的机械助力传动装置，降低了整车的质量，提高了整车的燃油经济性，减小了前后轴的负荷和轮胎的磨损。

2）EMB 系统的不足

①没有备份系统，对可靠性要求极高。不存在独立的主动备用制动系统，无论是 ECU 元件失去效用还是传感器失灵，或者是制动器本身或线束出现故障，都需要一个备用系统以保障制动的基本性能，在电子控制单元发生故障时，自行启动且不会影响现有系统的完整性。

②刹车力不足。EMB 系统位于轮毂中，轮毂的体积决定了电机大小，进而决定了电机功率不可能太大。

③工作环境恶劣，特别是温度高。刹车片附近的温度高达数百度，而电机体积又决定只能使用永磁电机，而永磁材料在高温下会消磁。

④簧下元件振动剧烈，不确定性强。永磁体无论是烧结还是粘结都很难承受强烈振动。

4.2　汽车线控制动系统的关键技术

4.2.1　线控制动系统的系统安全与容错技术

线控制动系统的应用一直受到其安全可靠性的较大影响，因为任何一个电子信号的失效都可能会带来一个灾难性的后果，所以系统安全和容错技术显得尤为重要。提高系统可靠性的策略一般有两种：一是从可靠性分析的角度提高系统的固有可靠性，控制系统发生故障的概率并使其降低到可以接受的程度；二是采用容错技术，使系统在出现一个或多个部件失效的情况下仍能接原定的性能指标或略低的性能指标（可接受）安全地完成控制任务。

（1）线控制动系统容错技术的研究

尽管在设计和测试阶段应用了可靠性分析方法，在制造过程中采取了相应质量控制手段，系统失效或故障仍然不能完全避免。除通过故障在线监测与诊断、故障维修、安全措施等途径外,容错技术是避免系统失效或故障的行之有效的方法,其最主要的实现手段是冗余设计。

1)基于可靠性分析和容错技术的线控制动系统冗余结构设计

对线控制动系统结构设计方法进行研究的目的是在满足系统可靠性要求的前提下,构建一个最小化系统硬件,以达到最小化网络带宽、最大化容错以及最低的开发和维修成本。

线控制动系统冗余结构设计可采用自上而下的设计过程,顶层是系统功能设计,然后分解成子功能,按非冗余结构执行各子功能,再以可靠性分析为基础,同时综合考虑系统制造成本和最小化网络带宽,进行冗余结构设计,整个设计过程如图 4.21 所示。图中的 FMEA (Failure Mode Effects Analysis,译为"故障模式与影响分析")是一种简单高效的质量问题分析方法,Failure 的含义不限于"故障",而是包含了各种质量问题。FMEA 方法的适用范围包含工艺设计、产品生产过程中各种质量问题的分析。在国际标准 ISO 9004:2000《质量管理体系 业绩改进指南》中,已将 FMEA 作为对"产品和过程的确认和更改"以及对"设计和开发"进行风险评估的工具;FTA(Fault Tree Analysis,译为"故障树分析")是复杂系统安全性、可靠性分析与预测的最重要和最有效的方法之一。FTA 把系统可能发生的某种事故与导致事故发生的各种原因之间的逻辑关系用一种称为事故树的树形图表示,通过对事故树的定性和定量分析,找出事故发生的主要原因,为确定安全对策提供可靠依据,以达到预测与预防事故发生的目的。FTA 具有直观明了、思路清晰、逻辑性强的特点,可以作定性分析,也可以作定量分析。它体现出以系统工程方法研究安全问题的系统性、准确性和预测性。

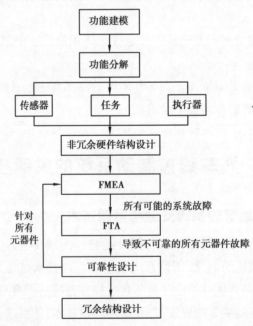

图 4.21 线控制动系统冗余结构设计流程

首先进行功能分析,也就是整个线控制动系统集成的功能,如 ABS、EBD 等。将线控制动系统功能分解成制动需求获取、系统检测、制动力分配、制动力控制 4 个子功能,每个子功能由对应的传感器、控制器、执行器等物理元素以及相关软件元素来实现。

其次进行线控制动系统可靠性分析,根据线控制动系统的 FMEA 和 FTA 分析,结合零部件的故障概率,可计算出系统的失效率。按图 4.22 所示的非冗余结构进行分析,包括踏板传感器、主控节点、网络等。

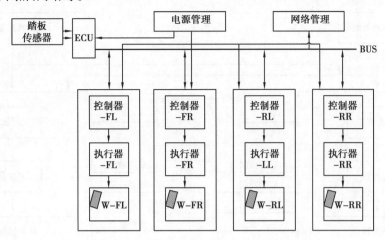

图 4.22 线控制动系统分布式非冗余结构

最后进行线控制动系统冗余结构设计,硬件冗余主要是对永久硬件故障容错,包括静态冗余和动态冗余,后者又包括热备份和冷备份。基于容错技术的线控制动系统硬件双冗余结构如图 4.23 所示。

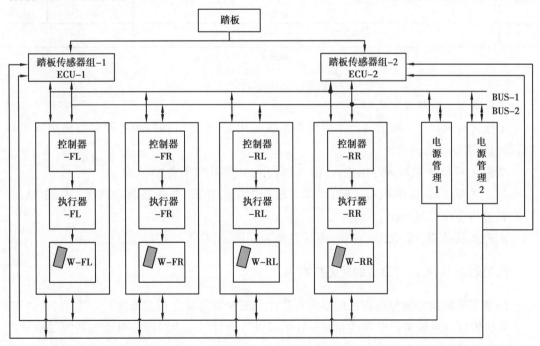

图 4.23 基于容错技术的线控制动系统硬件双冗余结构

2)线控制动系统踏板模块双机容错控制系统结构设计

线控制动系统踏板模块采用双冗余结构,同构的双机同时工作,根据预先设定的自诊断策略和故障判定策略对工作结果进行比较输出。为满足线控制动系统高可靠性和实时性要求,各节点采用实时嵌入式系统设计方案,而双机容错控制系统则整合计算机硬件级、操作系统级以及应用级的容错技术,在实现双机系统隔离的同时,通过通信方式实现不同处理机的互联,为在硬件容错中结合软件容错提供可能。双机容错控制系统结构如图4.24所示。

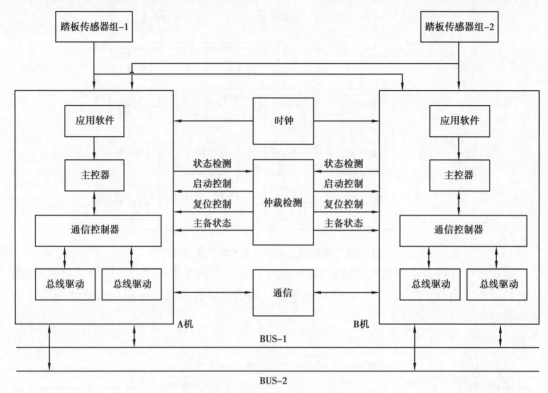

图4.24 踏板模块双机容错控制系统结构

双机系统运行状况定义如下:

①任何时刻都以主机的运行结果作为系统输出,主机运行到检测点即向备用机发送日志,备用机更新日志列表。

②若A机和B机均运行正常,则将A机作为主机,B机为备份。

③若A机正常,而B机有故障,则将A机作为主机,同时B机将故障状况报告A机,并对B机进行复位控制操作。

④若A机故障,而B机正常,则将B机作为主机,同时A机进行复位控制操作。

(2)线控制动系统可靠性的关键技术

1)基于模糊故障树分析方法的系统可靠性和安全性集成分析与设计

对线控制动系统进行可靠性和安全性集成设计的目的在于对所有可能的系统故障和导致不安全的各种因素进行综合分析,找出系统的薄弱环节,为系统冗余结构设计提供理论依据,同时针对不可避免的危险故障设计监管程序、维修程序以及安全措施,使系统满足其高可靠性和安全性要求。

FTA被认为是一种很有效的可靠性和安全性分析方法,但传统的FTA中的零部件的故障率均假设为精确且已知的,需要收集足够多的故障数据,这对于线控制动系统来说是非常困难的。此外,随着技术的不断进步,很多新型的零部件被应用于系统,其故障数据更加缺乏。将模糊技术和 FTA 相结合的模糊故障树方法现已经成为研究热点。

2）基于故障诊断的容错控制系统设计

对重要部件或易发生故障的部件提供备份的硬件冗余是一种有效的容错方法，只要能建立起冗余的信息通道，这种方式可用于任何硬件环节失效的容错控制。但是，在实际应用过程中该容错控制系统可靠性依赖于故障发现的成功率、故障的发现时间，以及故障隔离机制、故障恢复和故障处理策略等技术。实时在线故障诊断系统是双机容错的关键。不断涌现的新的技术途径提供了新的故障诊断方法，如采用数据挖掘和信息融合技术实现诊断，而研究方法呈相互融合的趋势，如基于模型的方法与基于人工智能方法相结合、基于模糊逻辑与神经网络相结合的方法等。

3）软件容错设计

车辆的行驶状况和环境的多变性，可能导致控制系统电子元器件失效和故障。若计算机内存发生故障，则可能导致程序代码错误、数据错误等，引起软件故障。此外，由于硬件制造水平的提高和硬件容错技术的成熟，软件错误将成为导致系统失效的主要原因，因此，要求线控制动系统软件具有较强的容错能力。

软件容错的方法有模块自测及恢复和模块冗余及重构。前者包括输出域范围检测及恢复、内部变量关系检测及恢复当前进程—运行进程检测及恢复。模块冗余及重构包括多版本编程（NVP）、恢复块技术和前向恢复与后向恢复技术等。具体可用以下方法提高软件的可靠性和容错能力：

①利用自动检、纠错技术对关键数据进行数据冗余编码，提高关键数据的可靠性。

②对关键数据，如状态字、标志位等，利用 NVP 技术（N 版本编程技术）和表决策略在系统故障时对其进行恢复，对关键模块采用恢复块技术。

③利用 NVP 技术及恢复块技术相结合的方法对故障后的系统进行恢复和重构。

由于软件容错是以运行时间和内存空间开销为代价的，因此开发结构简单、易于实现的软件容错技术对提高线控制动系统的实时性和可靠性至关重要。

4）具有高可靠性的高速容错实时总线

为满足线控制动系统的高可靠性和安全性要求，车载网络协议必须是高速率、可靠和支持容错的，同时还必须满足消息传输时间是实时和确定的，以完成有严格时序和参数定时刷新等实时性要求很高的控制任务。大量研究结果表明，基于时间触发的确定性通信网络协议是满足安全关键性实时控制的最佳选择。在目前较成熟的时间触发网络协议中，TTP/C 和 FlexRay 是 X-By-Wire 线传系统使用较多的两种。

TTP/C 是专门为安全关键性实时控制系统而设计的通信协议，基于 TDMA（Time Division Multiple Access）的访问方式，能够支持多种容错策略，提供容错的时间同步以及广泛的错误检测机制，采用光纤传输的工程化样品速率可达 25 Mb/s。FlexRay 是专为车内局域网设计的一种具备故障容错的高速可确定性车载总线系统，采用了基于时间触发的机制且具有高带宽、容错性好等特点，在实时性、可靠性及灵活性方面都有很大的优势，非常适用于安全性要求较高的线控场合及带宽要求高的场合。其支持两个通信信道的故障容错和冗余信息的传送，每个通道提供 10 Mb/s 的数据速率，总数据速率可达到 20 Mb/s。

4.2.2 线控制动系统制动力最优分配策略

(1)对制动力分配的理解

评价汽车制动性的指标有制动效能(含制动距离和制动减速度)、制动效能的恒定性(抗衰退效能)、制动时汽车方向稳定性(包括抗跑偏、抗侧滑和保持转向能力的性能),其中制动时汽车方向稳定性主要与制动力分配有关。汽车的制动过程有3种可能性:一是前轮先抱死拖滑,然后后轮抱死拖滑;稳定工况,但丧失转向能力,附着条件没有充分利用。二是后轮先抱死拖滑,然后前轮抱死拖滑;后轴可能出现侧滑,不稳定工况,附着利用率低。三是前、后轮同时抱死拖滑;可以避免后轴侧滑,附着条件利用较好。前、后制动器制动力的分配比例,将影响制动时前后轮的抱死顺序,从而影响汽车制动时的方向稳定性和附着条件利用程度。

汽车在制动时,若4个轮胎与地面的附着力不同就容易产生打滑、倾斜和侧翻等现象,制动力分配的目的是在驾驶员踩下制动踏板的瞬间,制动系统根据车辆载荷、实际路况和工况等,分别计算出4个车轮制动器制动力,以保证车辆行驶的安全性和稳定性,同时获得最短停车距离。

对电动汽车还包括电控机械制动系统摩擦制动和再生制动的制动力大小分配,可采用遗传算法优化或基于制动强度、舒适性等原则分配。混合电动汽车利用模糊逻辑控制根据最优曲线在再生制动和电控机械制动之间分配制动力。在等制动强度的条件下,制动力分配策略不同,电机所分配的再生制动转矩不同,若要最大限度地保证制动能量回收,则需要电机提供更多的再生制动转矩,这样做的后果是增加了车辆制动过程中的不稳定性;反之,若要保证车辆制动时的稳定性,那么制动能量回收效率必然会受到影响。如何平衡两者之间的关系,关键在于制订更加合理的制动力分配策略。

(2)制动器制动力分配曲线

前、后制动器制动力分配的比例将影响汽车制动时的方向稳定性和附着条件利用程度,制动力合理分配在汽车的制动过程起重要的作用。

如图4.25所示为汽车在水平路面制动过程受力图。图中忽略了汽车的滚动阻力偶矩、空气阻力以及旋转质量减速时产生的惯性力偶矩以及制动时车轮边滚边滑的过程,附着系数只取一个定值φ_0。

分别对后轮、前轮接地点取力矩,有

$$\left. \begin{array}{l} F_{Z1}L = Gb + m\dfrac{du}{dt}h_g \\ F_{Z2}L = Ga - m\dfrac{du}{dt}h_g \end{array} \right\} \tag{4.1}$$

式中 F_{Z1}——地面对前轮的法向作用力,N;

       F_{Z2}——地面对后轮的法向作用力,N;

       L——汽车轴距,m;

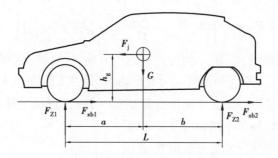

图 4.25 制动时汽车受力图

a——汽车质心到前轴中心线的距离,m;

b——汽车质心到后轴中心线的距离,m;

G——汽车重力,N;

m——汽车质量,kg;

h_g——质心高度,m;

$\dfrac{\mathrm{d}u}{\mathrm{d}t}$——汽车减速度,m/s^2。

令 $\dfrac{\mathrm{d}u}{\mathrm{d}t}=zg$,$z$ 称为制动强度,则可求得地面法向反为

$$
\left.
\begin{aligned}
F_{Z1} &= \frac{G}{L}(b+zh_g)\\[2mm]
F_{Z2} &= \frac{G}{L}(a-zh_g)
\end{aligned}
\right\}
\tag{4.2}
$$

若在不同附着系统的路面上制动,前、后车轮都抱死,此时 $F_{xb}=F_\varphi=G_\varphi$ 或 $\dfrac{\mathrm{d}u}{\mathrm{d}t}=\varphi g$($F_{xb}$ 为地面制动力;F_φ 为附着力;制动时 $F_{xb}\leqslant F_\varphi$)。地面作用于车轮的法向反作用力大小为

$$
\left.
\begin{aligned}
F_{Z1} &= \frac{G}{L}(b+\varphi h_g)\\[2mm]
F_{Z2} &= \frac{G}{L}(a-\varphi h_g)
\end{aligned}
\right\}
\tag{4.3}
$$

1)理想的前、后制动器制动力分配曲线

前文已指出,制动时前、后车轮同时抱死,对附着条件的利用、制动时汽车的方向稳定性均较为有利。在任何附着系数 φ 的路面上,前后轮同时抱死的条件是前、后制动器制动力之和等于附着力,并且前、后轮制动器制动力等于各自的附着力,即

$$
\left.
\begin{aligned}
F_{\mu1}+F_{\mu2} &= \varphi G\\
F_{\mu1} &= \varphi F_{Z1}\\
F_{\mu2} &= \varphi F_{Z2}
\end{aligned}
\right\}
\tag{4.4}
$$

式中 $F_{\mu1}$——汽车前轮制动器制动力,N;

$\qquad F_{\mu2}$——汽车后轮制动器制动力,N;

$\qquad \varphi$——地面附着系数。

将式(4.3)代入式(4.4)并消去变量 φ 可得下式:

$$F_{\mu2} = \frac{1}{2}\left[\frac{G}{h_g}\sqrt{b^2 + \frac{4\,h_g L}{G}F_{\mu1}} - \left(\frac{Gb}{h_g} + 2\,F_{\mu1}\right)\right] \qquad (4.5)$$

由式(4.5)画成的曲线,即前、后车轮同时抱死时前、后轮制动器制动力 $F_{\mu1}$ 和 $F_{\mu2}$ 的关系曲线,常称为理想的前、后轮制动器制动力分配曲线,简称 I 曲线。从式(4.5)可知,只要给出汽车的总质量、汽车的质心位置就能作出 I 曲线。另外,I 曲线是踏板力增长到前、后车轮同时抱死拖滑时的前、后制动器制动力分配曲线。

2)实际的前、后制动器制动力分配曲线

不少两轴汽车的前、后制动器制动力之比为一固定值。常用前制动器制动力与汽车总制动器制动力之比来表明分配的比例,称为制动器制动力分配系数,用符号 β 表示,即

$$\beta = \frac{F_{\mu1}}{F_{\mu}} \qquad (4.6)$$

因 $F_{\mu} = F_{\mu1} + F_{\mu2}$,故 $F_{\mu1} = \beta F_{\mu}$,$F_{\mu2} = (1-\beta)F_{\mu}$,且 $\dfrac{F_{\mu1}}{F_{\mu2}} = \dfrac{\beta}{1-\beta}$,则 $F_{\mu1}$ 和 $F_{\mu2}$ 的关系是一条斜率为 $\tan\theta = \dfrac{1-\beta}{\beta}$ 的直线,这条直线称为实际的前、后制动器制动力分配线,简称 β 线。如图 4.26 所示为 BJ1041 货车的 β 线和空载、满载时的 I 曲线,图中 β 线与 I 曲线(满载)交于 B 点,此时的附着系数为 $\varphi_0 = 0.786$,称此交点处的附着系数为同步附着系数,所对应的制动减速度称为临界减速度。可以看出,同步附着系数是由汽车结构参数决定的,是反映汽车制动性能的一个参数。同步附着系数说明对前、后制动器制动力为固定比值的汽车,只有在一种附着系数也就是同步附着系数路面上制动时才能使前、后车轮同时抱死。

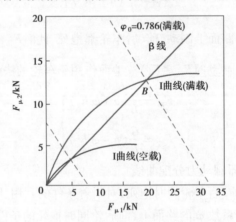

图 4.26　β 曲线与 I 曲线

利用 β 线与 I 曲线的配合,可以分析前、后制动器制动力具有固定比值的汽车在各种路面上的制动情况,进而得出结论:①当 $\varphi < \varphi_0$ 时,β 线位于 I 曲线下方,前轮先抱死;②当 $\varphi > \varphi_0$ 时,β 线位于 I 曲线上方,后轮先抱死;③当 $\varphi = \varphi_0$ 时,β 线与 I 曲线相交,前、后轮同时抱死。前已述及,后轮先抱死易发生侧滑属于危险工况,汽车制动系统的实际前、后制动力分配线 β 线应总是在理想的制动力分配线 I 曲线下方,同时,为了减少制动时前轮先抱死而失去转向能力的机会,提高附着效率,β 线应越靠近 I 曲线越好。

另外,为了保证制动时汽车的方向稳定性和有足够的制动效率,联合国欧洲经济委员会制订的 ECE R13 制动法规(ECE 制动法规)中对双轴汽车的前、后轮制动器制动力提出了明确的要求。我国的国家标准《乘用车制动系统技术要求及试验方法》(GB 21670—2008)和《商用车辆和挂车制动系统技术要求及试验方法》(GB 12676—2014)中也提出了类似的规定,对不同的车辆有不同的要求,如对 M_1 类车和最大总质量大于 3.5 t 的货车,法规的规定:对 $\varphi = 0.2 \sim 0.8$ 的各种车辆,制动强度需满足 $z \geqslant 0.1 + 0.85(\varphi - 0.2)$。

综上所述,当实际的制动力按照理想的制动力分配曲线来进行分配时,各个车轮的附着条件将得到最充分的利用。为了改变前、后制动器制动力的比值,使之接近于理想制动力分配曲线,最初的液压制动系统中出现了各种液压调节阀,如限压阀、比例阀、感载比例阀、感载射线阀与减速度传感比例阀等以保证合理的制动力分配,但是其效果依然不够理想。随着电子、电控制技术的发展,在 ABS 的基础上电子制动力分配(Electronic Brake Force Distribution,EBD)装置应运而生。EBD 采用电子技术替代传统的比例阀,根据汽车制动时产生轴荷转移的不同,自动调节前、后桥的制动力分配比例,不需要增加任何硬件配置,其功能通过改进 ABS 软件的控制逻辑即可实现,配置 EBD 的 ABS 能较大地减少工作时的震噪感,提高车辆紧急制动时的舒适性,并能在很大程度上提高车辆制动时的安全性和稳定性。电子稳定程序 ESP 也是在此基础上发展起来的,如前述及,而且综合了更多的功能。

(3)线控制动系统的制动力分配

1)制动力分配策略步骤

制动力分配策略一般采取如图 4.27 所示的步骤进行分析。

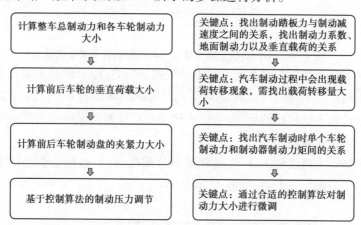

图 4.27　制动力分配计算步骤

2)制动踏板力的研究

线控制动系统取消了踏板和制动器之间的机械或液压、气压连接,驾驶员踩下踏板只是获得踏板踩下的位移,对驾驶员踩下踏板意图的判断和整个制动系统的响应就成了研究的重点之一。由传统液压制动系统踏板位移、踏板力与制动压力之间存在的关系可以反推线控制动系统踏板力与制动减速度之间的关系,建立关系曲线图。

要研究制动力分配策略,首先要识别驾驶员的制动意图,根据制动意图才能确定驾驶员期望的制动力。这里涉及的变量主要有踏板力、踏板位移以及制动减速度,而踏板力与制动减速度存在 3 种变化关系,如图 4.28 所示。

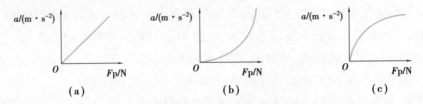

图 4.28　踏板力与制动减速度变化关系

随着制动力增加,制动减速度均随之增加。不同的是图 4.28(a)呈线性增长,即踏板力与制动减速度是正比例关系;图 4.28(b)和图 4.28(c)中制动减速度随踏板力呈非线性变化,前者增长幅度是先慢后快;后者是先快后慢,最后趋于平稳。

通过踏板力与制动减速度之间的关系以及液压制动系统踏板位移、踏板力与制动压力之间的关系分析,可以初步建立起 EMB 系统的踏板力与制动减速度的对应关系,如图 4.29 所示。

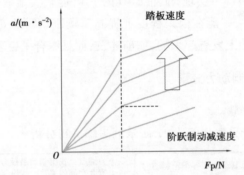

图 4.29　不同踏板速度下踏板力与制动减速度变化关系

当驾驶员踩下制动踏板制动刚开始时不产生制动压力,即一段踏板空行程和空踏板力。随着踏板空行程结束会出现一个阶跃制动压力。阶跃制动压力是一个非常重要的参数,在制动开始时可以给驾驶员很好的反馈,若没有这个阶跃量制动踏板给人的感觉会很迟钝。

3)最优制动力分配策略

结合理想的制动力曲线和 ECE 法规制动力分配曲线,根据制动强度的不同,提出一种多段前后轮制动力分配控制策略,如图 4.30 所示。

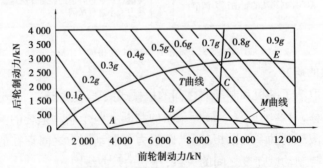

图 4.30　前后轮制动力分配控制策略

具体控制策略如下：

①当制动强度 $z \leqslant 0.2$ 时，制动强度不高，该工况下由前轮提供车辆所需的全部制动力，即图 4.30 中 OA 段。

②当制动强度 $0.2 < z \leqslant 0.4$ 时，受 ECE 法规限制，前后轮制动力分配需位于 M 曲线上方，该工况下由前后轮同时提供制动力，即图 4.30 中 AB 段。

③当制动强度 $0.2 < z \leqslant 0.7$ 时，随着制动强度增大，考虑车辆制动稳定性，适当增加后轮制动力比重，即图 4.30 中 BC 段。

④当制动强度 $z > 0.7$ 时为紧急制动。该工况下，前后轮制动力按 I 曲线分配，即图 4.30 中 DE 段。

4.2.3　新能源汽车的制动能量回收技术

采用制动能量回收技术的新能源汽车可以在车辆制动时将车辆制动时的惯性通过驱动轮及传动系统传递给驱动电机，此时电机为发电状态，并经 DC/DC 变换电路给车载电池进行充电。同时，驱动电机相应产生了阻力矩，该力矩通过传动系统作用于驱动轮以实现制动效果。控制器通过对此时整车情况的分析处理协调分配电机制动力及机械制动力的比例以最终完成对车辆的制动。

（1）制动能量回收的概念

制动能量回收，又称回馈制动或再生制动。对于电驱动车辆而言，是指在减速或制动过程中，驱动电机工作于发电状态，将车辆的部分动能转化为电能储存于电池中，同时施加电机回馈转矩于驱动轴，对车辆进行制动。该技术的应用一方面增加了电驱动车辆一次充电的续驶里程；另一方面减少了传统制动器的磨损，同时改善了整车动力学的控制性能。研究制动能量回收集成化技术具有重要意义。

（2）制动能量回收的组成

从整车层面分析，制动能量回收系统主要包括电制动系统和液压制动系统两个子系统，同时涉及整车控制器、变速器、差速器和车轮等相关部件，如图 4.31 所示。

电制动系统包含驱动电机及其控制器、动力电池和电池管理系统。电机控制器用于控制驱动电机工作于发电状态，施加回馈制动力；电池管理系统控制电能回收于电池；液压控制系统包括液压制动执行机构和制动控制器用于控制摩擦制动力的建立与调节。

（3）再生制动力模糊控制分配策略

基于模糊控制的前轮电机制动力与制动器制动力分配策略可采用以下方案：

①轻微制动工况下，仅由电机提供再生制动力。

②中度制动和重度制动工况下，由电机和制动器共同参与制动，电机再生制动力分配系数由模糊控制器求出。

③紧急制动工况下，关闭再生制动功能，由制动器提供全部制动力。

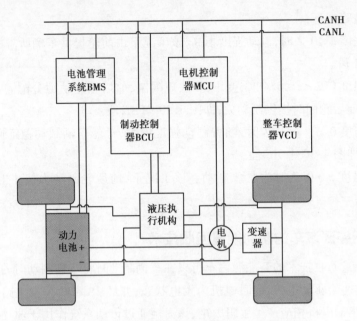

图 4.31　制动能量回收系统总体方案

基于以上规则,最优制动力分配控制策略流程图如图 4.32 所示。

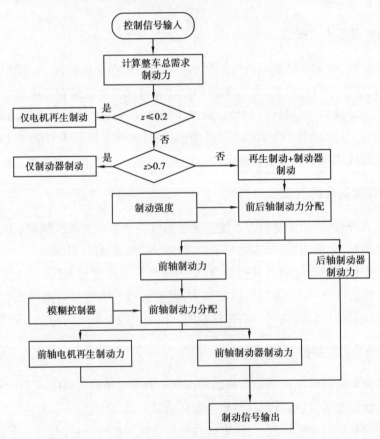

图 4.32　制动力分配控制策略流程图

4.3 汽车线控制动系统构造实训

4.3.1 线控制动系统实际应用

(1)线控制动系统应用现状与趋势

自动驾驶、智能化、电动化、网联化是如今汽车行业的关键词。如今市场在售的大部分车型特别是智能化的象征——纯电动汽车几乎都搭载了 L2 级别智能辅助驾驶系统。线控制动系统则是实现智能辅助驾驶功能的主要途径。

2014 年,SAE(SAE International,Society of Automotive Engineers 国际自动机工程师学会,原译为"美国汽车工程师学会")制订了一套自动驾驶汽车分级标准 SAE J3016(TM)《标准道路机动车驾驶自动化系统分类与定义》,且分别于 2016 年 9 月、2018 年 6 月进行了两次更新。SAE International 关于自动化层级的定义已经成为自动化/自动驾驶车辆的全球行业参照标准,用以评定自动驾驶技术级别,其具体定义为:

L0:驾驶员完全掌控车辆。

L1:自动系统有时能够辅助驾驶员完成某些驾驶任务。

L2:自动系统能够完成某些驾驶任务,但驾驶员需要监控驾驶环境,完成剩余部分,保证出现问题时随时进行接管。在这个层级,自动系统的错误感知和判断由驾驶员随时纠正。大多数车企都能提供这个级别的自动系统。L2 可以通过速度和环境分割成不同的使用场景,如环路低速堵车、高速路上的快速行车和驾驶员在车内的自动泊车。

L3:自动系统既能完成某些驾驶任务,也能在某些情况下监控驾驶环境,但驾驶员必须准备好重新取得驾驶控制权(自动系统发出请求时)。在该层级下,驾驶者仍无法进行睡觉或者深度的休息。在 L2 完成以后,车企的研究领域从这里开始延伸。

L4:自动系统在某些环境和特定条件下能够完成驾驶任务并监控驾驶环境。在这个阶段,在自动驾驶可以运行的范围内,驾驶相关的所有任务和驾乘人已经没关系了,感知外界的责任全在自动驾驶系统。

L5:自动系统在所有条件下都能完成所有驾驶任务。

我国出台了针对自动驾驶功能的《汽车驾驶自动化分级》国家推荐标准(GB/T 40429—2021)。该国标于 2022 年 3 月 1 日正式实施,将对促进自动驾驶产业的发展以及后续相关法规的制订起到积极作用。GB/T 40429—2021 结合中国市场的特点将我国智能车划分为 6 个级别,见表 4.1。

表 4.1　驾驶自动化等级与划分要素的关系

分级	名　称	持续的车辆横向和纵向运动控制	目标和事件探测与响应	动态驾驶任务后援	设计运行范围
0 级	应急辅助	驾驶员	驾驶员及系统	驾驶员	有限制
1 级	部分驾驶辅助	驾驶员和系统	驾驶员及系统	驾驶员	有限制

续表

分　级	名　称	持续的车辆横向和纵向运动控制	目标和事件探测与响应	动态驾驶任务后援	设计运行范围
2 级	组合驾驶辅助	系统	驾驶员及系统	驾驶员	有限制
3 级	有条件自动驾驶	系统	系统	动态驾驶任务后援用户（执行接管后成为驾驶员）	有限制
4 级	高度自动驾驶	系统	系统	系统	有限制
5 级	完全自动驾驶	系统	系统	系统	无限制
排除商业和法规因素等限制					

现仍以 SAE J3016(TM)对自动驾驶级别划分的术语说明不同级别下对线控制动的要求。

L2 时代的线控制动可以分为燃油车、混动车、纯电车三大类,燃油车基本都采用 ESP(ESC)作线控制动。混动车基本都采用高压蓄能器为核心的间接型 EHB 系统(p-EHB)。纯电车基本都采用直接型 EHB 系统(I-EHB),以电机直接推动主缸活塞。

L3/L4 级别下线控制动系统总体技术路线选用 EHB(EMB 短时间内无法量产),架构采用主制动系统 + 辅制动系统设计。主辅系统均具有独立制动的能力,且两者互相监测对方状态,任何一方出现故障,另一方可做到实时制动。

L5 级别下线控制动系统会选用轮毂电机技术,伴随着核心技术的逐渐突破,L5 阶段轮毂电机将是汽车制动系统的制动力来源。对 ECU 同样进行冗余设计,可选用高性能多核芯片,且采取双层甚至 3 层备份。软件算法的选取兼顾容错特性。

制动产品发展到现在,已经经历了 3 代,最开始的一代为机械制动系统,随后是通过发动机提供助力制动,第三代产品是脱离发动机助力而采用电力助力和数字控制,即线控制动。第四代制动产品,将会是带冗余机制的线控制动,主要是为自动驾驶汽车而开发。

(2)线控制动系统应用实例

目前,可供应/即将供应适用于自动驾驶汽车的线控制动产品的,主要有博世、大陆、采埃孚(包括天合与威伯科)、日立(包括泛博制动)、爱德克斯、布雷博等几大公司。其中博世是较早的研究和应用线控制动系统的厂商。其开发的电液制动系统 SBC,于 2001 年起应用在奔驰 CLS 跑车、SL 跑车和 E 级车上。到了 2013 年,博世推出第一代机电伺服助力机构 iBooster,2016 年推出第二代 iBooster。

1)博世电子感应制动控制系统

电子感应制动控制系统(Sensotronic Brake Control,SBC)最早由博世提出来。在 20 世纪 90 年代,博世推出了一项名为"Brake 2000"的研究项目,该项目主要是让其最前沿的开发部门,开始有关进一步改进汽车制动系统的研究,目标是研究一种反应速度更快、制动效果更显著的制动系统,电子感应制动控制系统(SBC)就是由这种要求而诞生的。电子感应制动控制系统(SBC)是世界上第一套完全线控的制动系统。

①SBC的结构。在电子感应制动控制系统中,电子元件将替代制动系统中大量使用的机械元件,把制动踏板和执行机构分离开来,大大减少了中间元件,反应速度大幅提高。如图4.33所示为在奔驰车上应用的SBC系统。主要由操纵单元和控制单元两部分组成。

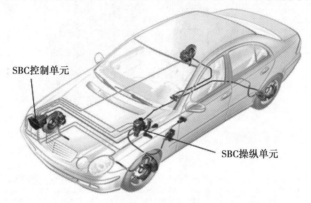

图4.33　SBC结构组成

操纵单元的结构如图4.34所示。操作单元主要由制动液储液罐、串联式制动主缸、踏板行程模拟器和踏板行程传感器等组成。

图4.34　操纵单元结构

1—储液罐;2—串联式制动主缸;3—制动踏板行程模拟器;4—制动踏板行程传感器

控制单元的结构如图4.35所示。控制单元主要由控制器、液压控制单元、压力储存器和液压泵等组成。

②SBC工作原理。如图4.36所示为SBC液压原理图。SBC工作过程可分为感应、计算、电控执行3个步骤。当驾驶员踩下制动踏板时,踏板行程模拟器感应驾驶者施加在踏板上制动力的速度及强度,以获得(识别)驾驶者的制动意图。SBC ECU根据传输来的感应信号以及其他电子辅助系统(如ABS、ESP等)的传感器信号,如车轮速度、转向角度、回转率、横向加速度等和车辆行驶状态,精确计算出各车轮所需的制动力,从而保证最佳的减速度和行驶稳定性。液压执行单元根据SBC ECU输出的控制指令,控制电机通过高压蓄能器分别

向各车轮精确施加所需的制动力,使得车辆更快速、更稳定地制动或减速。在该系统中,每个车轮可以得到独立的控制,使得每个车轮都能分别平稳减速,以达到最好的行驶稳定性和最优的减速度。

图 4.35　控制单元结构

1—SBC 控制器;2—液压控制单元;3—压力储存器;4—液压泵

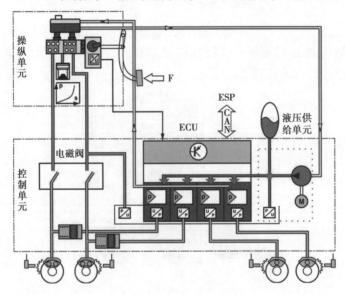

图 4.36　SBC 液压原理图

SBC 感应制动控制系统可随时监测驾驶员的驾驶过程,通过预先判断来为车辆迅速施加制动作好准备。在制动发生前,一旦驾驶员的脚离开加速踏板,SBC 感应制动控制系统就作好制动准备,这一过程发生在驾驶员踩制动踏板之前。这就意味着一旦驾驶员施加制动,SBC 系统可在最短的时间内达到最大、最快的制动效果,缩短了制动距离。其响应速度比传统的机械与液压传输速度快了 0.2 s,可以缩短 6 m 以上距离。

2)博世机电伺服助力机构 iBooster

对于燃油车来说,当驾驶员踩下制动踏板后,连接推杆将推力传递给真空助力器,真空助力器是一个通过大气压和真空之前的压力差将踏板力放大然后传送给液压制动主缸进行制动的装置,真空源是由发动机的负压产生的。现如今,新能源汽车逐渐成为主流,由于纯电动汽车没有发动机或者混合动力汽车发动机有时不工作,真空助力器所需的真空度无法得到提供,只能通过搭载真空泵以代替传统发动机来获得真空度,这是目前绝大多数车企解决新能源汽车制动时的真空源所采用的方法。但这套看似完美成熟的方案存在着许多不足,如真空泵工作时存在明显的噪声、占用机舱的空间等。如图4.37所示为传统的燃油汽车制动系统所采用的真空助力器及制动主缸结构示意图。

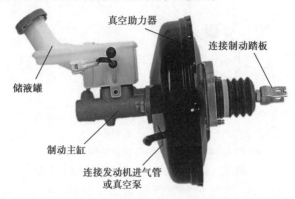

图4.37　真空助力器及制动主缸

博世推出的iBooster不再依赖真空泵或者发动机负压产生的压力差,真空泵的取消使得整个制动系统的质量得以减轻,也不会占用机舱的布局。同时,由于传统的真空泵已经被电机所代替,所以不存在所谓的高原反应,在海拔较高的地方也能获得充足的制动力。在进行紧急制动时,仅有电机需要消耗电量。同时,整个功耗相较于采用真空泵制动的方式有明显的降低。

①博世iBooster功能特性。

a.可升级的系统。可以给混合动力或纯电动车辆提供制动助力,并且它可以满足对动态建压性能要求较高和对压力控制的精度要求苛刻的车辆的制动系统要求。

b.通过软件调整助力性能曲线从而实现踏板感的可调性。如图4.38所示为iBooster的可调整的踏板特性。可以通过设定iBooster的制动性能曲线软件来定义踏板感,满足整车厂平台差异化的要求。同一类型的iBooster可配置于同一整车平台的不同车型,以实现不同的踏板感。主机厂可容易并快速地编制iBooster制动性能曲线程序。通过该功能主机厂可对其同平台车型选配不同的驾驶模式。驾驶员可根据喜好选择舒适型或运动型的制动踏板感。

c.与ESP系统组合使用时具有极高的协调能力,可实现几乎100%的制动能量回收。

d.满足完全自动驾驶对冗余制动系统的要求。

e.失效安全模式及可行性。iBooster采用了双安全失效模式。第一道安全失效模式将两种故障情况考虑在内。如果车载电源不能满负载运行,那么iBooster则以节能模式工作,以避免给车辆电气系统增加不必要的负荷,同时防止车载电源发生故障。万一iBooster发生故障,ESP系统会接管并提供制动助力。在上述两种情况下,制动系统均可在200 N的踏板力作用下提供$0.4g$的减速度,在更大踏板力乃至完全减速时同样如此。在第二道安全失效模式下,如果车载电源失效,即断电模式下,可通过机械推动力式作为备用。驾驶员可以通过无制动助力的纯液压模式对所有4个车轮施加车轮制动,使车辆安全停止,同时满足所有法规要求。

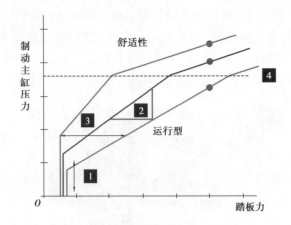

图 4.38　iBooster 的可调整的踏板特性
1—跳增值；2—助力比；3—滞后；4—拐点压力

f. 驾驶辅助功能。iBooster 为驾驶辅助系统带来了很多裨益。通过电机工作，iBooster 能够实现主动建压，无须驾驶员踩下制动踏板。这对自动紧急制动系统是一个巨大优势。例如，紧急情况下，iBooster 可在约 120 ms 内自动建立全制动压力。这不仅有助于缩短制动距离，还能在碰撞无法避免时降低撞击速度和对当事人的伤害风险。

②博世 iBooster 的结构。图 4.39、图 4.40 所示分别为 iBooster 的外部和内部结构。iBooster 主要包括助力电机、助力传动机构、电控单元、推杆机构、行程传感器和主缸等部件。为了更好实现轻量化，除主动驱动小齿轮采用钢制齿轮，其他传动齿轮均为非金属材料，但对非金属材料的耐久性能要求是很大的挑战。减小齿轮间工作磨损，配合尺寸至关重要，实现起来难度非常大，至少当前国内的类似产品均采用的是金属齿轮传动。

图 4.39　iBooster 外部结构

③博世 iBooster 的工作原理。驾驶员踩制动踏板，输入推杆产生位移，踏板行程传感器检测到输入推杆的位移，并将该位移信号发送至控制单元，控制器计算出电机应产生的扭矩要求，再由二级齿轮传动装置将该扭矩转化为助力器阀体伺服制动力。助力器阀体的输出力和助力器输入杆的输入力在制动主缸内共同转化为制动液压。

博世 iBooster 第二代的主要变化是从二级蜗轮蜗杆齿轮传动装置改用一级滚珠丝杠减速，体积大幅度缩小，控制精度有所提高，成本大幅下降，国内企业自主品牌如荣威、蔚来等

图 4.40　iBooster 内部结构图

都在使用。

3）博世智能集成制动系统 IPB

博世第一代与第二代 iBooster 需与 ESP 配合使用以形成制动冗余,称为 tow-box 方案。定义 one-box 方案和 two-box 方案的标准在于 ESP 系统是否和电子助力器集成在一起。在 tow-box 方案下,作为冗余的 ESP 和电子助力器是相互独立的,而在 one-box 下,电子处理器本身就集成了 ESP。

在 tow-box 方案下,iBooster 和 ESP 共用一套制动油壶、制动主缸和制动管路。iBooster 内的助力电机产生驱动力推动主缸活塞运动,使油壶中的制动液流入主缸管路并进入 ESP 进液阀,经 ESP 中的调压阀和进液阀流入 4 个轮缸,从而建立起制动力。当 iBooster 不工作时,ESP 可以独立控制制动液从主缸流入轮缸,从而建立制动力。

博世最新的智能集成制动系统(Integrated Power Brake,IPB)将 iBooster 和 ESP 的功能整合到一个盒子组成,即 one-box 方案,能实现更高的能量回收效率,且集成度高,体积和质量大大缩小,成本也更低。如图 4.41 所示为 IPB 的外形结构。

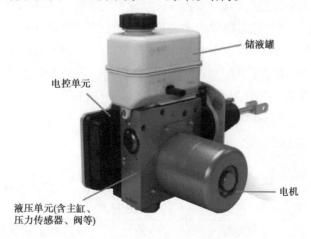

图 4.41　博世 IPB 结构组成

IPB 主要分为 3 个部分:踏板—主缸—踏板模拟器部分、建压部分及压力调节部分。具体包括电机(动力源)、阀体(分配源)、电控单元(控制源)、制动总泵(执行机构)和储液罐

（能量载体）等，构成一个"电液一体化"的制动力发生、分配、传递总成。

驾驶员踩踏板后制动液进入主缸和踏板模拟器并建立压力，"踏板力-踏板行程曲线"由主缸和踏板模拟器特性决定。同时，IPB ECU 识别踏板位移信号，依据标定好的"踏板位移-系统压力曲线"控制电机建压，产生车辆减速度。在纵向及横摆运动控制中，通过 ABS/ESC 液压调制模块对各轮轮缸压力进行调节。对 IPB 制动系统，"踏板位移-减速度曲线"可以通过刷新标定参数进行更改。

4.3.2 线控制动系统构造实训任务

（1）学习目标

①能够说明汽车线控制动系统主要零件和作用。
②能够掌握汽车线控制动系统的组成及工作原理。
③能够说明汽车线控制动系统的特点。
④能够结合故障现象诊断并排除故障。

（2）实训任务

本章的实训任务为线控制动系统结构认知与故障诊断。详见《实训指导手册》。

本章小结

汽车制动系统的发展经历了从机械制动到液压、气压制动，从鼓式制动器到盘式制动器，ABS 从无到有，从 ABS 到 ESP 的过程。随着汽车电子技术的发展，汽车制动系统的技术取得了长足的进步。近年来，出现了一种全新的制动系统，即线控制动（BBW）系统。本章介绍了线控制动系统的分类，主要包括电子液压制动（EHB）系统和电子机械制动（EMB）系统，介绍了两种不同类型线控制动系统的组成、原理和关键技术。同时介绍了与线控制动密切相关的新能源汽车的制动能量回收技术。ESP 系统已经成为现在汽车的基本安全配置，本章对 ESP 系统的结构和原理作了全面介绍，此外，对现在广泛应用的博世机电伺服助力机构 iBooster 进行了介绍，阐述了其结构、原理与工作特点。通过本章的学习可全面掌握线控技术的基础知识，对制动系统的新技术、新结构有所认识和了解。

课后习题

一、单选题

1. 1902 年法国的路易斯·雷诺（Louis Renault）发明了（ ）制动器并注册专利。

    A. 鼓式   B. 盘式   C. 带式   D. 抱块式

2. 1907 年英国人赫·弗罗特提出用（ ）解决了兰切斯特盘式制动器存在的制动噪声问题。

    A. 石棉刹车片   B. 半金属刹车片
    C. 陶瓷刹车片   D. NAO 配方刹车片

3. 博世和戴姆勒-奔驰首次在(　　)车辆上应用了电子车身稳定系统 ESP。

    A. S 级　　　　　　　　B. E 级　　　　　　　　C. C 级　　　　　　　　D. B 级

4. (　　)年,博世正式推出线控制动系统 iBooster。

    A. 2012　　　　　　　　B. 2013　　　　　　　　C. 2014　　　　　　　　D. 2015

5. 最新的博世 ESP 已经发展到第(　　)代。

    A. 7　　　　　　　　　　B. 8　　　　　　　　　　C. 9　　　　　　　　　　D. 10

6. 转向盘转角传感器测量的角度大概范围是(　　)。

    A. ±180°　　　　　　　B. ±270°　　　　　　　C. ±540°　　　　　　　D. ±780°

7. 电子感应制动控制系统 SBC 最早由(　　)公司提出。

    A. 大陆　　　　　　　　B. 博世　　　　　　　　C. 日立　　　　　　　　D. 爱德克斯

8. 传统的液压制动系统反应时间为(　　)。

    A. 400 ~ 600 ms　　　B. 120 ~ 150 ms　　　C. 90 ms　　　　　　　D. 70 ms

9.《汽车驾驶自动化分级》(GB/T 40429—2021)将我国智能车划分为(　　)个级别。

    A. 3　　　　　　　　　　B. 4　　　　　　　　　　C. 5　　　　　　　　　　D. 6

10. VMC 提供了完整的车辆横纵向运动控制功能,一般用于(　　)级及以上的自动
驾驶。

    A. L2　　　　　　　　　B. L3　　　　　　　　　C. L4　　　　　　　　　D. L5

二、多选题

1. 在下列选项中,(　　)属于线控制动系统的子功能。

    A. 制动需求获取　　　B. 系统检测　　　　　C. 制动力分配　　　　D. 制动力控制

2. 评价汽车制动性的指标有(　　)。

    A. 制动效能　　　　　　　　　　　　　B. 制动效能的恒定性

    C. 制动汽车方向稳定性　　　　　　　D. 制动速度

3. EMB 系统的应用可以使汽车省去(　　)。

    A. 制动液壶　　　　　B. 制动主缸　　　　　C. 助力装置　　　　　D. 液压阀

4. 制动能量回收系统主要包括(　　)子系统。

    A. 电制动系统　　　　B. 能量存储系统　　　C. 液压制动系统　　　D. 主驱动系统

5. L2 时代的线控制动可以分为(　　)三大类。

    A. 燃油车　　　　　　B. 混动车　　　　　　C. 纯电车　　　　　　D. 插电式混动车

三、判断题

1. 线控制动系统主要分为 EHB、EMB、HBW 3 种类型。　　　　　　　　　(　　)

2. 汽车制动系统的发展经历了从机械制动到液压、气压制动过程。　　　　(　　)

3. 新能源汽车的制动能量回收,又称为能量再生制动。　　　　　　　　　(　　)

4. 踏板力与行程关系的调节主要分为主动调节式和被动调节式。　　　　　(　　)

5. 当制动强度 $z > 0.2$ 时,由前轮提供车辆所需的全部制动力。　　　　(　　)

6. 制动效能的恒定性与制动力分配有关。　　　　　　　　　　　　　　　(　　)

7. 传统制动系统的制动特性无法随意改变。　　　　　　　　　　　　　　(　　)

8.2015 年博世正式推出第二代线控制动系统 iBooster。 （　　）

9.软件容错的方法有模块自测及恢复和模块冗余及重构。 （　　）

10.横向加速度传感器向控制单元传送侧向的偏转信息。 （　　）

11.ESP 是电动助力转向系统的简称。 （　　）

12.装备 ESP 可以使严重车祸的数量减少 50%。 （　　）

四、填空题

1.EHB 主要由_____、_____、_____、_____、制动器、各类传感器等组成。

2.EMB 主要由_____、_____、_____、_____、通信网络、电源等组成。

3.ESP 从结构上由_____、_____和_____3 个部分组成。

4.ESP 作用过程中,制动分泵通过液压控制单元的电磁阀控制,建立 3 个工作状态,即_____、_____和_____。

5.轮速传感器是用以检测_____,以便判断车轮的运动状态。

6.ESP 的控制功能有_____、_____、_____等。

7._____是 ESP 系统的控制核心。

8.从整车层面分析,制动能量回收系统主要包括_____和_____两个子系统。

9.踏板模拟机构踏板力与行程关系的调节主要分为_____和_____。

10.利用_____及_____相结合的方法对故障后的系统进行恢复和重构。

11._____是专门为安全关键性实时控制系统而设计的通信协议。

12.评价汽车制动性的指标有_____、_____和_____。

五、简答题

1.电子机械制动(EMB)系统特点有哪些?

2.电子液压制动(EHB)与传统液压制动的区别与联系有哪些?

3.制动力分配策略的步骤是什么?

4.简述电子稳定程序(ESP)的工作原理。

5.简述电子液压制动(EHB)系统的工作原理。

6.简述博世 iBooster 的组成及工作原理。

7.简述 ESP 的控制功能。

8.什么是制动能量回收技术?

六、问答题

1.叙述汽车的制动过程的 3 种可能性。

2.介绍线控制动系统的控制功能。

3.线控制动系统制动力最优分配策略有哪些? 并简述之。

第5章　线控制动系统性能测试

汽车制动系统是整车中最重要的组成部分之一，其作用是使行驶中的汽车减速甚至停车，使下坡行驶的速度保持稳定以及使已停驶的汽车保持不动，也就是行车制动和驻车制动。随着我国乘用车保留量和高速交通水平的不断提高，汽车制动系统的性能越来越重要。液压制动系统因其优越的可靠性和可操纵性，已经成为乘用车最主流的制动系统，并且在液压制动系统的基础上衍生出了一系列电控制动系统和主动安全系统。随着线控制动系统逐渐开始应用，对其性能的测试越来越受到关注。但无论是传统的液压制动系统还是渐渐兴起的线控制动系统，对其性能测试的标准都应该满足国家标准的有关要求，只有满足国家标准的汽车才能够进入市场，为人们的出行服务。

【教学目标】

通过本章的学习,学生能够了解线控制动系统性能测试的内容与要求,了解相关国家标准对制动系统性能测试的要求以及制动系统性能测试的实训操作。

【教学要求】

知识要点	能力要求
线控制动系统性能测试概述	了解制动系统性能测试的相关国家标准,测试的条件和要求
线控制动系统性能测试内容	了解制动系统性能测试的台架实验内容和道路试验内容
线控制动系统性能测试实训	了解制动系统性能测试方法和评价要求

【案例导入】

制动距离是评定制动效能的指标之一。国内的一些汽车厂商或者车评网站等通常用"百公里制动距离"来表述,具体的操作方法是:把汽车加速到 100 km/h 以上,然后松开油门自由减速,等车速降到 100 km/h 时,驾驶员全力踩下刹车,让汽车在最短的距离内停下来。然后测量从踩下刹车的那一点到汽车完全停止那一点的距离,这个距离就是汽车的百公里制动距离。如图 5.1 所示为"汽车之家"为领克 02 某款车型所做的百公里制动距离测试及其测试结果。

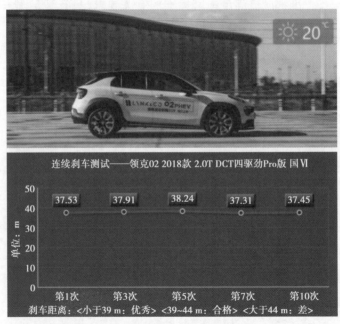

图 5.1　领克 02 制动距离测试

5.1 线控制动系统性能测试概述

5.1.1 汽车制动系统试验国家标准

目前为止,有关制动系统性能要求、测试、试验的国家标准主要有:①《机动车运行安全技术条件》(GB 7258—2017);②《摩托车和轻便摩托车制动性能要求及试验方法》(GB 20073—2018);③《乘用车制动系统技术要求及试验方法》(GB 21670—2008);④《商用车辆和挂车制动系统技术要求及试验方法》(GB 12676—2014);⑤《机动车和挂车防抱制动性能和试验方法》(GB/T 13594—2003);⑥《汽车制动性能动态检测方法》(GB/T 36986—2018)。

不同国家标准的主要区别见表5.1。

表5.1 不同国家标准适用范围的区别

序 号	标准号	适用范围
1	GB 7258—2017	该标准是道路上行驶的所有机动车(个别除外)的技术标准要求,对机动车的整车、发动机、转向系、制动系、行驶系、传动系、照明装置、安全防护装置等都有明确规定,是进行注册登记检验和在用机动车检验、机动车查验等机动车运行安全管理及事故车检验最基本的技术标准,同时也是我国机动车新车定型强制性检验、新车出厂检验和进口机动车检验的重要技术依据之一
2	GB 20073—2018	该标准规定了摩托车和轻便摩托车(GB/T 15089—2001规定的L类车辆定义)的制动系统技术要求和试验方法,是摩托车制造商和零部件厂家进行制动系统设计、试验的参考依据
3	GB 21670—2008	该标准规定了乘用车(GB/T 15089—2001规定的M_1类车辆)的制动系统技术要求和试验方法,是汽车制造商和零部件厂家进行制动系统设计、试验的参考依据
4	GB 12676—2014	该标准规定了商用车辆和挂车(GB/T 15089—2001规定的M_2类、M_3类、N类和O类车辆)的制动系统技术要求和试验方法,是汽车制造商和零部件厂家进行制动系统设计、试验的参考依据
5	GB/T 13594—2003	该标准规定了装备有防抱死制动系统的车辆(M类、N类和O类)所要求的制动性能和试验方法
6	GB/T 36986—2018	该标准规定了机动车检验机构在进行机动车制动性能动态检测时的技术条件与方法,是机动车年检时制动性能的检测

本书主要针对《机动车运行安全技术条件》(GB 7258—2017)制动系统的要求和《乘用车制动系统技术要求及试验方法》(GB 21670—2008)进行叙述。

5.1.2　汽车制动性评价指标

无论是传统燃油车,还是代表着未来发展方向的新能源汽车,其制动系统的工作原理都是将汽车的动能转换成热能或者通过能量回收系统回收动能。汽车行驶过程中,制动要借助于汽车车轮的制动器、发动机或专门的辅助制动器来进行,制动时车轮的制动力直接影响着汽车的制动性能。

从主观评价的角度出发,整车制动性能包括静态评价和动态评价两大方面。从静态角度出发,包括驾驶员操作制动装置时操纵装置的位置感、操作感,评价指标主要有制动系统的人机工程和制动踏板感两个方面;从动态角度出发,主要是讨论汽车的制动性,即汽车行驶时能在短距离内停车且维持行驶方向稳定性和在下长坡时能维持一定车速的能力,主要包括驾驶员操作制动装置时车辆制动踏板力与行程给予的反馈、车辆减速度建立速度、制动效能、制动效能的恒定性以及制动时汽车的方向稳定性等指标。

(1)制动系统的人机工程

对制动系统,驾驶员在实际使用过程中,第一感知度由制动系统人机工程构成。驾驶员对制动系统人机的主观感受,主要包括制动踏板高度、制动踏板角度、制动踏板与加速踏板距离、制动踏板与加速踏板高度差等。

在模拟用户停车工况下,以正常驾驶的坐姿,分别踩踏制动踏板、在制动与加速踏板之间切换,并将座椅、转向盘调至不同姿态,评价不同坐姿下制动踏板的高度与角度、制动与加速踏板间的高度差与距离的用户友好度,进行评价及测量制动踏板与油门踏板的间距、高度差、制动踏板高度等。

(2)制动踏板感

制动踏板感是指驾驶员在踩踏制动踏板的过程中对车辆减速度、制动踏板力、踏板行程等的综合感受,是反映制动性能的重要评价指标。评价方法主要是模拟驾驶员在不同车速、不同踩踏速度的驾驶模式下,评价踏板行程、踏板力与减速度三者之间的关系。在本领域中,不同车系有不同的制动踏板感风格,典型的日系车风格偏线性舒适,欧美系偏紧凑、踏力稍重。对制动踏板感风格的设定,需要从用户的角度出发。对车辆不同车速、减速度工况的评价以及客观数据的测量,分析主客观之间的相关性,建立主观与客观相关联的评价体系,将用户语言转化成工程语言,输入整车开发体系并设定制动踏板感风格,常用的评价工况及评价要点见表5.2。

(3)制动效能

汽车制动效能主要是指在良好的路面上,汽车以一定的初速制动到停车的制动距离或制动时汽车的减速度。它是制动性能最基本的评价指标,是汽车迅速降低车速直至停车的能力。制动效能有以下两个评价指标:

①制动距离。是指汽车速度为 u 时,从驾驶员开始踩制动踏板到汽车完全停止时所行

驶过的距离,是评价汽车制动系统最直观的参数。制动距离与制动踏板力、路面附着条件、车辆载荷等很多因素有关。

②制动减速度。是制动时车速对时间的导数,即 du/dt。它反映了地面制动力的大小,与制动器制动力和附着力有关。汽车在制动过程中制动减速度是个变化值,制动到车轮抱死的状态时,汽车具有最大的地面制动力,可产生最大的制动减速度。制动减速度越大,产生的制动效果越好。

表 5.2　制动踏板感评价方法

序　号	工　况	车速/(km·h⁻¹)	评价方法	评价要点	备　注
1	静态主观评价	0	慢踩制动	行程感与踏力感	制动踏板感应包括行程感、踏力感、行程线性感、踏力线性感、空行程感等
2	极低速主观评价	10 ± 5	慢踩制动	行程感与踏力感	
				空行程感	
3	低速主观评价	30 ± 5	慢踩制动	低速踏板感	
				Jump in 介入感	
4	中速主观评价	70 ± 10	慢踩、快踩制动	中速踏板感	
				停车平顺感	
				制动踏板刚性感	
5	高速主观评价	110 ± 10	慢踩、快踩制动	高速踏板感	
				制动踏板刚性感	

（4）制动效能的恒定性

汽车制动效能的恒定性评价指标有以下两个:

①抗热衰退性能。主要是指行驶中的汽车在长时间连续高转速、高负荷条件下进行制动或者汽车在下长坡时驾驶员进行连续制动时制动效能保持的程度。它可用汽车制动器处于热状态时能完好维持在正常冷状态时的制动效能和效果来评价。汽车制动时的抗热衰退性能是衡量一个汽车制动效能是否恒定性的一个重要指标。抗热衰退性能与制动器摩擦副材料及制动器结构有关。

②水衰退性能。是指汽车的制动器涉水之后被浸水,在其表面产生润滑作用,造成制动器摩擦系数的降低而导致制动效能的下降。汽车涉水之后,应保持较低车速行驶,应该间断轻踩制动踏板,加速水分蒸发,以恢复制动效果。

（5）制动时汽车的方向稳定性

汽车在制动时的方向稳定性是指运动中的汽车在紧急制动或者连续紧急制动过程中维持原来直线行驶或按照原来预定理想的弯道进行行驶的能力。汽车丧失制动稳定性主要表现为以下 3 个方面:

①制动时后轴侧滑。是指在制动时汽车的某一轴或两轴发生横向滑移的现象。汽车制

动时发生侧滑,特别是后轴侧滑,将引起汽车剧烈的回转运动,严重时可使汽车调头。由试验和理论分析可知,制动时若后轴车轮比前轴车轮先抱死拖滑,就可能发生后轴侧滑。若能使前、后轴车轮同时抱死或前轴车轮先抱死,后轴车轮再抱死或不抱死则能防止后轴侧滑。

②制动时跑偏。是指在制动时汽车自动向左或向右偏驶的现象。它主要由汽车两侧车轮特别是转向轴两侧车轮的制动力不等造成,或者由悬架导向杆和转向系拉杆在制动时运动不协调造成。为限制制动跑偏,一般要求前轴左右轮制动力之差小于该轴荷的5%,后轴左右轮制动力之差小于该轴荷的10%。

③前轮失去转向的能力。是指汽车在弯道制动时不再按原来的弯道行驶而沿着弯道的切线方向驶出;直线行驶制动时驾驶员即使转动转向盘,但汽车仍会按原来行驶的直线方向继续行驶的现象。失去转向能力与后轴侧滑也是有联系的,一般如果汽车后轴不会侧滑,则前轮就可能失去转向能力;如果后轴侧滑,前轮常仍有转向能力。

(6)制动振噪

制动振噪主要是指摩擦片、制动盘、制动卡钳及其他制动系统相关部件发出的振动或噪声,常见的制动振噪包括啸叫音(Squeal)、蠕动音(Groan)、哞音(Moan)、撞击音(Clonk)、刷盘音(Wire-brush)、抖动(Judder)等。其影响因素较为复杂,如制动器本身的磨耗、环境温度、湿度、天气等均会对制动振噪产生巨大影响,评价需要在不同的行驶里程、不同的行驶工况下模拟用户的不同驾驶环境,如在夜晚静置、洗车、雨天等条件下,模拟用户晨起、早晚高峰、城市驾驶、山路及高速等工况进行评价。在国内,各大厂家参考美国及西班牙关于制动振噪评价方法并利用安徽黄山高湿度、降水多的气候特点,建立了一套相对成熟的从0 km→16 000 km 的制动振噪评价方法,其中包括8 000 km 高速和8 000 km 公路,并在固定的路线中设定固定的评价点,针对不同的噪声运用不同的评价方法,其中常见的评价方法见表5.3。

表5.3 制动振噪评价方法

序 号	类 别	车速/$(km \cdot h^{-1})$	评价方法	备 注
1	啸叫音	50	从前进、后退共6个方向,以1、2、3 m/s^2 定减速度制动评价	评价需要从振噪的大小及发生频率等方面进行评价
2	蠕动音	—	在平地、10%~20%坡道评价车头向上及向下,分别缓慢释放、快速释放制动踏板评价	
3	哞音	10±2	从前进、后退共6个方向进行制动、非制动的评价	
4	撞击音	20±2	连续前进、后退交替快速踩踏制动评价	
5	刷盘音	10~30	从前进、后退共6个方向匀速行驶评价	
6	抖动	120±10	以1、2、3 m/s^2 定减速度制动评价	

5.1.3 制动系统测试评价

制动系统的测试是针对制动系统本身而言的,主要有制动踏板的自由行程、制动踏板力和管路密封性等。

（1）制动踏板的自由行程

制动踏板自由行程是指制动踏板在自由状态从最高位置起,到踏下制动踏板感到有阻力时为止制动踏板所移动的距离。制动踏板自由行程是制动器间隙和制动力传动机构间隙的总体反映。制动踏板的自由行程应与该车型的技术要求一致。

（2）制动踏板力

行车制动在产生最大制动效能时的踏板力应满足国家标准要求。同时要考虑踏板力与压力、踏板力与踏板行程以及踏板力与减速度等之间的关系。

（3）管路密封性

对采用液压制动的汽车,制动管路不应存在渗漏(包括外泄和内泄)现象,密封性应满足国家标准要求。

5.1.4　性能测试的条件与要求

（1）场地及车辆状况条件

1)场地及天气情况要求

汽车在上市之前要进行各类试验,而道路试验就是验证车辆的可靠性和耐久性等。为了更好地验证相应的性能,汽车厂商专门研究用户的使用工况包括各种极端工况,之后通过建设对应的专门试验场地来还原并强化各种用户使用工况。在进行路试检验汽车的制动性能时,试验路段应为干净、平整、坡度不大于1%的硬路面,路面附着系数不宜小于0.72到0.75。试验时,风速应小于5 m/s,气温为0 ~ 35 ℃。轮胎应充气至汽车生产厂定压力值,误差不超过10 kPa。胎面花纹高度不低于新花纹的50%。

2)试验车辆要求

①试验前,汽车应充分预热,以$(0.8 \sim 0.9)u_{\max}$行驶1 h以上。不同试验项目的车辆的状态还有单独的要求。

②载荷情况。需根据具体的试验项目的要求确定车辆载荷情况。

满载是指试验车辆处于厂定最大总质量状态,其载荷应均匀分布。车辆满载时,轴载质量的分配须按制造厂的规定。若装载质量在各轴(桥)之间的分配有若干种方案,车辆最大总质量在轴(桥)之间的分配必须保证各轴(桥)轴载质量与其最大允许承载质量比值相同。对半挂牵引车,其承载质量可以向后大约移至由上述条件所确定的牵引销座与后桥中心线之间的中间位置。

空载是指汽车油箱加至汽车生产厂定容积的90%,加满冷却液和润滑剂,携带随车工具和备胎,另包括200 kg质量(驾驶员、一名试验员和仪器的质量)。半挂牵引车的空载试验,只对牵引车本身进行试验。若备胎是车辆规定的必备件,则牵引车的质量应包括备胎的质量。

（2）测试仪器设备

1）路试试验仪器设备

①五轮仪。五轮仪又称"第五轮仪"，分为接触式和非接触式两种类型，其中非接触式的较多，接触式的基本已经淘汰。它可以准确地测定汽车行驶的距离并计算出车速，以纸带方式记录或用数字显示。常用于汽车加速性能试验、滑行试验及燃油经济性试验中。

五轮仪主要包括传感器部分和记录两个部分。接触式五轮仪传感器部分主要包括第五轮和安装在轮架上的磁电传感器和齿轮盘。当五轮仪转动时，磁电传感器磁场强度发生变化，致使传感器内线圈产生交变信号，通过整形电路，将连续的脉冲信号送入二次仪表，通过计数器，便可知行驶距离。在测试过程中，通过检测脉冲周期，便可得出瞬时车速。非接触式五轮仪以计算机为核心部件，配以相应的 I/O 接口及外设，不需要路面接触。它采用光电相关滤波技术，安装在车上的光电路面探测器（简称光电头）照射路面，把路面图像变换为频率信号，广泛用于汽车动力性、制动性和燃油经济性能的测试。如图 5.2 所示为接触式五轮仪

图 5.2　接触式五轮仪

②非接触式多功能速度仪。非接触式多功能速度仪由光电传感器和以微型计算机为主体的二次仪表构成，如图 5.3 所示。光电传感器用来测量距离，经过一定的距离向二次仪表发出一个脉冲，二次仪表对距离脉冲进行处理和计算。使用时，常将非接触式多功能速度仪的光电传感器安装在汽车前、后保险杠上，或用真空吸盘吸附于前、后车体上，方向对正汽车车身的纵轴线，光学镜头垂直对准灯光照明的地面。非接触式多功能速度仪可用来检测制动距离、速度、MFDD、减速度、油耗、制动时间等。

③制动踏板力计。制动踏板力计(简称"踏板力计")是测量作用于汽车制动踏板上力值的装置,主要由力值传感器和显示仪表组成,如图 5.4 所示。踏板力计通过固定在汽车制动踏板上的力传感器,将作用于制动踏板上的力转换为电信号,并由显示仪表显示出力值。

图 5.3　非接触式多功能速度仪　　　　　图 5.4　汽车制动踏板力计

④便携式制动性能检测仪。便携式制动性能检测仪是指通过记录车辆制动过程中由加速度传感器输出的加速度值的时间历程,计算出速度、距离后,可计算得到符合《机动车运行安全技术条件》(GB 7258—2017)要求的充分发出的平均减速度(MFDD)和制动协调时间,用于判别机动车的制动性能,并可现场打印和进行数据通信的仪器。该类仪器可进行加速性能、瞬时加速度值、加速度峰值、坡度值和附着系数等测试。其主要由加速度传感器、主机、制动踏板触点开关及微型打印机等组成,如图 5.5 所示。主机由单片机、外置传感器、打印机、键盘、液晶显示组成,具有数据存储、显示、打印等功能,具有操作简单、携带方便、灵活易用等特点。

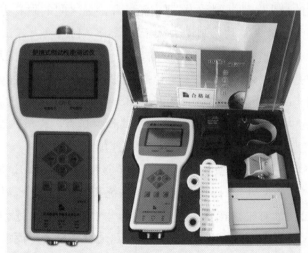

图 5.5　便携式制动性能检测仪

2)台架(室内)试验设备

①滚筒式制动试验台。其外观和基本测试思想与底盘测功机有相似之处,都是利用滚筒(转鼓)充当活动路面支承车轮,在试验台上测量力矩和转速,反映车轮和滚筒之间的相互作用力。滚筒式制动试验包括反力式和惯性式两类,其中反力式是通过测定作用在测力滚

筒上的车轮制动力的反力,检测车辆的制动性能。

滚筒反力式制动检测台在检测车轮制动力时,两个滚筒共用一个轴,车轮底部弧线与滚筒顶上弧线相切。滚筒反力式制动检测台的受力关系如图5.6所示。

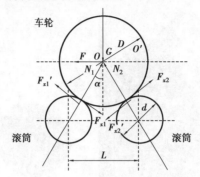

图5.6 滚筒反力式制动检测台受力关系

其原理是:驾驶人踩下制动踏板,轮胎和滚筒之间的摩擦力(相当于汽车在良好的硬路面上制动时车轮所受的地面制动力)使车轮和滚筒减速。而试验台的电动机驱动系统会驱使滚筒继续转动,车轮在摩擦力的作用下也转动。也就是说,当踩下制动踏板时,车轮还在转动,这就意味着制动器内部的主、从动部分(制动盘-制动钳或制动鼓-制动蹄)产生了相对滑动,此时车轮和滚筒之间的摩擦力就是制动器制动力。两侧车轮的制动器制动力及其变化过程,都可由试验台测量并显示出来。

反力式滚筒试验台一般都是单轴式的,一次只能测一根车轴,测完前轴左右车轮的制动力,再测后轴的。单轴反力式制动试验台,结构较紧凑,制动力的测试较精确,但存在一些缺点:为了能测得车轮的最大制动器制动力,要求轮胎和滚筒之间的附着力足够大。而由汽车理论可知,一般的汽车是最大制动器制动力大于附着力。利用反力式试验台检测最大制动力时,要增大附着力,而这些力是不计入轴荷的。为了维持较高的附着力,对滚筒表面技术状况以及日常维护的要求较高。另外,反力式试验台只能在很低的车速下测试,工况模拟不够真实,无法体现汽车的ABS功能,车速较低时ABS装置不起作用。

惯性式试验台的外观与反力式类似。惯性式试验台具有飞轮机构,用于模拟汽车的惯性。惯性式试验台主要用于测量制动距离和制动减速度。

如图5.7所示为BT-2000ED型双轴ABS制动试验台。双轴制动试验台由滚筒系统、轴距调节系统、信号采集、数据处理、控制系统、操作系统和显示器部分等构成。BT系列制动试验台是成都弥荣公司针对中国汽车生产厂总装厂下线检测汽车制动性能的高性能试验台,具有检测速度快、可靠性高、操作简捷方便的特点,适合于总装厂流水线用。

BT-2000ED是检测轴荷在2 000 kg以内汽车制动性能的专用设备,能同时检测传统制动系统的制动性能及装有ABS制动系统的制动性能。

如图5.8所示为BT-300EA1型汽车制动检验台。本检验台主要用于检测汽车左、右轮的最大制动力及阻滞力,左、右轮的制动力差及最大过程差,轴制动力占该轴轴荷的百分比(配轴重台)。适用于轴载质量不大于3 t的小型汽车。本检验台依据《滚筒反力式汽车制动检验台》(GB/T 13564—2005)设计、制造和检验,满足《滚筒反力式制动检验台》(JJG

906—2015）的要求。

图 5.7　BT-2000ED 型双轴 ABS 制动试验台

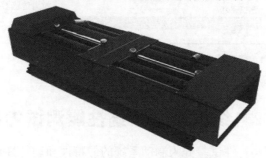

图 5.8　BT-300EA1 型汽车制动检验台

②平板式制动试验台。上述滚筒式制动试验台所具有的一个共性的缺点是：汽车不运动,不会产生轴荷转移,也不会发生由轴荷转移造成的悬架系统动变形。而轴荷转移和悬架动变形对汽车制动时的方向稳定性是有影响的。

平板式制动试验台的一个主要优点就是车辆是在动态减速过程中测试的,工况模拟更加真实。平板式制动试验台如图 5.9 所示。

图 5.9　平板式制动试验台

平板式制动试验台结构简单,测试过程与实际道路行驶较接近,能反映轴荷转移及悬架动变形等因素对汽车制动性的影响,不需增加垂直质量或模拟汽车的惯性,操作简便,效率较高,而且容易与轴重仪、侧滑仪等组合在一起。在检测单位应用广泛。其主要缺点是测试的重复性差,占地面积较大,需要助跑车道,存在一定安全问题等。

其工作原理是:平板制动试验台一般由4块平整的检测板组合安装而成,形成一段模拟路面,检测板工作面采用特殊的粘砂处理工艺(工作面或可用钢丝网格和喷镍等),使得表面与车辆轮胎之间具有很高的附着系数。检测时机动车辆以一定的速度(5~10 km/h)行驶到该平板上并实施制动,此时轮胎对台面产生一个沿行车方向的切向力和向下垂直传递的车轮正压力。车辆驶上检测台面后的全过程中装在平板制动检测板下面的压力传感器和拉力传感器将车辆轮胎传递的力转换成电信号,经放大滤波后,送往 A/D 转换器转换成数字信号,由计算机处理后显示结果打印输出,如图 5.10 所示。

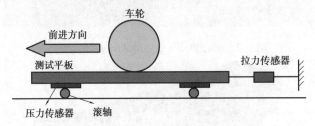

图 5.10　平板式制动试验台原理

5.2　线控制动系统性能测试内容

汽车制动系统的制动特性试验分为制动系统的静特性和动特性试验。进行静特性试验可以评价其操作灵敏性和机构效率。动特性试验可以检测制动时的反应时间,评价制动压力建立时间和解除压力释放时间的合理性,找出系统死区。根据试验结果绘制出的"制动力-时间"曲线的变化情况,可以对汽车制动系统常见故障进行计算机自动化诊断,能够减少车辆的返检率,提高维修质量,降低维修费用。进行汽车制动系统的特性试验研究可以改进汽车制动系统的性能,并改进其可靠性。

目前关于制动性能方面的研究较多,也就是制动时间和制动距离等相关的项目,但是根据《商用车辆和挂车制动系统技术要求及试验方法》(GB 12676—2014)的规定,应对踏板力、踏板行程和制动时间等项目进行检测。其目的是找出制动系统存在的问题,实现厂家对制动系统的改进和优化。在开发新车型时,便于厂家对所开发的新车型进行制动特性的测试,将得到的数据和国家标准相比较,找出新车型的不足之处,在产品尚未大量生产时进行修正和改良,提高新车型的安全系数。

5.2.1　汽车制动性的路试试验

汽车的制动性主要通过路上试验来评定。一般要测定冷制动及高温下汽车的制动距离、制动减速度、制动时间等参数。另外,还要测定在转弯与变更车道时汽车制动的方向稳定性。该试验的方法和要求主要按国家标准《机动车运行安全技术条件》(GB 7258—2017)进行。

(1)冷态制动效能试验

"冷态"一般是指制动器温度不超过 100 ℃时的状态。冷态制动效能试验是检测汽车制动效能的主要方法,也是确认汽车制动安全的一项主要试验。汽车的安全检验中制动性能以此项试验为主,冷态制动效能试验主要检测试验车辆的制动距离和跑偏情况,也可以通过检测车轮的制动力来表示。

1)试验方法

试验时,试验车辆沿直线行驶至高于规定的初速度,然后置变速器于空挡,对采用自动变速器的机动车,其变速器换挡装置应位于驱动挡("D"挡),当滑行到规定初速度时,按规定的制动踏板力(制动管路压力)踏下制动踏板,直至汽车停止。记录制动距离和时间,同时记录在制动过程中车速、行驶距离、时间的变化情况,记录间隔根据具体情况来定,一般不大于 10 km/h。同时检查试验车辆的跑偏情况,看制动时汽车是否超出试车通道边线。制动过程中,制动踏板力(制动管路压力)恒定不变,转向盘保持直线行驶状态不变。

2)试验合格判定

①制动踏板力或制动气压应符合的要求

a. 满载试验时:

气压制动系:气压表的指示气压≤额定工作气压。

液压制动系:踏板力,乘用车≤500 N;其他机动车≤700 N。

b. 空载试验时:

气压制动系:气压表的指示气压≤750 kPa。

液压制动系:踏板力,乘用车≤400 N;其他机动车≤450 N。

②制动踏板行程的要求。液压行车制动在达到规定的制动效能时,踏板行程不应大于踏板全行程的 3/4;制动器装有自动调整间隙装置的机动车的踏板行程不应大于踏板全行程的 4/5,且乘用车不应大于 120 mm,其他机动车不应大于 150 mm(踏板全行程是指在无制动液状态下制动踏板从完全释放状态到不能踩动的行程)。

③用制动距离检验行车制动性能。机动车在规定初速度下的制动距离和制动稳定性要求应符合表 5.4 的规定。对空载检验的制动距离有质疑时,可用表 5.4 规定的满载检验制动距离要求进行。

表 5.4　制动距离和制动稳定性要求

机动车类型	制动初速度 /(km·h^{-1})	满载检验制动 距离要求/m	空载检验制动 距离要求/m	试验通道宽度 /m
三轮汽车	20	≤5.0		2.5
乘用车	50	≤20.0	≤19.0	2.5
总质量不大于 3 500 kg 的低速货车	30	≤9.0	≤8.0	2.5
其他总质量不大于 3 500 kg 的汽车	50	≤22.0	≤21.0	3.0
铰接客车、铰接无 轨电车、汽车列车	30	≤10.5	≤9.5	3.0

续表

机动车类型	制动初速度 /(km·h⁻¹)	满载检验制动 距离要求/m	空载检验制动 距离要求/m	试验通道宽度 /m
两轮摩托车	30	≤7.0	—	
边三轮摩托车	30	≤8.0	2.5	
正三轮摩托车	30	≤7.5	2.3	
轻便摩托车	20	≤4.0	—	
轮式拖拉机运输机组	20	≤6.5	≤6.0	3.0
手扶变型运输机	20	≤6.5		2.3

④用充分发出的平均减速度检验行车制动性能。汽车、汽车列车在规定的初速度下急踩制动时充分发出的平均减速度及制动稳定性应符合表 5.5 的规定,且制动协调时间对液压制动的汽车不应大于 0.35 s,对气压制动的汽车不应大于 0.60 s,对汽车列车、铰接客车和铰接式无轨电车不应大于 0.80 s。对空载检验时充分发出的平均减速度有质疑时,可用表规定的满载检验充分发出的平均减速度进行。

制动协调时间是指在急踩制动时,从脚接触制动踏板(或手触动制动手柄)时起至机动车减速度(或制动力)达到表 5.5 规定的机动车充分发出的平均减速度的 75% 时所需的时间。

表 5.5 制动减速度和制动稳定性要求

机动车类型	制动初速度 /(km·h⁻¹)	满载检验充分发出的 平均减速度/(m·s⁻²)	空载检验充分发出的 平均减速度/(m·s⁻²)	试验通道 宽度/m
三轮汽车	20	≥3.8		2.5
乘用车	50	≥5.9	≥6.2	2.5
总质量不大于 3 500 kg 的低速货车	30	≥5.2	≥5.6	2.5
其他总质量不大于 3 500 kg 的汽车	50	≥5.4	≥5.8	2.5
铰接客车、铰接无 轨电车、汽车列车	30	4.5	5.0	3.0
其他汽车	30	≥5.0	≥5.4	3.0

充分发出的平均减速度 MFDD 的计算式为

$$MFDD = \frac{v_b^2 - v_e^2}{25.92 \times (s_e - s_b)} \tag{5.1}$$

式中　MFDD——充分发出的平均减速度,m/s²;

　　　　v_b——0.8v_0,试验车速,km/h;v_0为试验车辆制动初速度,km/h;

　　　　v_e——0.1v_0,试验车速,km/h;

　　　　s_b——试验车速从 v_0 到 v_b 之间车辆行驶的距离,m;

　　　　s_e——试验车速从 v_0 到 v_e 之间车辆行驶的距离,m。

(2)制动器热衰退试验

制动器热衰退试验分 3 步进行:基准试验、热衰退试验及恢复试验。基准试验是冷态制动器效能试验,其试验结果作为评价抗热衰退性能的基准值;热衰退试验主要考查制动性能的衰退率;恢复试验则是考查制动器效能的恢复能力。评价制动器抗热衰退性能用制动效能衰退率表示。

$$衰退率 = \frac{第\,i\,次踏板力(管路压力) - 基准踏板力(管路压力)}{基准踏板力(管路压力)} \times 100\%$$

1)基准试验

基准试验的制动初速度为 65 km/h,制动末速度为零。最大总质量小于等于 3 500 kg 的汽车制动减速度为 4.5 m/s²;最大总质量大于 3 500 kg 的汽车制动减速度为 3.0 m/s²。制动器初始温度不大于 90 ℃,共制动 3 次。试验过程中测量制动减速度、制动踏板力或制动管路压力以及制动器初始温度。制动过程中,虽然制动踏板力保持恒定,但减速度仍有波动,甚至波动较大。试验时,参考依据的制动减速度以制动过程的平均减速度为准。

2)抗热衰退性能试验

制动器抗热衰退性能试验,对最大总质量小于等于 3 500 kg 的汽车,制动初速度为 65 km/h,制动末速度为零,制动减速度为 4.5 m/s²;对最大总质量大于 3 500 kg 的汽车,制动初速度为 65 km/h,制动末速度为 30 km/h,制动减速度为 3.0 m/s²。制动时间间隔皆为 60 s,冷却车速皆为 65 km/h,制动次数为 20 次。试验时,记录制动踏板力、制动管路压力、制动减速度及制动器初始温度。

3)恢复试验

制动器抗热衰退性能试验后,立即进行恢复试验。恢复试验的制动初速度、制动末速度、制动减速度与抗热衰退性能试验相同,制动间隔时间为 180 s,冷却车速为 65 km/h,制动次数为 15 次,要求最后一次制动时制动器初始温度应降到 120 ℃ 以下。试验时,记录制动踏板力、制动管路压力、制动减速度及制动器初始温度。

4)评价指标

我国《商用车辆和挂车制动系统技术要求及试验方法》(GB 12676—2014)规定了商用车辆制动系统必须符合 I 型试验要求,见表 5.6。国标要求重复制动后热态制动器制动效能制动距离和 MFDD 不低于该类车规定性能的 80%,也不低于发动机脱开的 O 型试验数据的 60%,稳定性不超出 3.7 m。

表5.6　Ⅰ型试验要求

试验项目	标准要求
制动距离/m	≤45.9
MFDD/(m·s^{-2})	≥4.0
控制力 F/N	≤480
稳定性	≤3.7 m

（3）**涉水制动试验**

涉水制动试验与制动器热衰退试验相似,包括基准试验、涉水试验和恢复试验。其性能评价用衰退率表示。

1）基准试验

基准试验的制动初速度为 30 km/h,制动末速度为 0。最大总质量小于等于 3 500 kg 的汽车制动减速度为 4.5 m/s^2;最大总质量大于 3 500 kg 的汽车制动减速度为 3.0 m/s^2。制动器初始温度不大于 90 ℃,共制动 3 次。试验过程中测量制动减速度、制动踏板力或制动管路压力以及制动器初始温度。

2）涉水试验

将试验车辆驶入水槽,车轮浸入水中的深度应大于车轮半径,并使制动器处于放松状态,然后驾驶车辆以 10 km/h 以下的车速在水槽中往返行驶。行驶 2 min 后驶出水槽。

3）恢复试验

试验车辆涉水后,驶出水槽 1 min 时进行恢复试验。恢复试验的制动初速度为 30 km/h,制动末速度为 0。最大总质量小于等于 3 500 kg 的汽车制动减速度为 4.5 m/s^2;最大总质量大于 3 500 kg 的汽车制动减速度为 3.0 m/s^2。冷却车速为 30 km/h,制动间隔距离为 500 m。试验时,记录制动踏板力、制动管路压力、制动减速度。

4）评价指标

特别地,针对电动汽车的涉水安全问题,目前国家或地方均出台了相应的标准。表5.7对比了国家标准、上海市地方标准以及中国新能源汽车评价规程 CEVE(China Electric Vehicle Evaluation Procedure,是由中国汽车工程研究院股份有限公司和新能源汽车国家大数据联盟合作推进的具有国际先进、国内领先水平的新能源汽车综合评价体系)三者对涉水测试的要求。可以看出 CEVE 相较于国标,不仅增加了涉水深度,同时显著增加了涉水时长和涉水车速,要求远高于国标。而 CEVE 相较于上海市地方标准,在 300 mm 涉水测试中明确了涉水车速为 8 km/h,解决了上海市地标中"≥5 km/h"涉水车速在实际测试中不容易统一的问题。

表5.7　涉水测试标准对比

标　准	100 mm 涉水要求	150 mm 涉水要求	300 mm 涉水要求
《电动汽车安全要求第3部分人体触电防护》(GB/T 18384.3—2015)	20 km/h 安全行驶 500 m(约 1.5 min)	(无要求)	(无要求)

（4）**防抱死制动系统性能试验**

装有防抱死制动系统（ABS）的车辆需要进行防抱死制动系统性能试验。防抱死制动系性能试验按《机动车和挂车防抱制动性能和试验方法》（GB/T 13594—2003）规定进行，主要包括防抱死制动系统指示灯检查试验、剩余制动效能试验、防抱死制动系统特征校核试验、附着系数利用率试验、对开路面上的适应性和制动因素试验、对接路面上的适应性试验、能耗试验和抗电磁干扰试验等。防抱死制动系统性能试验一般在规定的附着系数路面上进行，主要包括单一路面试验、对接路面试验、对开路面试验（车辆的左右车轮分别位于两种不同附着系数的路面上），试验所用的典型路面见表 5.8。

表 5.8　防抱死制动系统性能试验所用的典型路面

路面类型	路面类型代号	轮胎与路面附着系数
高附着系数路面	H	$k_H \geqslant 0.5$
低附着系数路面	L	$k_L < 0.5$
高、低附着系数对开路面	—	$\dfrac{k_H}{k_L} \geqslant 2$
高、低附着系数对接路面	—	

1）试验的基本方法

试验时发动机应脱开，车辆分满载和空载两种情况下进行。

①对在高附着系数路面或低附着系数路面上试验，车辆分别以初速度 40 km/h 和表 5.9 规定的初速度下，急促以"冷态制动效能试验"要求的踏板力踏下制动踏板制动时，由防抱死制动系统直接控制的车轮不应抱死，同时车辆都不应驶出试验通道。

表 5.9　规定车型的最高试验车速

路面类型	车辆类型	最高试验速度
高附着系数路面	除满载的 N_2、N_3 类车辆外的所有车辆	$0.8v_{max} \leqslant 120$ km/h
	满载的 N_2、N_3 类车辆	$0.8v_{max} \leqslant 80$ km/h
低附着系数路面	M_1、N_1 类车辆	$0.8v_{max} \leqslant 120$ km/h
	M_2、M_3 及除半挂牵引车外的 N2 类车辆	$0.8v_{max} \leqslant 80$ km/h
	N_2 类半挂牵引车和 N_3 类车辆	$0.8v_{max} \leqslant 70$ km/h

②对高、低附着系数对接路面试验，当从高附着系数路面驶向低附着系数路面时，车辆分别以初速度 40 km/h 和表 5.9 规定的两种速度从高附着系数路面驶入低附着系数路面，急促以"冷态制动效能试验"要求的踏板力踏下制动踏板制动，由防抱死制动系统直接控制的车轮不应抱死，同时车辆都不应驶出试验通道。

③对高、低附着系数对接路面试验，当从低附着系数路面驶向高附着系数路面时，车辆以约 50 km/h 的速度从一种路面驶入另一种路面，急促以"冷态制动效能试验"要求的踏板力踏下制动踏板制动，车辆的减速度应在合适的时间内有明显的增加，同时车辆不应偏离原

来的行驶路线。

④对高、低附着系数对开路面试验,试验开始时,车辆的左右车轮分别位于两种不同附着系数的路面上,车辆的纵向中心平面通过高、低附着系数路面的交界线,以 50 km/h 的初速度急促全力制动,检查直接控制车轮未抱死,轮胎(外胎)的任何部分均未越过此交界线。试验时,可利用转向来修正行驶方向,转向盘的转角在最初 2 s 内不应超过 120°,总转角不应超过 240°。

上述几种试验,车轮允许短暂抱死。此外,当车速低于 15 km/h 时,车轮也允许抱死。同样,间接控制车轮在任何车速下都允许抱死,但不应影响车辆的行驶稳定性和转向能力。

2)试验的评价

①性能要求说明。有两个典型的限值用来评价 ABS 性能标准:最佳目标限值和容许限值。最佳目标限值代表世界一流的汽车性能级别;容许限值代表汽车制造业范围内认可的典型性能级别。ABS 标定汽车时,目的是获得世界一流的性能级别。然而,由于与制动控制产品其他汽车系统和零部件(轮胎、动力、变速箱、悬挂)相互作用,未必所有的试验都能达到这个性能级别。另外,试验路面条件的变化也会影响试验结果。不满足最佳目标限值的试验不会显示不符合试验规范,也不显示与安全相关的问题。

②ABS 道路试验性能要求。表 5.10 为 ABS 的道路试验性能要求。

表 5.10 ABS 道路试验性能要求:量化目标

试验项目	路 面	转 向	车速/(km·h⁻¹)	关注项目	容许值	最佳目标限值
直线	高附路面	固定转向	50～100	制动距离	<100%	<90%
				左右偏航率之和	<8 deg/s	<5 deg/s
				平均偏航率	<3 deg/s	<1 deg/s
	雪面	修正转向	50	制动距离	<140%	<130%
	冰面	修正转向	50	制动距离	<130%	<130%
弯道制动	R50 高附弯路	修正转向	0.9Umax	制动距离	<140%	<115%
对开路面	高附－低附	修正转向	60	平均减速度	>80%	>90%
	高附－低附	修正转向	50	制动后 1 s 内最大偏航率	<20 deg/s	<15 deg/s
对接路面	高附到低附	修正转向	50	车轮抱死时间	<0.5 s	<0.4 s
	低附到高附	修正转向	50	对接点到70% 高附减速度时的时间	<1.2 s	<2 s

如图 5.11 所示为车辆在对开路面(即左右车轮处于不同附着系数路面)上进行的 ABS 制动试验。

图 5.11　防抱死制动系统性能试验

5.2.2　制动性的台架试验

虽然路上试验全面地反映了汽车的制动性,但试验需要有特定的场地,需要较长的周期。在汽车使用企业及一般车辆检测单位,常用室内试验装置测试汽车制动器的摩擦力矩来检查汽车的制动性。

（1）**汽车制动性的台架试验**

该试验的方法和要求按国家标准《机动车运行安全技术条件》（GB 7258—2017）进行。

1）行车制动性能

①试验条件与方法。

a. 利用反力式滚筒试验台试验。

条件:滚筒式制动检验台滚筒表面应干燥,没有松散物质及油污,滚筒表面当量附着系数不应小于0.75。

方法:被试汽车驶入试验台,前、后车轴的左、右轮分别停放于左、右滚筒上,为保持制动助力可以使发动机运转。试验台的电动机开动起来,通过减速器、链传动等装置带动滚筒转动,滚筒带动被试车轮低速转动。在不施加行车和驻车制动的条件下,可以测出车轮阻滞力,也就是滚筒带动车轮空转所需的推力。如图 5.12 所示为某车型正在滚筒试验台上进行试验。

图 5.12　滚筒试验台试验

b. 利用平板式试验台试验。

条件:平板式制动检验台平板表面应干燥,没有松散物质及油污,平板表面附着系数不应小于0.75。

方法:检验员将被检车辆以 5 ~ 10 km/h 的速度滑行,置变速器于空挡后(对自动变速器车辆可位于"D"挡),正直平稳驶上平板台。

当被测试车轮均驶上平板时,急踩制动使车辆停止,测得各车轮的轮荷(乘用车和其他总质量小于或等于 3 500 kg 的汽车应为动态轮荷,对并装双轴、并装三轴车辆的左右两侧可以按照 1 个车轮计)、最大轮制动力、轮制动力增长全过程的数值等,计算各车轴的制动率、不平衡率、整车制动率等指标。

重新启动车辆,待车辆驻车制动轴驶上平板时操纵驻车制动操纵装置,测得驻车制动力数值,计算驻车制动率。车辆制动停止时如被检车轮已离开平板,则此次制动测试无效,应重新测试。对制动反应迟缓的汽车,必要时应连接踏板开关信号,检测其制动协调时间是否符合规定。检测时车辆应摆正,不得转动转向盘。

检验员应急踩制动踏板,每次踩制动踏板的动作要尽量一致。当被检汽车经平板台检验后对其检测结果有质疑时,应采用路试检测法裁决。

②试验结果合格判定。

a. 制动力百分比要求。汽车、汽车列车在制动检验台上测出的制动力应符合表5.11 的要求。对空载检验制动力有质疑时,可用表5.11 规定的满载检验制动力要求进行检验。使用转鼓试验台检测时,可通过测得制动减速度值计算得到最大制动力。

表 5.11　台架检验制动力要求

机动车类型	制动力总和与整车重量的百分比		轴制动力与轴荷的百分比	
	空载	满载	前轴	后轴
三轮汽车	—		—	≥60
乘用车、其他总质量 小于或等于 3 500 kg 的汽车	≥60	≥50	≥60	≥20
铰接客车、铰接式无轨汽车、汽车列车	≥55	≥45	—	—
其他汽车	≥60	≥50	≥60	≥50
挂车	—			≥55
普通摩托车			≥60	≥55
轻便摩托车			≥60	≥50

b. 制动力平衡要求。在制动力增长全过程中同时测得的左右轮制动力差的最大值,与全过程中测得的该轴左右轮最大制动力中大者(当后轴制动力小于该轴轴荷的60%时为与该轴轴荷)之比,对新注册车和在用车应分别符合表5.12 的要求。

表 5.12　台架检验制动力平衡要求

类　别	前　轴	后　轴	
		轴制动力大于或等于该轴轴荷 60%	轴制动力小于该轴轴荷 60%
新注册车	≤20%	≤24%	≤8%
在用车	≤24%	≤30%	≤10%

c. 制动协调时间要求。汽车的制动协调时间,对液压制动的汽车应小于或等于 0.35 s,对气压制动的汽车应小于或等于 0.60 s;铰接客车,铰接式无轨电车的制动协调时间应小于或等于 0.80 s。

d. 车轮阻滞率要求。进行制动力检验时,汽车、汽车列车各车轮的阻滞力均应小于或等于轮荷的 10%。

2)驻车制动性能

当采用制动检验台检验汽车和正三轮摩托车驻车制动装置的制动力时,机动车空载,使用驻车制动装置,驻车制动力的总和应大于等于该车在测试状态下整车质量的 20%,但总质量为整备质量 1.2 倍以下的机动车应大于等于 15%。

（2）制动系统台架试验

制动系统是汽车底盘的重要系统结构之一。其作为"独立"的系统,在正式装配整车前需单独进行试验,以满足特定的性能指标要求。制动系统台架试验主要包括制动系统制动液压力测量、制动踏板力测量、制动踏板行程测量等,此外还包括对液压和气压制动器总成进行摩擦片磨损试验、制动摩擦性能耐久试验、制动部件耐久性试验等测试。如图 5.13 所示为制动系统性能测试的台架设备。

图 5.13　制动系统性能测试台架

5.3　线控制动系统性能测试实训

(1)学习目标

①能够说明线控制动系统性能测试的要求。

②能够掌握线控制动系统性能测试方法和评价要求。

(2)实训任务

本章实训任务为线控液压制动系统性能测试。详见《实训指导手册》。

本章小结

随着线控制动系统逐渐开始应用,对其性能的测试越来越受到关注。但无论是传统的液压制动系统还是渐渐兴起的线控制动系统,对其性能测试的标准都应该满足国家标准的有关要求,只有满足国家标准的汽车才能够进入市场,为人们的出行服务。本章首先介绍了与制动系统性能要求有关的国家标准,根据国家标准了解汽车制动性评价指标、制动系统测试评价等。此外,对国家标准中涉及的制动系统性能测试的道路试验和台架试验进行了介绍,包括试验的条件、方法和评价标准,对试验中所用的仪器设备等作了简要介绍。通过本章的学习,可全面了解与制动系统相关的性能测试方法等。

课后习题

一、单选题

1.对于制动系统而言,驾驶员在实际使用过程中第一感知度由(　　)构成。

    A.制动系统人机工程　　　　　　　　B.制动踏板感

    C.制动效能　　　　　　　　　　　　D.制动效能的恒定性

2.对制动踏板感低速主观评价中,车速为(　　)km/h。

    A.10±5　　　　　B.30±5　　　　　C.70±10　　　　　D.110±10

3.制动时为保证汽车的方向稳定性一般要求前轴左右制动力之差小于该轴荷的(　　)。

    A.5%　　　　　　B.10%　　　　　C.4%　　　　　D.7%

4.当车速为50 km/h时,制动振噪的类别为(　　)。

    A.蠕动音　　　　B.哼音　　　　　C.啸叫音　　　　D.刷盘音

5.在进行路试检验汽车的制动性能时,风速应小于(　　)m/s。

    A.7　　　　　　　B.4　　　　　　C.9　　　　　　D.5

6.滚筒式制动检验台滚筒表面应干燥,没有松散物质及油污,滚筒表面当量附着系数不应小于(　　)。

    A.0.55　　　　　B.0.75　　　　　C.1.00　　　　　D.0.85

7.非接触式五轮仪的核心部件是(　　)。

    A.传感器　　　　B.计算机　　　　C.踏板　　　　D.光电头

8.用制动距离和制动稳定性检验乘用车制动性能时,试验通道宽度为( )m。

　　A.2　　　　　　　　B.2.5　　　　　　　　C.3　　　　　　　　D.3.5

9.用制动距离检验乘用车制动性能时制动初速度为( )km/h。

　　A.50　　　　　　　　B.55　　　　　　　　C.60　　　　　　　　D.65

10.涉水制动试验的性能评价用( )表示。

　　A.衰退率　　　　　B.制动距离　　　　　C.控制力　　　　　D.稳定性

二、多选题

1.在下列选项中,( )属于有关制动系统性能要求、测试、试验的国家标准。

　　A.GB 7258—2017　　　　　　　　　　　B.GB 20073—2018

　　C.GB 21670—2008　　　　　　　　　　　D.GB 12676—2014

2.制动踏板感中速主观评价要点有哪几个?( )

　　A.中速踏板感　　　B.停车平顺感　　　C.制动踏板刚性感　　D.低速踏板感

3.非接触式多功能速度仪可检测( )。

　　A.制动距离　　　　B.制动速度　　　　C.制动时间

　　D.制动油耗　　　　E.制动减速度

4.驾驶员对制动系统人机的主观感受,主要包括( )。

　　A.制动踏板高度　　　　　　　　　　　B.制动踏板角度

　　C.制动踏板与加速踏板距离　　　　　　D.制动踏板与加速踏板高度差

5.五轮仪主要包括哪两个部分?( )

　　A.控制单元　　　　B.传感器　　　　　C.记录　　　　　　D.踏板

三、判断题

1.《汽车制动性能动态检测方法》(GB/T 36986—2018)是汽车制动系统试验国家标准。

　　　　　　　　　　　　　　　　　　　　　　　　　　　　　　　( )

2.制动效能的评价指标有抗热衰退性能和制动距离。　　　　　　　( )

3.制动时汽车的方向稳定性与制动时跑偏有关。　　　　　　　　　( )

4.在进行路试检验汽车的制动性能时,路面附着系数不宜小于 0.8。　( )

5.试验前,汽车应充分预热,以 $0.8 \sim 0.9 u_{max}$ 行驶 3 h 以上。　　　( )

6.试验前,轮胎充气至汽车生产厂定压力值,误差不超过 10 kPa。　( )

7.试验车辆空载是指汽车油箱加至汽车生产厂定容积的 70%。　　( )

8.反力式滚筒试验台一般都是双轴式的。　　　　　　　　　　　　( )

9.汽车制动性能检测的专用设备应满足国家标准规定的技术要求。　( )

10.平板式制动试验台一般由 4 块平整的检测板组合安装而成。　　( )

11.冷态制动效能试验中的"冷态"一般是指制动器温度不超过 80 ℃时的状态。

　　　　　　　　　　　　　　　　　　　　　　　　　　　　　　　( )

12.液压行车制动在达到规定的制动效能时,踏板行程不应大于踏板全行程的 3/4。

　　　　　　　　　　　　　　　　　　　　　　　　　　　　　　　( )

四、填空题

1. 从主观评价的角度出发,整车制动性能包括_____与_____两大方面。

2. 从静态角度出发,整车制动性能评价指标主要有制动系统的_____和_____两个方面。

3. 制动踏板感评价方法主要是评价_____、_____与_____三者之间的关系。

4. 制动距离与_____、_____、_____等因素有关。

5. 制动振噪主要是指_____、_____、_____及其他制动系统相关部件发出的振动或噪声。

6. 制动系统的测试是针对制动系统本身而言的,主要有_____、_____和_____等。

7. 五轮仪分为_____与_____两种类型。

8. 制动踏板力计主要由_____和_____组成。

9. 路试试验仪器设备主要有_____、_____、_____。

10. 非接触式多功能速度仪是由_____和以_____为主体的二次仪表构成。

11. 双轴制动试验台由_____、_____、_____、_____等部分构成。

12. 涉水制动试验与制动器热衰退试验相似,包括_____、_____和_____。

五、简答题

1. 什么是制动效能以及制动效能的恒定性?

2. 简述平板式试验台的工作原理。

3. 分析制动时汽车的方向稳定性。

4. 简述制动系统测试评价的内容。

5. 简述制动系统测试试验车辆的要求。

6. 简述路试试验仪器设备五轮仪的功能特性。

7. 简述滚筒式制动试验台的工作原理。

8. 谈谈你对制动器热衰退试验的理解。

六、问答题

1. 汽车制动性评价指标有哪些?并简要介绍。

2. 滚筒式制动试验台的优缺点是什么?

3. 路试试验中冷态制动效能试验的主要评价指标有哪些?并简述之。

第6章　CAN通信线性控制原理

　　随着电子技术、通信技术的迅速发展和在汽车上的广泛应用,汽车电子化程度越来越高。从发动机控制系统到传动系控制系统,从行驶、制动、转向控制系统到安全保证系统以及仪表报警系统,从电池、电机控制系统到整车控制系统,汽车的电子电器设备已经形成了一个复杂的大系统。这些系统靠总线进行通信,其中 CAN 总线便是应用最广泛的总线类型之一。

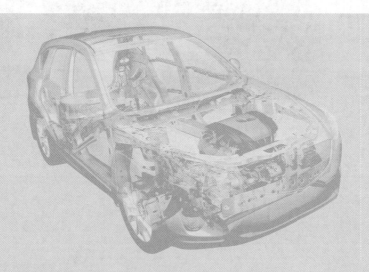

【教学目标】

通过本章的学习,学生能够了解 CAN 总线是什么以及汽车总线控制技术包含哪几类总线类型和 CAN 通信线型控制的原理,了解总线技术的发展现状与发展趋势。

【教学要求】

知识要点	能力要求
CAN 总线技术概述	了解汽车总线的基本概念以及汽车总线的类型与应用
CAN 通信原理与实例分析	了解 CAN 通信数据的传输原理和 CAN 总线的结构原理以及对 CAN 通信的实际应用
CAN 通信实训项目	了解线控制动和线控转向系统的 CAN 通信控制原理

【案例导入】

什么是 CAN 总线? CAN 总线可以理解成人体的神经系统,它遍布人们身体的各个部分,通过某种规则,与身体的各个节点之间交互,发送或接收消息。也可以将其理解成电话会议,一旦某一节点有发送请求,该信息将输入网络,其他节点共同接收,接收节点判断是否使用该信息。将这一概念放到汽车上就诞生了"通信网络"技术。如图 6.1 所示,汽车不同部件之间通过线束连接,通过总线进行通信,实现了信息的共享。

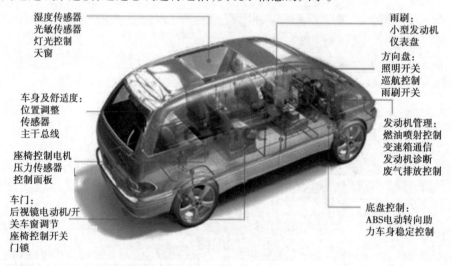

图 6.1　CAN 总线示意图

6.1　CAN 总线技术概述

6.1.1　CAN 总线的概念

(1)传统线束连接方式

汽车中各电器之间的连接是通过线束实现的。随着汽车中电子部件数量的增加,线束与配套接插件的数量也在成倍上升。1955 年平均一辆汽车所用线束的总长度为 45 m,而到了 2002 年,平均一辆汽车所用线束的总长度却达到了 4 000 m。线束的增加不但占据了车内的有效空间,增加了装配和维修的难度,提高了整车成本,而且妨碍整车可靠性的提高。这无形中使汽车研发产生了一对矛盾:为了提高汽车的性能而增加汽车电器,汽车电器的增加导致线束的增加,而线束的增加又妨碍了汽车可靠性的进一步提高。如图 6.2 所示为传统汽车电器的线束连接方式。以汽车前照灯为例,一个基本的电路包括"电源—开关—保险丝—用电设备"。图中的开关为组合开关,集前位灯、转向灯、近光灯、远光灯、雾灯还有刮水器的控制操作于一体。所有的用电设备的保险丝(熔断器)和继电器都集中在保险丝盒中,此外还要在仪表上显示灯的开关状态。每一路用电设备都靠导线连接才能实现操作,这就导致导线数量的增加。采用单片机和 CAN 总线技术的基本电路结构如图 6.3 所示。增加的车身控制器首先采集开关信号,根据功能定义的不同,可以实现多种用电设备的控制,如车窗操作、后视镜调节等,然后控制用电设备的开关。同时,将开关的信息或用电设备是否正常工作的信息发送到 CAN 总线上,仪表或者其他所有需要该信息的设备就可以从 CAN 总线上读取数据然后对状态进行显示或者故障提示等。可见,采取 CAN 总线技术可以明显减少导线的数量,易实现多种控制功能。

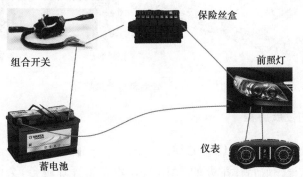

保险丝盒

组合开关

前照灯

仪表

蓄电池

图 6.2　传统汽车电器连接方式

(2)CAN 总线的基本概念

CAN(Controller Area Network)即控制器局域网络,是由博世发明的一种基于消息广播模式的串行通信总线。它起初用于实现汽车内 ECU 之间可靠的通信,后因其简单实用可靠等特点,而广泛应用于工业自动化、船舶、医疗等领域。相比其他网络类型,如局域网(Local Area Network,LAN)、广域网(Wide Area Network,WAN)和个人网(Personal Area Network,

PAN)等,CAN 更加适合应用于现场控制领域。CAN 建立在基于信息导向传输协定的广播机制(Broadcast Communication Mechanism)上,属于现场总线的范畴,是一种有效支持分布式控制或实时控制的串行通信网络。

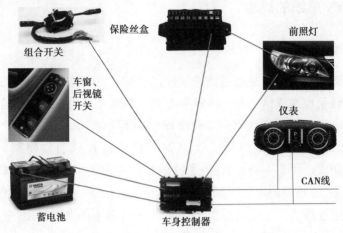

图 6.3　CAN 总线连接方式

如图 6.4 所示,CAN 数据总线可以比作公共汽车。公共汽车可以运输大量乘客,CAN 数据总线包含大量的数据信息;CAN 数据总线的数据传递类似于电话会议,对这个数据感兴趣的用户就会利用该数据,而其他用户则选择忽略。

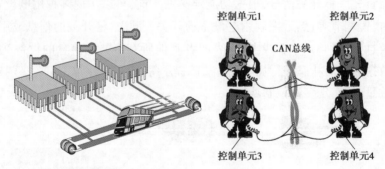

图 6.4　CAN 数据总线通信比喻

(3)CAN 总线的发展历程

1983 年,博世开始着手开发 CAN 总线。

1986 年,在密歇根州底特律举办的 SAE(美国汽车工程师协会)会议上,CAN 总线正式发布。

1987 年,英特尔和飞利浦推出第一款 CAN 控制器芯片。英特尔首先发布了 82526,这是第一款 CAN 总线的硬件实现。不久后飞利浦发布了 82C200。后来,英特尔又发布了 82527。

1991 年,世界上第一款基于 CAN 总线系统的奔驰量产车型上市。

1991 年,博世发布 CAN 2.0 标准。分 CAN 2.0A(11 位标志符)和 CAN 2.0B(29 位标志符)两部分。

1993 年,ISO 发布了 ISO 11898 和 ISO 11519 标准。在 1990 年早些时候,博世 CAN 规范(CAN 2.0 版)被提交给国际标准化组织,CAN 总线被列入国际标准。

1994 年,美国汽车工程师协会以 CAN 为基础制订了 SAE J1939 标准,用于卡车和巴士控制的通信网络。

2003 年,ISO 将原先的 ISO 11898 CAN 标准的数据链路和高速物理层的标准分离为 ISO 11898-1 和 ISO 11898-2 两个部分。ISO 11898-1 为数据链路层协议;ISO 11898-2 为高速 CAN 总线物理层协议。

2006 年,ISO 11898-3(低功耗,低速物理层)发布。

2007 年,ISO 11898-5(低功耗,高速物理层)发布。

2012 年,博世发布 CAN FD 1.0 标准(CAN with Flexible Data-Rate),CAN FD 一条报文中含有两种速率,仲裁段和传统 CAN 有着相同的速率,而数据段最高可以达到 5 Mb/s。CAN FD 与 CAN 2.0 协议兼容,可以与传统的 CAN 2.0 设备共存于同样的网络。

2013 年,ISO 11898-6(具有选择性唤醒功能的物理层)发布。

目前,几乎每一辆车都应用了 CAN 总线技术。同时,经过几十年的发展,CAN 的高性能和可靠性已被广泛认同,其应用范围不仅局限于汽车行业,已经在自动控制、航空航天、航海、过程工业、机械工业、纺织机械、农用机械、机器人、数控机床、医疗器械及传感器等领域中得到了广泛应用。

(4)CAN 总线技术特点

CAN 总线是一种串行数据通信协议,其通信接口中集成了 CAN 协议的物理层和数据链路层功能,可完成对通信数据的成帧处理,包括位填充、数据块编码、循环冗余检验、优先级判别等工作。CAN 总线特点如下:

①可以多主方式工作,网络上任意一个节点均可以在任意时刻主动地向网络上的其他节点发送信息,而不分主从,通信方式灵活。

②网络上的节点(信息)可分成不同的优先级,可以满足不同的实时要求。

③采用非破坏性位仲裁总线结构机制,当两个节点同时向网络上传送信息时,优先级低的节点主动停止数据发送,而优先级高的节点可不受影响继续传输数据。

④可以点对点、一点对多点(成组)及全局广播几种传送方式接收数据。

⑤直接通信距离最远可达 10 km(速率 5 kb/s 以下),通信速率最高可达 1 Mb/s(此时距离最长 40 m),节点数实际可达 110 个。

⑥采用短帧结构,每一帧的有效字节数为 8 个。每帧信息都有 CRC 校验及其他检错措施,数据出错率极低。

⑦通信介质可采用双绞线、同轴电缆和光导纤维,一般采用廉价的双绞线即可,无特殊要求。

⑧节点在错误严重的情况下,具有自动关闭总线的功能,切断它与总线的联系,以使总线上的其他操作不受影响。

6.1.2　汽车总线类型与应用

国际上众多知名汽车公司早在 20 世纪 80 年代就积极致力于汽车网络技术的研究及应用。迄今为止,已有多种网络标准。目前存在的多种汽车网络标准,其侧重的功能有所不同,为方便研究和设计应用,美国汽车工程师协会(SAE)车辆网络委员会根据标准 SAE J2057 将汽车数据传输网划分为 A、B、C 三类。

A 类是面向传感器/执行器控制的低速网络,数据传输位速率通常小于 10 kb/s,其通信协议主要有 LIN、TTP/A 等,主要用于电动座椅、后视镜调整、电动车窗以及灯光照明等控制。

B 类是面向独立模块间数据共享的中速网络,位速率一般为 10 ~ 125 kb/s,其相关的通信协议主要有 CAN-B(中速 CAN)、SAE J1850(OBDII)、VAN(Vehicle Area Network)等,主要应用于电子车辆信息中心、故障诊断与车身电子舒适性模块以及仪表显示等系统。

C 类是面向高速、实时控制的多路传输网,位速率为 125 kb/s ~ 1 Mb/s,其相关的通信协议主要有 CAN-C(高速 CAN)、TTP/C 等,主要用于发动机控制、变速器控制、牵引控制以及 ABS 等动力与传动系统的控制系统。

通常,汽车网络结构采用多条不同速率的总线分别连接不同类型的节点,并使用网关服务器来实现整车的信息共享和网络管理。

车身系统(包括组合仪表、信号及照明灯组、四门集控锁、车窗及后视镜等)的控制单元多为低速电动机和开关量器件,对实时性要求低而数量众多。使用低速的总线连接这些电控单元。将这部分电控单元与汽车的动力、传动等系统分开,有利于保证动力、传动系统通信的实时性。此外,采用低速总线还可增加传输距离,提高抗干扰能力并降低硬件成本。

动力、传动等系统(包括发动机控制系统、防抱死制动系统等)的受控对象直接关系汽车的行驶状态,对通信实时性有较高的要求。使用高速的总线连接这些系统。传感器组的各种状态信息以广播的形式在高速总线上发布,各节点可以在同一时刻根据自己的需要获取信息。这种方式最大限度地提高了通信的实时性。

除以上 3 类外,如果数据传输速率为 1 ~ 10 Mb/s,其相关的通信协议则还有 FlexRay 和 Byteflight 等,可支持线控驾驶(X-By-Wire);以及数据传输速率为 10 Mb/s 以上的 D2B、MOST、IDB 等,此类通信协议主要应用于汽车导航、影音系统等多媒体资讯娱乐应用。另外,根据车辆上各节点(控制模块)连接的方式,车用网络系统可区分为环形串联、总线 BUS 及星形连接 3 种类型。

(1)CAN 总线

CAN 总线是 ISO 国际标准化的串行通信协议,在当前的汽车总线网络中占据主导地位。

如图 6.5 所示,CAN 总线可分为高速 CAN 和低速 CAN。这两者以不同的总线速率工作以获得最佳的性价比,在两条总线之间采用网关进行连接。低速 CAN 是舒适型总线,传输速率为 5 ~ 125 kb/s,主要用于舒适系统和车身系统的数据传输的实时性要求如空调控制、座椅调节、车窗升降等;高速 CAN 系统是动力型总线,传输速率为 125 kb/s ~ 1 Mb/s,主要用于传动系统传输的实时性要求如发动机控制、自动变速箱控制、行驶稳定系统、组合仪表等。

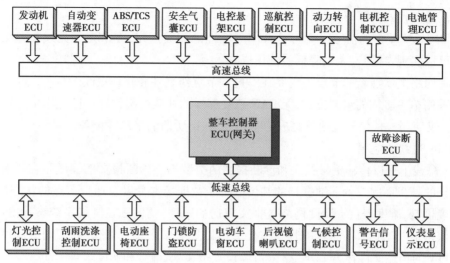

图6.5　整车 CAN 网络示意图

（2）LIN 总线

LIN（Local Interconnect Network，局域互联协议）是由 Audi、BMW、Daimler-Chrysler、Motorola、Volcano Communications Technologies（VCT 通信技术公司）、Volkswagen（大众）和 Volvo 等公司和部门（LIN 联合体）提出的一个汽车底层网络协议，是一种新发展的汽车子总线系统，其目的是提出一个价格低廉、性能可靠的低速网。在汽车网络层次结构中作为低端网络的通用协议，逐渐取代目前各种各样的低端总线系统。这个标准与其相应的开发、测试以及维护平台的应用，将降低车上电子系统开发、生产、使用和维护的费用。

LIN 总线是目前常见的一种 A 类网络协议。LIN 主要功能是为 CAN 总线网络提供辅助功能，应用场合有智能传感节点、自动车窗节点等。目前最新的 LIN 协议是 LIN2.2，制订于 2010 年。LIN 总线的一大优点是成本低，但其最大传输速率为 20 kb/s。建议的通信速率如下，低速为 2 400 b/s、中速为 9 600 b/s、高速为 19 200 b/s。根据 OSI 参考模型，LIN 总线仅规范了数据链路层和物理层。

1）LIN 总线的通信系统

在汽车网络中，主控制器发送任务给 LIN 网络上的通信。主控制器发送一个起始报文，该起始报文由同步断点和同步字节消息标志符所组成。相应地，在接收并且滤除消息标志符后，一个 LIN 网络由一个主节点和一个或多个从节点组成，所有节点都有一个从通信任务。该通信任务分为发送任务和接收任务，主节点还有一个主发送任务。一个从任务被激活并且开始本消息的应答传输。该应答由 2 或 4 或 8 个数据字节和一个校验码所组成。起始报文和应答部分构成一个完整的报文帧。这种通信规则可以用多种方式来交换数据：由主节点到一个或多个从节点；由一个从节点到主节点或其他的从节点，通信信号可以在从节点之间传播而不经过主节点或者主节点广播消息到网络中的所有节点。报文帧的时序由主控制器控制。

2）LIN 总线特点

①LIN 总线信号传输时间可靠，传输速率很高，最高速率可以达到 20 kb/s。一个主控器

和多个从设备模式不需要仲裁机制。

②LIN 总线较少的信号线就可符合国际标准的相关规定,在节点处无须陶瓷振荡器或晶振就可以实现自同步,大大降低了使用成本。

③在网络上增加新的节点不需要在 LIN 从节点作硬件和软件更改。

④采用单主多从的组网方式,无 CAN 总线那样的仲裁机制,最多可连接 16 个节点(1 主 15 从)。仅使用一根信号线便可完成信息的传输,即所谓的单总线设备。

3)LIN 总线的应用

LIN 总线上可以传输信号报文和诊断报文两类数据。诊断报文的输送是在具有两个保留标志符的帧里面完成的。数据场的判读取决于数据场本身以及通信节点的状态。LIN 具有调度表机制,调度表负责调度网络各报文发送的顺序;调度表在网络系统设计阶段确定;调度表使得 LIN 通信具有可预测性。主任务可以拥有多个调度表,并在不同的调度表之间切换。LIN 的描述文件称为 LDF 文件,可以设置报文帧、信号和调度表等。

LIN 总线在汽车上得到广泛应用,如汽车的转向盘相关部件、汽车座椅控制、车门控制系统和车载传感器等。LIN 可以很容易地连接到汽车网络中的智能传感器、制动器或光敏器件等,并且得到十分方便的维护和服务。LIN 总线的系统用数字信号量将模拟信号量替换,使得 LIN 总线性能提升很大。如图 6.6 所示为 LIN 总线在汽车上的应用情况。

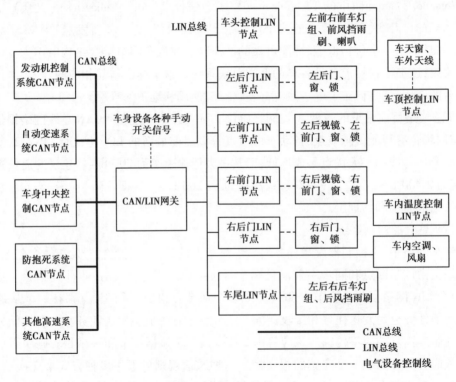

图 6.6　LIN 总线的部分应用

(3)FlexRay 总线

1)FlexRay 总线基本原理

FlexRay 总线的基本工作方式与使用至今的数据总线系统(如 CAN 总线、LIN 总线和

MOST 总线)不同。FlexRay 总线的基本工作方式用索道做比喻就很恰当:索道的站点就像总线用户,即信息发送和接收器(控制单元);索道的吊车就像数据帧,而乘客就是信息。

　　总线用户通过 FlexRay 总线发送信息的时间点可以精准地确定,发出信息到达接收器的时间也可以精确地识别,这就与索道既定不变的时刻表相同。即使总线用户不发送任何信息,也为它预留一定的带宽,就像索道上,无论是否有乘客,索道都在运行。不需要像在 CAN 总线上那样设定信息的优先级。

　　2)FlexRay 总线结构特点

　　FlexRay 总线是双线式总线系统,其数据传输速率为 10 Mb/s。这两根总线导线一根标为正总线(导线颜色为粉红色),另一根标为负总线(导线颜色为绿色)。

　　FlexRay 总线在单线状态时是无法工作的,工作中要对这两条线之间的电位差进行分析。目标是在电气与机械电子组件之间实现可靠、实时、高效的数据传输,以确保满足汽车网络技术的需要。

　　在奥迪 A8 轿车上,对于 FlexRay 总线来说,其诊断接口起着控制器的作用。在数据总线诊断接口 J533 上有 4 个 FlexRay 总线分支,连接 8 个控制单元(指配备齐了所有装备时)。每个分支末端的控制单元都配备了一个低阻值电阻,中间的控制单元有一个高阻值内电阻。理论上讲,每个分支范围内导线长度最长不应超过 12 m。图 6.7 所示为奥迪轿车采用的 FlexRay 总线拓扑结构。

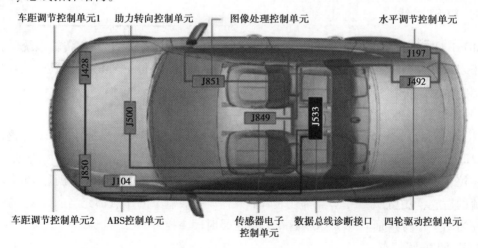

图 6.7　奥迪 FlexRay 总线拓扑图

　　3)FlexRay 总线与 CAN 总线的异同

　　CAN 总线与 FlexRay 总线的异同见表 6.1。

表 6.1　CAN 总线与 FlexRay 总线的异同

特　　性	CAN 总线	FlexRay 总线
布线	双绞线	双绞线
信号状态	0、1	空闲、Data 0,Data1 数据
数据传输率	500 kb/s	10 Mb/s

续表

特　性	CAN 总线	FlexRay 总线
访问方式	事件触发	时间触发
拓扑结构	总线,被动星形	点对点,主动星形,控制单元依次串联的总线拓扑结构
优先设定	先发送优先级别比较高的信息	无,数据在固定的时间点发送
确认信号	接收器确认接收到有效的数据帧	发送器不会获得数据帧是否正确传输的信息
故障日志	在网络中能用故障日志标记故障和错误	每个接收器自行检测接收到的数据帧是否正确
帧数据长度	有效数据最长 8 字节	有效数据最长 256 字节
传输	按需要传输;可以使用 CAN 总线的时间点由负载决定;CAN 总线可能超负载	传输数据帧的时间点确定;传输持续时间确定;即使不需要,也保留时间槽
到达时间	不可知	可知

（4）MOST 总线

MOST 是 Media Oriented Systems Transport 的缩写,中文名称为"多媒体传输系统",是一种用于多媒体数据传输的网络系统,该系统将符合地址的信息传送到某一接收器上,在这一点上,与 CAN 总线是不同的。

1）MOST 总线的通信

MOST 网络以光纤为载体,通常是环状拓扑结构,布线只需单根光纤。MOST 可提供高达 50 Mb/s 的传输速率,远远超过传统车载网络。常见的 MOST 网络有 3～10 个节点。一个时序主控者负责驱动系统时钟,生成帧数据即 64 字节序列数据。可以同时满足 15 个不同音频流的播放,环中的每一个节点都代表着多媒体设备。剩下的节点都充当从控者,有一个节点充当用户控制界面。一般来说,这个节点也是时序主控者。

2）MOST 总线特点

MOST 总线具有传输速度快,声音、图像的实时处理,可以与多种网络连接的特点。在物理层上,传输介质本身有塑料保护套,内芯为 1 mm 的聚甲基丙烯酸甲酯光纤,允许采用多种拓扑结构,包括星状和环状,汽车基本都采用环状拓扑结构,如图 6.8 所示。一个 MOST 网络中最多可以有 64 个节点。

3）MOST 总线的应用

MOST 总线传输数据量大、损耗小、速度快、抗干扰性强,可连接汽车音响系统、视频导航系统、车载电视、高保真音频放大器、车载电话、CD 播放器等模块。目前高端汽车大多数采用 MOST 系统连接其车载影音娱乐系统。

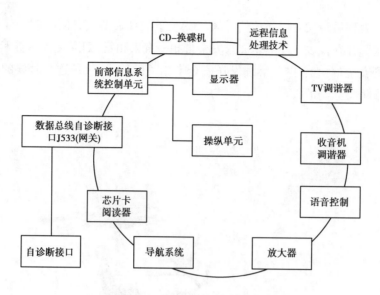

图 6.8　MOST 系统采用环状拓扑结构

在目前的汽车中,作为一种典型应用,车身和舒适性控制模块都连接到 CAN 总线上,并借助于 LIN 总线进行外围设备控制。在很多情况下,汽车高速控制系统如动力系统控制,都是使用高速 CAN 总线连接在一起的。远程信息处理和多媒体连接需要高速互连,视频传输需要同步数据流格式,这些都可由 D2B(Domestic Digital Bus)或 MOST(Media Oriented SystemsTransport)协议来实现。无线通信则通过 Bluetooth 技术加以实现。而在未来的几年里,TTP(Time Trigger Protocol)和 FlexRay 将使汽车发展成 100% 的电控系统,完全不需要后备机械系统的支持。

（5）网关

网关是整个 CAN 网络的核心,控制着整车不同类型总线的各类信号转发与处理,通过它可以实现不同通信速率和不同通信协议的各条总线上数据和信息的交换与共享,以及实现汽车内部的网络管理和故障诊断等功能。网关不仅要对网络数据进行储存与转换,还要对不同的通信协议进行转换。

CAN 网关的基本功能包括连接不同波特率(传输速度)的 CAN 总线、LIN 总线,以实现 CAN 网络的网关中继功能以及诊断报文/非诊断报文转发等。总的来说,网关可以接收任何 CAN 总线还有 LIN 总线等传来的不同传输速率网络信号,把这些信号按一定的标准处理后,广播到整车网络去,如果有控制单元订阅(接收)了这个信号,则控制单元将解析信号并作相应的处理。

例如,安全带未扣紧(图 6.9),仪表进行报警功能的实现。安全带未扣紧报警提示需要几个条件,如车速达到设定要求、安全带扣未扣(即无电压信号)和座椅上的压力传感器信号等。车速信号一般是高速 CAN 上的 ECM(发动机控制模块)节点负责信号管理的,安全带扣这个设备和座椅上的压力传感器是低速 CAN 上的 BCM(负责天窗、车窗、安全带扣、雨刮等车身零部件设备的车身控制器)节点负责信号管理的。网关收到高速 CAN 上的 ECM 节点发出来的车速信号,并收到低速 CAN 上的 BCM 发出来的安全带扣电压值、压力传感器信号等,网关统一处理后转发并广播该信号帧。CAN 上的仪表节点订阅(接收)了该信号帧则会进行解析,报警并在仪表上显示。如果安全带扣一直未扣紧,则网关将一直发送相关安全带信号帧,直到安全带扣上,网关继续发送安全带相关的信号,只是这个时候的信号值是安全带已扣紧,报警将立刻消失。

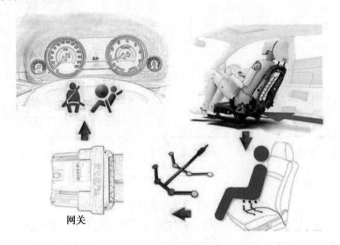

网关

图 6.9　安全带未扣报警功能示意

6.2　CAN 通信原理与实例分析

6.2.1　CAN 通信结构

(1)CAN 总线结构

CAN 总线系统由多个控制单元组成,这些控制单元通过所谓收发器(发送-接收放大器)并联在总线导线上,各控制单元的条件是相同的,这就是说所有控制单元的地位均相同,没有哪个控制单元有特权。在这个意义上称为多主机结构。如图 6.10 所示为 CAN 总线系统的结构。

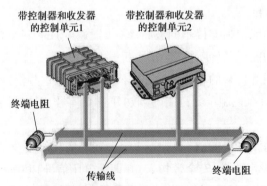

带控制器和收发器的控制单元1　　　带控制器和收发器的控制单元2

终端电阻

传输线　　　　终端电阻

图 6.10　CAN 总线系统组成

具体来说,CAN 总线系统由若干个控制单元(每个控制单元包含 1 个微处理器 MCU、1个控制器、1 个收发器)、两个数据传输终端和两条传输线构成。区别于数据传输线,其他组件均在控制单元中。图6.11所示为各部件连接关系。

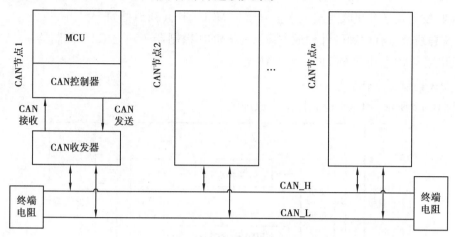

图6.11　CAN控制器与收发器的连接逻辑关系

①微控制器。微控制器(Microcontroller Unit,MCU),也就是俗称的"单片机",其主要功能是一方面接收来自传感器或者开关的信号,将其处理后再发送到执行元件上。微控制器按事先规定好的程序处理输入值,处理后的结果存入相应的输出存储器内,然后到达各个执行元件。另一方面可以控制某些电器设备的工作,如车灯、刮水电机等。

②CAN控制器。CAN控制器用于将欲发送的消息(报文)转换为符合CAN规范的CAN帧,通过CAN收发器,在CAN-bus上交换信息。同时,控制器接收CAN收发器的数据,处理并传给微处理器。

③CAN收发器。CAN收发器是CAN控制器和传输线之间的接口,将CAN控制器的逻辑电平转换为CAN总线的差分电平,在两条有差分电压的总线电缆上传输数据。CAN收发器是一个发送器和接收器的组合。它将CAN控制器提供的数据转化为电信号并通过数据线发送出去。同时,它接收数据,并将数据传到CAN控制器。

④数据传输终端。数据传输终端是一个电阻器,防止数据在传输终了被反射回来产生波形叠加破坏数据。

⑤数据传递线。用以传输数据的双向数据线,分为CAN高位数据线CAN_High和低位数据线CAN_Low。

(2)CAN总线芯片

CAN控制器芯片分为两类:一是独立的控制器芯片,如SJA1000;二是CAN控制器集成在微控制器MCU中,如NXP半导体公司的LPC11C00微控制器、LPC2000系列32位ARM微控制器。

CAN收发器分为独立型和组合型两大类。前者应用灵活,可以与多种CAN控制器进行连接使用,应用广泛。后者通常与CAN控制器组合在一起,形成一个具有CAN收发功能的CAN控制器组件。

MCU负责实现对功能电路和CAN控制器的控制。在节点启动时,初始化CAN控制器参数;通过CAN控制器读取和发送CAN帧;在CAN控制器发生中断时,处理CAN控制器的中断异常；根据接收到的数据输出控制信号。现在的 CAN 控制器一般都与 MCU 集成在一起，CAN 收发器发送和接收逻辑电平信号就是 MCU 引脚（高或低）信号。

CAN 总线节点有两种硬件构成方案：一是 MCU 控制器 + 独立 CAN 控制器 + CAN 收发器；二是集成 CAN 控制器的 MCU + CAN 收发器。

1）CAN 控制器工作原理

如图 6.12 所示为 CAN 控制器工作原理图。

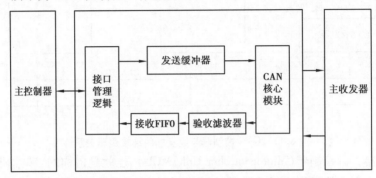

图 6.12　CAN 控制器工作原理图

①接口管理逻辑。接口管理逻辑用于连接外部主控制器，解释来自主控制器的命令，控制 CAN 控制器寄存器的寻址，并向主控制器提供中断信息和状态信息。

②CAN 核心模块。收到一个报文时，CAN 核心模块根据 CAN 规范将串行位流转换成用于接收的并行数据，发送一个报文时则相反。

③发送缓冲器。发送缓冲器用于存储一个完整的报文，当 CAN 控制器发送初始化时，接口管理逻辑会使 CAN 核心模块从发送缓冲器读 CAN 报文。

④验收滤波器。验收滤波器可以根据用户的编程设置，过滤掉无须接收的报文。

⑤接收 FIFO。接收 FIFO 是验收滤波器和主控制器之间的接口，用于存储从 CAN 总线上接收的所有报文。

⑥工作模式。CAN 控制器可以有两种工作模式（BasicCAN 和 PeliCAN）。BasicCAN 仅支持标准模式，PeliCAN 支持 CAN2.0B 的标准模式和扩展模式

2）CAN 收发器原理

前已述及，CAN 收发器的主要功能是将 CAN 控制器的逻辑电平信号转换成 CAN 总线的差分信号。而差分信号在两条 CAN 线上有不同的电压值，一般常见的 CAN 收发芯片有 3.3 V 和 5 V 两种芯片。收发器就是一个发送-接收放大器，通过 TX-线（发送导线）或 RX-线（接收导线）与 CAN 控制器相连。

3）CAN 控制器举例

表 6.2 为现在市场上的两款主流独立 CAN 控制芯片对比。

表 6.2　MCP2510 和 SJA1000 对比

特　性	MCP2510	SJA1000
引　脚	18	28
发送缓冲器	3 个发送缓冲器。每个发送缓冲器占据 14 字节的 SRAM,并映射到存储器中。其中第一字节 TXBNCTRL 是与报文缓冲器相关的控制寄存器。该寄存器中的信息决定了报文在何种条件下被发送,并在报文发送时指示其状态。用 5 个字节来装载标准和扩展标志符以及其他报文仲裁信息。最后 8 个字节用来装载等待发送的报文的 8 个可能的数据字节	1 个发送缓冲器 TXB,长 13 个字节
接收缓冲器	有两个报文接收缓冲器。每个接收缓冲器配备有多个验收滤波器。除上述专用接收缓冲器外,MCP2510 还具有单独的报文集成缓冲器(MAB),可作为第三个接收缓冲器	1 个接收缓冲器 RXB,长 13 个字节。但有一个接收 FIFO(RXFIFO),长 64 个字节。RXB 作为 RXFIFO 的一个窗口,被 CPU 访问。CPU 在此 FIFO 的支持下,可以在处理一条报文的同时接收其他报文
与 MCU 接口	通过 SPI 接口与 MCU 进行数据传输,最高数据传输速率可达 5 Mb/s。支持 SPI 模式 0,0 和 1,1。与 SJA1000 不同的是,MCU 对 MCP2510 的接收缓冲器和发送缓冲器的操作,必须通过 SPI 接口用 MCP2510 内置读写命令来完成	通过 8 根地址/数据复合总线与 MCU 交换数据

　　从以上两者的性能上看,MCP510 的各种性能都要优于 SJA1000,如 MCP510 正常工作电压为 3. 5 ~ 5. 5 V,而 SJA1000 的工作电压为 4. 5 ~ 5. 5 V,MCP510 的抗干扰性比 SJA1000 强。

　　MCP510 有两个接收缓冲器,可优先储存报文;6 个完全验收滤波器;2 个完全验收屏蔽滤波器;3 个发送缓冲器。而 SJA1000 只有 1 个发送缓冲器,1 个接收缓冲器,1 个接收 4 位验收滤波。MCP510 采用的是 SPI 接口,而 SJA1000 采用的是 8 位并行数据传输(数据线和地址线分时复用)。采用 SPI 串行传输比采用并行传输要节省 8 ~ 11 根线,也就是节省 8 ~ 11 个 I/O 口。如图 6.13 所示为 MPC2510 的外形图和引脚定义。

　　从图中可知,1 号引脚连接到 CAN 总线的发送输出引脚,2 号引脚连接到 CAN 总线的接收输出引脚,13—16 号引脚负责与 MCU 通信。

图 6.13　MCP2510 外形与引脚定义

4)CAN 收发器举例

PCA82C50 是 CAN 控制器和物理总线间的接口即 CAN 收发器,它主要是为汽车中高速通信(高达 1 Mb/s)应用而设计。此器件对总线提供差动发送能力,对 CAN 控制器提供差动接收能力,完全符合"ISO11898"标准。表 6.3 为 82C50 外形与引脚定义。

表 6.3　82C50 外形与引脚定义

82C250	引脚定义
TXD 1 8 Rs GND 2 7 CANH V_cc 3 PCA82C250 6 CANL RXD 4 5 V_ref	1—发送数据输入
	2—地
	3—电源电压
	4—接收数据输出
	5—参考电压输出
	6—低电平 CAN 电压输入/输出
	7—高电平 CAN 电压输入/输出
	8—斜率电阻输入(通信速度设定元件连接端)

(3)传输线与连接器

1)传输线

CAN 总线的传输线为双向传输数据的导线,要求为双绞线。带屏蔽层的 CAN 线可以良好地抵御电场的干扰,整个屏蔽层是一个等势体,避免 CAN 导线受到干扰。如图 6.14 所示为一个标准的屏蔽双绞线,CAN_H 和 CAN_L 通过铝箔和无氧铜丝屏蔽网包裹。为了提高抗干扰能力,CAN_H 和 CAN_L 要很紧密地靠在一起,否则受到的干扰强度不一样,会导致信号受到干扰。通常双绞线只有 33 绞/m,而在强干扰场合,双绞程度要超过 55 绞/m 才能达到较好的抗干扰效果。另外,线缆的芯截面积要大于 $0.35 \sim 0.5 \text{ mm}^2$,CAN_H 对 CAN_L 的线间电容小于 75 pF/m,如果采用屏蔽双绞线,CAN_H(或 CAN_L)对屏蔽层的电容小于

110 pF/m,可以更好地降低线缆阻抗,从而降低干扰时抖动电压的幅度。

图 6.14　CAN 传输线示意图

2)连接器

CAN 连接器常见的类型包括 DB9 针式连接器和 OPEN5 连接器。表 6.4 为 DB9 针式连接器的标准针孔对照表。

表 6.4　DB9 针式连接器针孔对照表

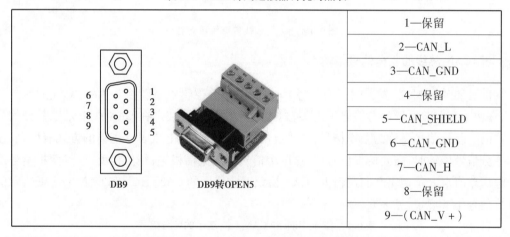

	1—保留
	2—CAN_L
	3—CAN_GND
	4—保留
	5—CAN_SHIELD
	6—CAN_GND
	7—CAN_H
	8—保留
	9—(CAN_V +)

6.2.2　CAN 通信原理

(1)数据传输过程

如图 6.15 所示为 CAN 总线的数据传输过程。想要交换的数据称为信息,每个控制单元均可发送和接收信息。信息包含在重要的物理量如发动机转速中,这时发动机转速是以二进制值(一系列 0 和 1)来表示,如发动机转速为 1 800 r/min 时可表示成 00010101。

在发送过程中,二进制值先被转换成连续的比特流,该比特流通过 TX 线(发送线)到达收发器(放大器),收发器将比特流转化成相应的电压值,这些电压值按时间顺序依次被传送到 CAN 总线的导线上。

在接收过程中,这些电压值经收发器又转换成比特流,再经 RX 线(接收线)传至控制单元,控制单元将这些二进制连续值转换成所需的信息。例如,00010101 这个值被转换成 1 800 r/min 这个发动机转速,每个控制单元均可接收发送出的信息。

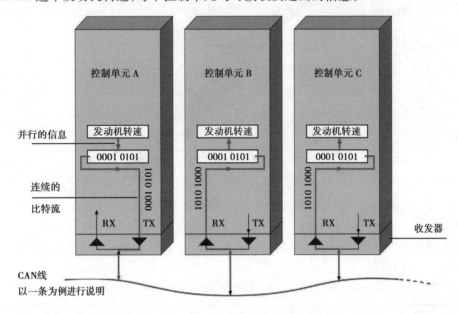

图 6.15　CAN 总线数据传输过程

(2)CAN 总线的差分信号传输

前已述及,CAN 收发器的作用是将 CAN 控制器的逻辑电平转换为 CAN 总线的差分电平,在两条有差分电压的总线电缆上传输数据。也就是说,数据在 CAN 线上是以差分信号传输的。差分信号又称为差模信号,与传统使用单根信号线电压表示逻辑的方式有区别,使用差分信号传输时,需要两根信号线,这两个信号线的振幅相等,相位相反,通过两根信号线的电压差值来表示逻辑 0 和逻辑 1。CAN 协议对它使用的 CAN_High 和 CAN_Low 线表示的差分信号作了规定,见表 6.5。

表 6.5　CAN_High 和 CAN_Low 表示的差分信号

信　号	ISO 11898(高速)						ISO 11519-2(低速)					
	隐性(逻辑1)			显性(逻辑0)			隐性(逻辑1)			显性(逻辑0)		
	最小值	典型值	最大值	最小值	典型值	最大值	最小值	典型值	最大值	最小值	典型值	最大值
CAN_H /V	2.0	2.5	3.0	2.75	3.5	4.5	1.6	1.75	1.9	3.85	4.0	5.0
CAN_L /V	2.0	2.5	3.0	0.5	1.5	2.25	3.10	3.25	3.4	0	1.0	1.15
H-L 电位差/V	-0.5	0	0.05	1.5	2.0	3.0	-0.3	-1.5	—	0.3	3.0	—

以高速 CAN 为例,当表示逻辑 1 时(隐性电平),CAN_High 和 CAN_Low 线上的电压均为 2.5 V,即它们的电压差为 0;而表示逻辑 0 时(显性电平),CAN_High 的电平为 3.5 V,CAN_Low 的电平为 1.5 V,即电压差为 2 V。CAN 总线的差分电平如图 6.16 所示。

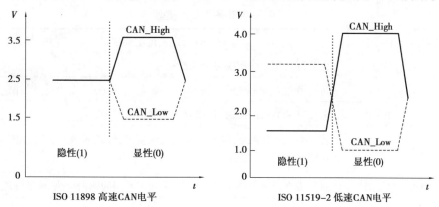

图 6.16　CAN 总线的差分电平

前已述及,如图 6.17 所示,CAN 总线由两条数据线组成,即 CAN_High 和 CAN_Low。为了减少回波反射,CAN 总线的两端各有一个 120 Ω 的电阻,各元件分别接在这两条信号线上。两条信号线的显隐性是"线与"的关系,即同时传送显性和隐性位时,总线呈现显性状态;同时传送显性状态位时,总线呈现显性状态;同时传送隐性状态位时,总线呈现隐性状态。CAN 总线平时空闲表现为隐性状态。如果想要发送的信号为隐性位,那么总线才会呈现出来隐性。否则,只要其他有一个节点发送显性信号,其他节点发送出来的隐性信号就无效。

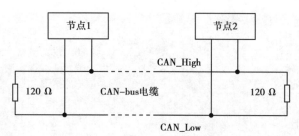

图 6.17　CAN 总线结构示意图

在实际应用中,用示波器读取 CAN_High 和 CAN_Low 线上的数据时,会得到如图 6.18 所示的波形信息,其中,横坐标代表时间,纵坐标代表电压值。

(3)CAN 通信层结构

CAN 是 ISO 国际标准化的串行通信协议。CAN 涵盖了 ISO 规定的 OSI(Open System Interconnect,译为"开放系统互联")基本参照模型中的传输层、数据链路层及物理层。

1)OSI 基本参照模型

OSI 定义了网络互连的 7 层框架(物理层、数据链路层、网络层、传输层、会话层、表示层、应用层),即 ISO 开放互连系统参考模型,见表6.6。每一层实现各自的功能和协议,并完成与相邻层的接口通信。OSI 的服务定义详细说明了各层所提供的服务。某一层的服务就是该层及其下各层的一种能力,它通过接口提供给更高一层。各层所提供的服务与这些服务是怎么实现的无关。其目的是为不同计算机互连提供一个共同的基础和标准框架,并为保持相关标准的一致性和兼容性提供共同的参考。

表 6.6　OSI 基本参照模型

ISO/OSI 基本参照模型		各层定义的主要项目
软件控制	7 层:应用层	由实际应用程序提供可利用的服务
	6 层:表示层	进行数据表现形式的转换,如文字设定、数据压缩、加密等的控制
	5 层:会话层	为建立会话式的通信,控制数据正确地接收和发送
	4 层:传输层	控制数据传输的顺序、传送错误的恢复等,保证通信的品质,如错误修正、再传输控制
	3 层:网络层	进行数据传送的路由选择或中继,如单元间的数据交换、地址管理
硬件控制	2 层:数据链路层	将物理层收到的信号(位序列)组成有意义的数据,提供传输错误等数据传输控制流程,如访问的方法、数据的形式;通信方式、连接控制方式、同步方式、检错方式;应答方式、通信方式、包(帧)的构成;位的调制方式(包括位时序条件)
	1 层:物理层	规定了通信时使用的电缆、连接器等的媒体、电气信号规格等,以实现设备间的信号传送,如信号电平、收发器、电缆、连接器等的形态

CAN 总线波形图如图 6.18 所示。

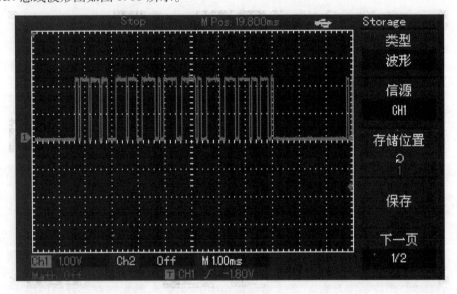

图 6.18　CAN 总线波形图

平常使用的程序(或者说软件)一般都是通过应用层来访问网络的,程序产生的数据会一层一层地往下传输,直到最后的网络接口层,通过网线发送到互联网上去。数据每往下走一层,就会被这一层的协议增加一层包装,等发送到互联网上时,已经比原始数据多了 4 层包装。当另一台计算机接收到数据包时,会从网络接口层再一层一层往上传输,每传输一层就拆开一层包装,直到最后的应用层,得到最原始的数据,这才是程序要使用的数据。给数据加包装的过程,实际上就是在数据的头部增加一个标志(一个数据块),表示数据经过了这一层,已经处理过了。给数据拆包装的过程正好相反,就是去掉数据头部的标志,让它逐渐现出原形。

2)CAN 协议与 OSI 协议的对应关系

CAN 协议只采用了 ISO/OSI 基本参照模型中的传输层、数据链路层及物理层,需要用户自定义应用层。如图6.19 所示为 CAN 协议与 OSI 模型的对应关系。

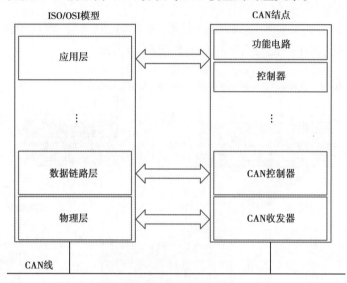

图6.19　CAN 协议与 OSI 模型对照

CAN 协议经 ISO 标准化后有 ISO 11898 标准和 ISO 11519-2 标准两种。ISO 11898 和 ISO 11519-2 标准对数据链路层的定义相同,但物理层不同。

ISO 11898 是通信速度为 125 kb/s ~ 1 Mb/s 的 CAN 高速通信标准。目前,ISO 11898 追加新规约后,成为 ISO 11898-1 新标准。

ISO 11519 是通信速度为 125 kb/s 以下的 CAN 低速通信标准,ISO 11519-2 是 ISO 11519-1 追加新规约后的版本。

(4)CAN 总线的帧

数据在发送时,按照 OSI 基本参照模型由上层向下层封装,封装的方式就是添加一些信息段。CAN 总线传输的就是帧。CAN 的帧共有 5 种类型,分别为数据帧、远程帧、错误帧、过载帧和帧间隔。数据帧用在节点之间收发数据,是使用最多的帧类型;远程帧用于接收节点向发送节点接收数据;错误帧是指某节点发现帧错误时向其他节点通知的帧;过载帧是指接收节点向发送节点告知自身接收能力的帧;帧间隔是指用于将数据帧、远程帧与前面帧隔离的帧。帧类型和帧用途见表6.7。

其中数据帧根据仲裁段长度不同分为标准帧(CAN 2.0A)和扩展帧(CAN 2.0B),两者的主要区别在于帧 ID 的长度,标准帧的帧 ID 是 11 位,扩展帧的帧 ID 长度是 29 位。

表6.7　帧类型和帧用途

帧类型	帧用途
数据帧	用于发送单元向接收单元传送数据的帧
远程帧	用于接收单元向具有相同 ID 的发送单元请求数据的帧
错误帧	用于当检测出错误时向其他单元通知错误的帧
过载帧	用于接收单元通知其尚未做好接收准备的帧
帧间隔	用于将数据帧、远程帧与前面的帧分离开来的帧

数据帧由 7 个不同的位场组成,即帧起始、仲裁场、控制场、数据场、CRC 场、应答场(ACK 场)和帧结束,其中数据场长度可为 0,如图 6.20 所示。

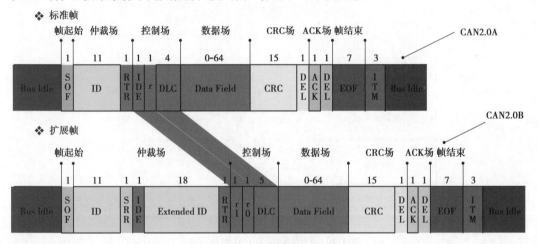

图 6.20　数据帧的构成

①帧起始(Start Of Frame,SOF)。标志数据帧和远程帧的开始,它仅由一个显性位构成,即逻辑 0。只有在总线处于空闲状态时,才允许开始发送。帧起始表示 CAN_H 和 CAN_L 上有电位差,也就是说,一旦总线上有了 SOF 就表示总线上开始有报文了。帧起始主要用于同步,总线空闲期间的任何隐性到显性的跳变都将引起节点进行硬同步。

②仲裁场。在标准帧格式中,仲裁场由 11 位标志符和 RTR 位组成;在扩展帧格式中,仲裁场由 29 位标志符和 SRR 位、标志位以及 RTR 位组成。仲裁场主要作用在于区分哪个节点更优先,让更优先的节点掌握发送权,其他节点在静默等待总线空闲再进行下一回合的仲裁。

a. CAN ID。可确定唯一标志符,利用 CAN ID 可对总线上报文进行仲裁优先级,ID 值越小,优先级越高。

b. RTR 位(远程传输请求位)。在标准帧中用于区别是数据帧还是远程帧,当 RTR 位为显性即逻辑 0 时,为数据帧,当 RTR 位为隐性即逻辑 1 时,为远程帧。RTR 的作用:在 ID 相同的情况下,保证数据帧优先级高于远程帧。

c. SRR 位(替代传输请求位)。在扩展帧中(数据帧或远程帧),SRR 恒为隐性,即逻辑 1,扩展帧的 SRR 位刚好对应标准帧的 RTR 位。SRR 的作用:在前 11 位 ID 相同的情况下,标准数据帧优先级高于扩展数据帧。

d. IDE 位(标志符扩展位)。在扩展帧中恒为隐性,即逻辑 1;在数据帧中 IDE 位于控制段,且恒为显性,即逻辑 0;刚好标准帧的 IDE 和扩展帧的 IDE 位置对应上,IDE 的作用:在前 11 位 ID 相同的情况下,标准远程帧优先级高于扩展远程帧。

③控制场。由 6 位组成,表示数据场的字节数。在标准格式中,一个信息帧中包括 DLC、发送显性电平的 IDE 位和保留位 r0。在扩展格式中,一个信息帧包括 DLC 和两个保留位 r1 和 r0,这两个位必须发送显性电平。DLC(数据长度码)代表数据场的数据长度,对没有数据场的远程帧,DLC 表示该远程帧对应的数据帧的数据场的字节数。

④数据场。数据场就是节点携带的数据,需要相互交互的数据信息,包含 0~8 个字节的数据,具体数据长度由控制场 DLC 决定。数据场里低字节先发(Byte0…Byte7),每个字节是高位先发(Bit7…Bit0)。超过一个字节的数据可以把低有效位放在前(Intel 格式),也可以把高有效位放在前(Motorola 格式)。

⑤CRC 场。用于检查帧传输错误,包括 CRC 序列和 CRC 界定符(恒为隐性,即逻辑 1),通过多项式生成 CRC 值,比较发送节点与接收节点 CRC 是否一致,来确保帧的有效性,计算范围包括发送节点(帧起始、仲裁场、控制场、数据场)与接收节点(帧起始、仲裁场、控制场、数据场)是否一致,不一致时会通报错误。

⑥应答场(ACK 场)。包括两位,即确认位(ACK SLOT)和界定符(Delimiter,DEL),表示确认是否正常接收。确认位 ACK,1 bit,节点收到正确的 CRC 序列时,发送端的 ACK 位被置位;界定符 DEL,1 bit,隐性信号。发送单元 ACK 段:发送两个隐性位。接收单元 ACK 段:接收到正确消息的单元,在 ACK 确认位发送显性位,通知发送单元,正常接收结束,称为发送 ACK/返回 ACK。

⑦帧结束(End of Frame,EOF)。每个数据帧和远程帧均有 7 个隐性位,即逻辑"1",表示帧的结束。标准帧和扩展帧在这个段格式完全一样。

如果将示波器读到的波形信息与帧的结构对应起来,就会从波形解析出总线上传输的数据,如图 6.21 所示。

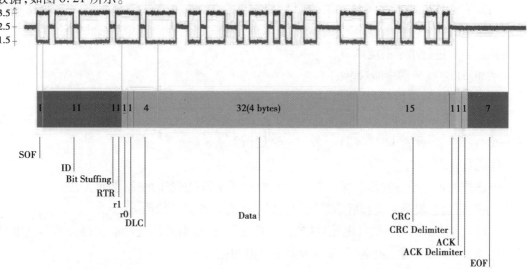

图 6.21 波形与帧结构的对应关系

175

前已述及,CAN_H 和 CAN_L 的差值为高电平时定义为显性,逻辑上表示为 0,为低电平时定义为隐形,逻辑上表示为 1。依据 CAN 协议中规定的当连续出现 5 个高电平时需要插入一个低电平(称为"位填充"),就可以分析出波形所代表的数据,如图 6.22 所示。

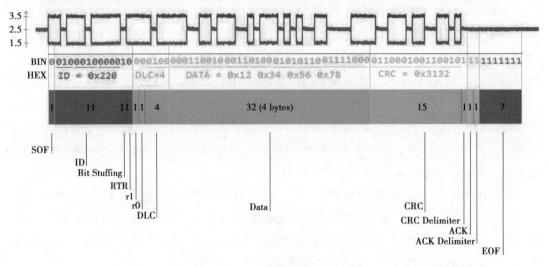

图 6.22　通过波形解析出最终数据

6.2.3　CAN 通信实例分析

(1)奥迪 A8 总线拓扑结构

如图 6.23 所示为奥迪 A8 某款车型的总线拓扑结构。各个控制单元通过 CAN 总线、LIN 总线和 MOST 总线进行通信。数据总线诊断接口 J533 也就是网关可以将不同的总线连接在一起,使信息的相互传递成为可能。数据总线诊断接口 J533 为以下内容的主控元件:

①驱动 CAN 总线延时供电。关闭点火开关后,CAN 驱动总线的控制单元连接 30 号线(常电源,直连蓄电池不受任何开关控制),控制单元仍保持激活,直到网关 J533 通过 CAN 总线发送休眠指令。例如,J197 水平调节控制单元,驾驶员下车或从后备厢拿完重物以后,车辆依然需要进行水平高度调节。

②MOST 总线环形中断诊断。

③数据总线系统休眠和唤醒。

在 15 号线("ON"挡线电源,受点火开关控制)关闭时,通过双向控制线,J533 向 J285 发送一个通信需求,或者 J285 向 J533 发送一个通信需求。

④能量管理。

⑤部件保护。是一种用于保护控制单元的电子手段,被盗的控制单元无法在其他车上使用,主要是信息娱乐系统和舒适系统的控制单元有部件保护功能。

⑥LIN 主控制单元。如蓄电池监控装置、发电机、稳压器使用此功能。进行汽车蓄电池的充电和放电电流、蓄电池电压、蓄电池温度检测和记录等。

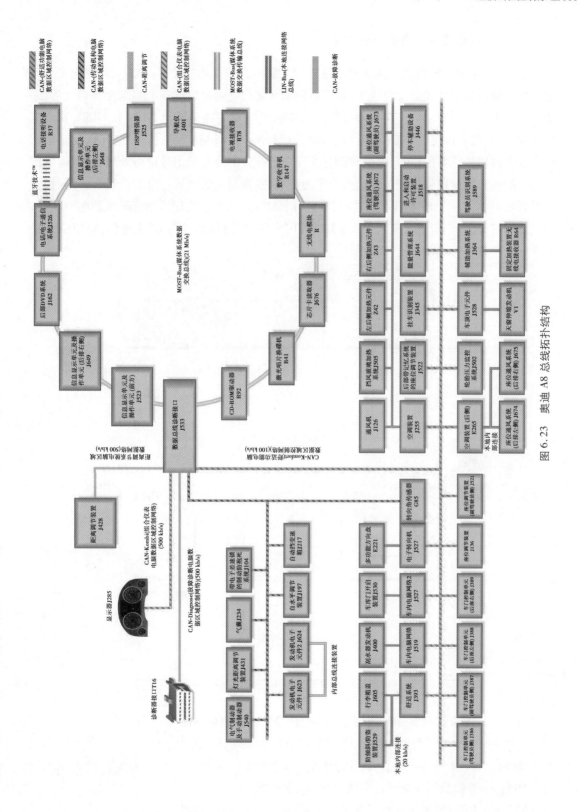

图6.23 奥迪A8总线拓扑结构

（2）大众朗逸安全气囊电路图分析

如图 6.24—图 6.27 所示为大众朗逸安全气囊电路图。通过分析可知,大众朗逸安全气囊包含驾驶员和副驾驶员安全气囊、驾驶员侧侧面安全气囊和副驾驶员侧侧面安全气囊,用于保护驾乘人员的安全。安全气囊系统主要由安全气囊碰撞传感器 G179 和 G180,安全气囊控制单元 J234 和安全气囊引爆装置 N95、N131、N199、N200 等组成。安全气囊控制单元负责接收碰撞传感器的信号、驾驶和副驾驶安全带开关信号并对信号进行处理,一旦碰撞传感器检测到车辆碰撞强度的信号达到设定的要求,则控制引爆装置打开安全气囊。同时,安全气囊控制单元与 J519-BCM 车身控制器进行 CAN 通信,可以实现紧急情况下蓄电池断电、门锁自动打开、发动机熄火等功能;与 J285-组合仪表控制单元进行 CAN 通信,可以指示是否系好安全带,安全气囊是否有故障等。

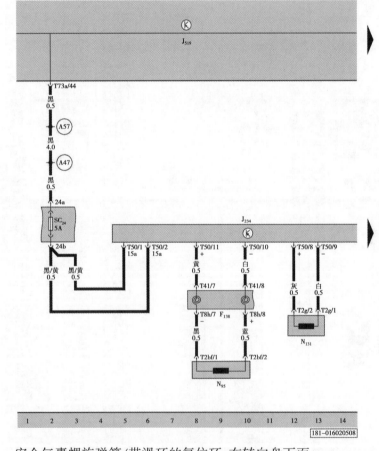

F138——安全气囊螺旋弹簧/带滑环的复位环,在转向盘下面。

J234——安全气囊控制单元,在换挡杆前方的中央通道上。

J519——BCM 车身控制器,在仪表板左侧下方。

N95——驾驶员侧安全气囊引爆装置,在转向盘内。

N131——副驾驶员侧安全气囊引爆装置,在副驾驶员侧杂物箱上方。

图 6.24　大众朗逸安全气囊电路图 1/4

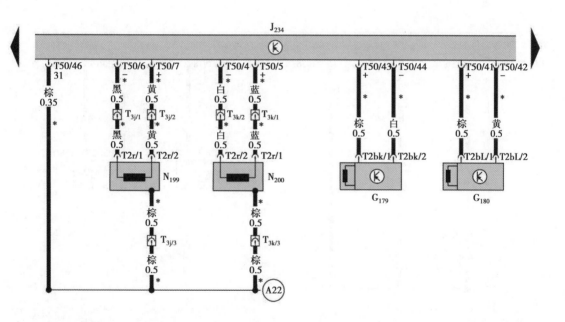

181–016030508

G179——驾驶员侧侧面安全气囊碰撞传感器,在左 B 柱下方。

G180——副驾驶员侧侧面安全气囊碰撞传感器,在右 B 柱下方。

J234——安全气囊控制单元,在换挡杆前方的中央通道上。

J519——BCM 车身控制器,在仪表板左侧下方。

N199——驾驶员侧侧面安全气囊引爆装置,在驾驶员座椅靠背左侧。

N200——副驾驶员侧侧面安全气囊引爆装置,在副驾驶员座椅靠背右侧。

图 6.25　大众朗逸安全气囊电路图 2/4

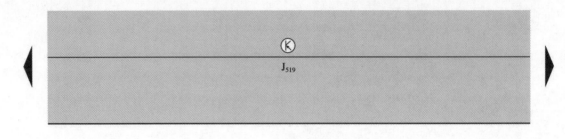

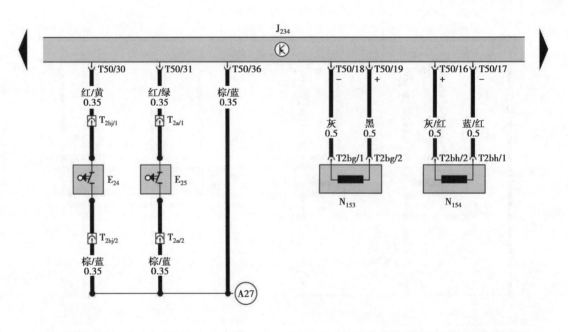

E24——驾驶员侧安全带开关,在驾驶员座椅右侧安全带锁扣内。

E25——副驾驶员侧安全带开关,在副驾驶员座椅左侧安全带锁扣内。

J234——安全气囊控制单元,在换挡杆前方的中央通道上。

J519——BCM 车身控制器,在仪表板左侧下方。

N153——驾驶员侧安全带拉紧器引爆装置,在左 B 柱下方安全带拉紧器内。

N154——副驾驶员侧安全带拉紧器引爆装置,在右 B 柱下方安全带拉紧器内。

图 6.26　大众朗逸安全气囊电路图 3/4

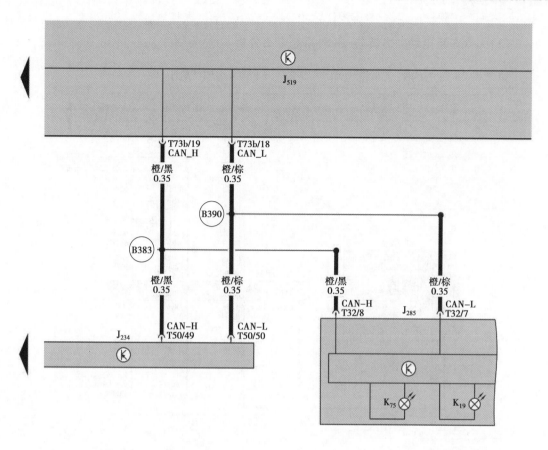

J234——安全气囊控制单元,在换挡杆前方的中央通道上。

J285——组合仪表中带显示单元的控制单元,在仪表板左侧。

J519——BCM 车身控制器,在仪表板左侧下方。

K19——安全带报警系统指示灯。

K75——安全气囊指示灯。

B383——连接线(动力传动系统 CANH 线),在仪表板线束内。

B390——连接线(动力传动系统 CANL 线),在仪表板线束内。

图 6.27　大众朗逸安全气囊电路图 4/4

（3）大众车系电动助力转向（EPS）系统电路分析

如图 6.28 所示为大众车系电动助力转向（EPS）系统电路图。

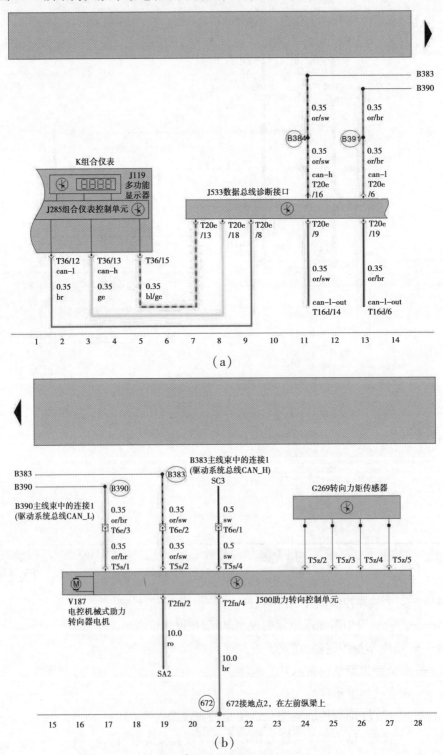

图 6.28　大众 EPS 电路图

从图中可知,EPS 系统主要由 G269 转向力矩传感器、J500 助力转向控制单元和 V187 助力转向电动机组成。J500 助力转向控制单元的供电有两路:一路通过 SC3 供电;另一路通过 SA2 供电。

如图 6.28(b)所示,G269 转向力矩传感器将驾驶员操纵的转向力矩信号传递给 J500 助力转向控制单元。J500 助力转向控制单元主要根据转向力矩传感器提供的信号控制 V187 电控机械式转向器电动机为系统提供助力。同时,J500 助力转向控制单元通过 T5s/2 驱动系统总线 CAN_H 和 T5s/1 驱动系统总线 CAN_L 与图 6.28(a)中的 J533 数据总线诊断接口的 T20e/16、T20e/6 端子相连,提供系统共享信息。J533 数据总线诊断接口端子 T20e/18 驱动系统总线 CAN_H、T20e/8 驱动系统总线 CAN_L 与 K 组合仪表分别通过其端子 T36/13、T36/12 进行通信,共享系统信息。

6.3　CAN 通信实训项目

(1)学习目标

①了解线控转向系统和制动系统的 CAN 通信的原理。
②了解线控转向系统和制动系统的 CAN 协议和数据说明。
③掌握线控转向系统通过 CAN 发送数据控制转向角度的方法以及制动系统中制动压力 CAN 数据的发送。

(2)实训任务

本章实训任务为线控转向系统 CAN 通信控制原理认知和线控制动系统 CAN 通信控制原理认知。详见《实训指导手册》。

本章小结

本章主要学习 CAN 总线原理。首先是 CAN 总线技术概述,介绍了 CAN 总线的基本概念和汽车总线的类型与应用,对 CAN 总线的发展历程以及汽车上应用的总线类型进行了基本介绍。其次重点介绍 CAN 通信的原理。从结构出发,即 CAN 总线由 MCU、CAN 控制器、CAN 收发器、屏蔽双绞线以及终端电阻组成,介绍了数据是怎样在 CAN 总线上传输的,主要讲述 CAN 通信的层结构和帧。通过对示波器波形的分析有助于对帧的理解。最后介绍了奥迪和大众车系的 CAN 总线结构。通过对安全气囊和 EPS 电路的分析能够更好地理解 CAN 通信在实际中的应用。

课后习题

一、单选题

1. 在(　　)总线上,信息通过通信周期(Communication Cycles)传输。

　　A. CAN　　　　　　　B. LIN　　　　　　　C. MOST　　　　　　D. FlexRay

2. (　　)总线的主要功能是为 CAN 总线网络提供辅助功能,应用场合有智能传感节点、自动车窗节点等。

    A. CAN   B. LIN   C. MOST   D. FlexRay

3. (　　　)可提供高达 50 Mb/s 的传输速率,远远超过传统车载网络。

    A. CAN   B. LIN   C. MOST   D. FlexRay

4. MOST 总线的特点是(　　　)。

    A. 传输速度快   B. 声音、图像的实时处理

    C. 可以与多种网络连接   D. 以上都是

5. CAN 的帧类型中,(　　　)用于传送数据。

    A. 数据帧   B. 远程帧   C. 错误帧   D. 超载帧

6. CAN 的帧类型中,(　　　)用于请求发送数据。

    A. 数据帧   B. 远程帧   C. 错误帧   D. 超载帧

7. CAN 的帧类型中,(　　　)用于标志探测到的错误。

    A. 数据帧   B. 远程帧   C. 错误帧   D. 超载帧

8. CAN 的帧类型中,(　　　)用于延迟下一个信息帧的发送。

    A. 数据帧   B. 远程帧   C. 错误帧   D. 超载帧

9. 数据帧由 7 个不同的位场组成,其中(　　　)长度可为 0。

    A. 仲裁场   B. 控制场   C. 数据场   D. CRC 场

10. CAN 总线的传输线为(　　　)传输数据的导线。

    A. 单向   B. 双向

    C. 多向   D. 以上选项均错误

二、多选题

1. MOST 总线的特点是(　　　)。

    A. 传输速度快   B. 声音、图像的实时处理

    C. 可以与多种网络连接   D. 成本高

2. CAN 的消息帧根据用途分为(　　　)不同类型。

    A. 数据帧   B. 远程帧   C. 错误帧   D. 超载帧

3. 高速 CAN 中,当表示逻辑 1 时(　　　),CAN_High 和 CAN_Low 线上的电压均为
(　　　)V,即它们的电压差为 0。

    A. 显性电平   B. 隐性电平   C. 2.5   D. 3.5

4. 高速 CAN 中,表示逻辑 0 时(　　　),CAN_High 的电平为(　　　)V,CAN_Low 的电平
为 1.5 V,即电压差为 2 V。

    A. 显性电平   B. 隐性电平   C. 2.5   D. 3.5

5. CAN 总线由(　　　)等部件组成。

    A. CAN 控制器   B. CAN 收发器   C. 数据传输终端   D. 数据传递线

三、判断题

1. 故障诊断系统是将车载诊断系统在通信网络上加以实现的。   (　　　)

2. 使用差分信号传输时,需要两根信号线,这两根信号线的振幅相等,相位相反,通过两

根信号线的电压差值来表示逻辑 0 和逻辑 1。　　　　　　　　　　　　（　　）

3. 数据帧由 7 个不同的位场组成,即帧起始、仲裁场、控制场、数据场、CRC 场、应答场和帧结束,其中 CRC 长度可为 0。　　　　　　　　　　　　　　　　（　　）

4. 网关是汽车内部通信的核心,通过它可以实现各条总线上信息的共享以及实现汽车内部的网络管理和故障诊断功能。　　　　　　　　　　　　　　　　（　　）

5. CAN 控制器和 CAN 收发器的功能是一样的。　　　　　　　　　　（　　）

6. LIN 的主要功能是为 CAN 总线网络提供辅助功能,应用场合有智能传感节点、自动车窗节点等。　　　　　　　　　　　　　　　　　　　　　　　（　　）

7. 帧起始主要用于同步,总线空闲期间的任何隐性到显性的跳变都将引起节点进行硬同步。　　　　　　　　　　　　　　　　　　　　　　　　（　　）

8. 在标准格式中,仲裁场由 11 位标志符和 RTR 位组成;在扩展格式中,仲裁场由 29 位标志符和 SRR 位、标志位以及 RTR 位组成。　　　　　　　　　　（　　）

9. MOST 可提供高达 50 Mb/s 的传输速率,远远超过传统车载网络。　　（　　）

10. 汽车车载网络 CAN 收发器可以分为独立型与组合型两大类。　　　（　　）

11. CAN 的消息帧中,错误帧用于请求发送数据。　　　　　　　　　（　　）

12. CAN 的消息帧中,远程帧用于延迟下一个信息帧的发送。　　　　　（　　）

四、填空题

1. LIN 的主要功能是为_____网络提供辅助功能。

2. 用以传输数据的双向数据线,分为 CAN 高位数据线_____和低位数据线_____。

3. _____可提供高达 50 Mb/s 的传输速率,远远超过传统车载网络。

4. 在 CAN 总线结构中,每个控制单元均可_____和_____信息。

5. 网关是_____的核心,通过它可以实现各条总线上信息的共享以及实现汽车内部的网络管理和故障诊断功能。

6. 汽车车载网络 CAN 收发器可以分为_____和_____两大类。

7. CAN 收发器是 CAN 控制器和传输线之间的接口,将 CAN 控制器的_____转换为 CAN 总线的_____。

8. CAN 协议只采用了 ISO/OSI 基本参照模型中的传输层、_____及_____,需要用户自定义应用层。

9. 在_____中,仲裁场由 11 位标志符和 RTR 位组成;在_____中,仲裁场由 29 位标志符和 SRR 位、标志位以及 RTR 位组成。

10. CAN 总线的传输线为_____传输数据的导线。

11. 使用差分信号传输时,需要两根信号线,这两根信号线的振幅相等,相位相反,通过两根信号线的电压差值来表示_____。

12. _____主要用于同步,总线空闲期间的任何隐性到显性的跳变都将引起节点进行硬同步。

五、简答题

1. CAN 总线的基本概念是什么？

2. 对 CAN 总线的传输线有什么技术要求？

3. CAN 总线节点有哪两种硬件构成方案？

4. CAN 的消息帧根据用途分为哪 4 种不同的类型？

5. 数据帧由哪 7 个不同的位场组成？

6. CAN 收发器的主要作用是什么？

7. MOST 总线有哪些应用？

8. CAN 收发器有哪些类型？

六、问答题

1. 叙述 CAN 总线的数据传输过程。

2. 叙述汽车上应用的总线的类型与应用。

3. 如图 6.29 所示为大众车系电动助力转向系统的部分电路图，试进行电路分析。

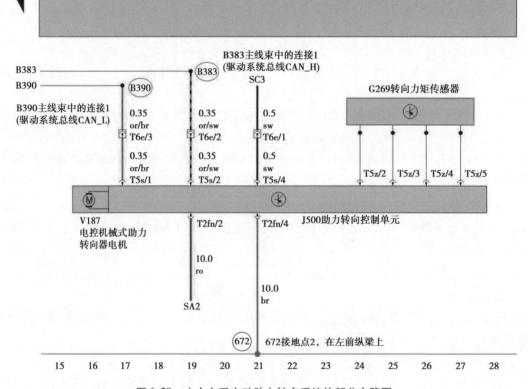

图 6.29　大众车系电动助力转向系统的部分电路图

第7章 智能汽车的路径跟踪与控制

随着汽车智能化的不断发展,路径跟踪技术也在不断地完善。跟踪精度和实时性的提高对汽车特别是自动驾驶汽车的可靠性具有重要意义。对该领域控制技术的研究,可以推动智能汽车的智能化水平,使无人驾驶汽车可以实际运用在日常生活中。路径跟踪控制既是自动驾驶技术中的重要环节,也是底盘执行控制的基础。它主要研究如何在保证行驶安全性以及乘坐舒适性的前提下,通过控制自动驾驶车辆转向系统的参数来减小无人驾驶车辆实际行驶路线与规划路径间的横向偏差与方位偏差。目前,路径跟踪技术主要解决的问题和难点是进一步缩小已规划路径与自动驾驶车辆实际行驶路径之间的偏差。本章对常用控制算法进行简单介绍与分析,并阐释自动驾驶车辆路径跟踪技术的未来研究方向。

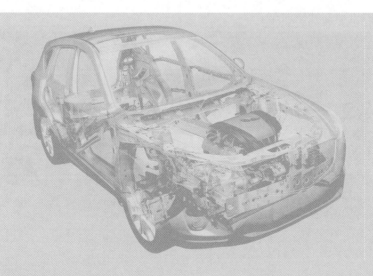

【教学目标】

通过本章的学习,学生能够了解智能汽车路径跟踪的基本概念以及与底盘线控的联系,了解智能汽车路径跟踪控制的算法以及智能汽车未来发展的方向和趋势。

【教学要求】

知识要点	能力要求
智能汽车路径跟踪认知	了解智能汽车路径跟踪的基本概念和智能汽车路径跟踪的实现与应用实例
智能汽车路径跟踪控制技术	了解路径跟踪控制技术的基本概念及路径跟踪控制算法
智能汽车路径跟踪与底盘线控	了解智能汽车与底盘线控的关系和智能汽车的发展方向与趋势

【案例导入】

2018 年 1 月,谷歌 Waymo 从美国亚利桑那州交通部门拿到了正式的无人驾驶商用许可,并于 2018 年年底正式推出其无人驾驶打车服务。这项服务的名称被命名为 Waymo One。Waymo 在美国亚利桑那州凤凰城正式向公众开放这项服务,并且向用户介绍了其使用方法。谷歌无人驾驶汽车的感知核心是位于车顶的旋转式激光雷达,该设备可以发出 64 道激光光束,能够计算出 200 m 以内物体的距离,得到精确的 3D 地图数据。自动驾驶汽车将激光雷达测得的数据和高精地图相结合,生成反映周边环境的数据模型。安装在前挡风玻璃的摄像头可以用于近景观察,帮助自动驾驶汽车识别前方的人和车等障碍物,记录行程中的道路情况和交通信号的标志,通过相应算法对信息进行综合分析。轮胎上的感应器可以保证汽车在确定轨道内行驶,倒车时能快速测算出后方障碍物的距离,实现安全停车。汽车前后保险杠内安装有 4 个雷达元件,可以保证汽车在道路上保持 2 ~4 s 的安全反应距离,并根据车速变化进行距离调整,以最大程度地保证乘客的安全。如图 7.1 所示为 Waymo 利用 MPV 改造的自动驾驶概念车。

图 7.1　利用 MPV 改造的自动驾驶概念车

7.1 智能汽车路径跟踪认知

7.1.1 智能汽车路径跟踪概述

(1)路径跟踪的概念

人的大脑具有极强的路径规划的能力。对从家到学校、从家到公司、从家到商场等熟悉的路线会在大脑中形成清晰的映像。什么时间走哪条路会通畅?采用步行还是公共交通还是自驾?甚至哪条路在维修,下雨会积水等问题大脑都有清晰的规划。即便是在陌生的环境下,借助现有的手机导航软件会对导航给出的路线作出一定的判断。同样,在规划好的去学校的路线的同时,大脑会保证人们准确无误地沿着既定的路线出发,什么时候该转弯?此刻是不是在既定的路线上?万一偏离了路线会主动地通过各种方法回到既定的路线上。图7.2 所示为路径跟踪示意。

图 7.2 路径跟踪示意

对于汽车而言,所谓的路径跟踪就是为了实现目标轨迹信息,根据车辆现在的位置,计算操作指令,控制车辆横向和纵向的运动。通过控制汽车的加减速以及转向,在保证车辆安全和稳定的前提下,使车辆位置精确到达参考轨迹。其本质是控制系统通过控制转向、驱动以及制动控制车辆到达规划的轨迹。

车辆对目标位置的跟踪可以分为轨迹跟踪和路径跟踪两个部分。轨迹跟踪的参考路径是时间与空间的函数,要求汽车在正确的时间出现在正确的位置,在轨迹跟踪过程中对纵向速度的控制非常有必要。对于路径跟踪,其参考路径只是空间的函数,其控制目标是车辆的位置与参考点的位置偏差达到最小,对纵向速度没有要求,为了简化问题,在路径跟踪控制过程中假设车辆保持匀速运动。

(2)路径跟踪的意义

路径跟踪控制是无人驾驶关键技术之一,其主要目的是跟踪期望路径,同时保证运行车辆的安全性、稳定性和舒适性。通过对智能汽车技术分析发现,路径跟踪算法对车辆的安全性和舒适性而言非常重要。在车辆行驶过程中,车辆横向速度以及加速度直接关系乘客的乘坐感受。同时控制算法直接决定了车辆在运行过程中的横向偏差,这直接关系所有交通参与者的安全,对道路交通安全具有非常重要的意义。尤其当车辆进行高速紧急避障时,由于轮胎到达附着力极限,若控制系统无法有效控制车辆,容易发生车道偏离或甩尾等危险情况。这时控制算法就直接决定了车辆能否稳定运行,有必要对其进行深入研究。

7.1.2　智能汽车路径跟踪的实现与应用

2021 年可以看作智能汽车发展的元年。目前在售的所有汽车几乎都搭载了各种智能驾驶辅助系统。以小鹏 P7 为例,在智能驾驶方面,其搭载的 XPILOT 3.0 除了现在市场上比较普遍的 ADAS 功能外,比较突出的是全自动高速导航领航、全自动代客泊车及城市拥堵路段自动驾驶辅助 3 个功能。全自动高速导航领航是指在高速路上遇到岔路时,P7 可以正确地选择路线,目前市场上 Tesla 在美国支持自动变道,在中国需要拨动转向杆才能变道,而且不能支持导航领航。如图 7.3 所示为小鹏 P7 的 NGP 智能导航辅助驾驶功能,在高级驾驶辅助地图所覆盖的多数高速公路和部分城市快速路上,小鹏 P7 可以基于用户设定的导航路线,实现从 A 点到 B 点的智能导航辅助驾驶。如图 7.4 所示为小鹏 P7 的外观。

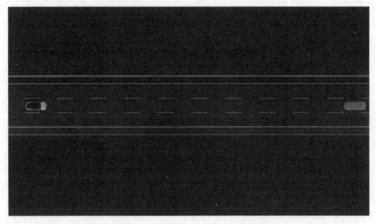

图 7.3　小鹏 P7 的 NGP 智能导航辅助驾驶功能

图 7.4　小鹏 P7 外观

依据《道路车辆 先进驾驶辅助系统(ADAS)术语及定义》(GB/T 39263—2020),先进驾驶辅助系统(Advanced Driver Assistance Systems,ADAS),是指利用安装在车辆上的传感、通信、决策及执行等装置,实时监测驾驶员、车辆及其行驶环境,并通过信息和/或运动控制等方式辅助驾驶员执行驾驶任务或主动避免/减轻碰撞危害的各类系统的总称。

传统的智能辅助驾驶系统大多只能被动地向车主提供警报信息,只有在事故发生之后才能够检测出车辆的异常情况和道路信息。但是随着新技术的更新,先进驾驶辅助系统的自动化和数字化特点开始凸显出来,具有强有力的预警效果。先进驾驶辅助系统(ADAS)是一套配置功能,在日常交通状况下提供高度协同、便利的智能辅助,旨在减轻认知负荷,让驾驶员专注于驾驶享受。现以 LDW 和 LKA 功能为例作简要说明。

(1)车道偏离预警功能

车道偏离预警(Lane Departure Warning,LDW)系统是一种通过报警的方式辅助驾驶员减少汽车因车道偏离而发生交通事故的先进驾驶辅助系统。当打开 LDW 车道偏移预警并且车速在 64 km/h(不同汽车厂家有不同的设定)以上时,一旦出现非故意的车道偏移情况,系统将通过预警显示以及转向盘振动来提示驾驶员注意路况。

1)车道偏离预警系统工作原理

车道偏离预警系统主要由摄像头、传感器、控制器及报警器等组成。其原理结构框图如图 7.5 所示。当车辆正常行驶在既定的车道上时,通过前风挡玻璃上安装的摄像头采集车辆正前方的路况图像信息,对采集到的图像进行滤波预处理、灰度处理和感兴趣区域识别后进行车道线的检测。最终根据车辆在当前车道的位置参数和驾驶员的驾驶状态(主要是转向开关是否开启)进行监测,判断车辆是否偏离车道。若车辆未偏离车道,则整个系统继续进行循环处理采集到的图像流;若车辆偏离了既定的车道,仪表上会亮起指示灯,同时报警器发出报警提示,直至驾驶员纠正车辆行驶方向。车道偏离预警系统只起到安全警示的作用,不会采取自动操作干预驾驶员,车辆安全行驶的责任仍由驾驶员承担。

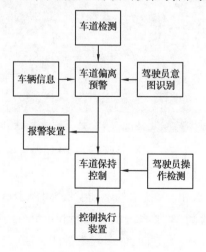

图 7.5 车道偏离预警系统结构框图

如图 7.6 所示为驾驶员根据车道偏离预警系统看到的道路预警情况。车载摄像头采集车辆前方的道路画面,该画面经图像处理芯片进行处理,并将结果传输给控制器,控制器通过车道检测结果和车辆当前状态进行判断,当车辆偏离两侧车道线约5%的距离时,车道偏离预警系统会自动启动报警机制。

图7.6 车道偏离预警系统警示图

如图7.7所示为卡车的车道偏离预警系统,它分为"纵向"和"横向"车道偏离警告两个主要功能。在车辆的前置摄像头结合处,拥有横向和纵向车道偏离判断的传感器,该传感器是一种视觉传感器,它非常灵敏。横向的视觉传感器主要用于车道的横向偏离判断,纵向的视觉传感器主要用于判断车速太快可能导致的车道偏离碰撞。

图7.7 卡车车道偏离预警系统的雷达及偏离警示图

2)车道偏离预警系统发展预测

①随着近年来车联网技术和5G技术的不断发展,可结合 V2X(Vehicle-to-Everything)通信技术进行车道检测、环境检测,增加系统的有效性和可靠性。

②人工智能是汽车发展的一大方向,许多人工智能算法被应用于车道偏离预警系统中,且展现出其独特的优势。对人工智能算法的广泛应用和不断深化是车道偏离预警系统发展的大趋势。

③国内道路状况多样,对无车道线的路况、特殊路况等条件下的车道偏离预警系统的车道识别情况和预警性能还需要进一步的研究。

④根据汽标委智能网联汽车分标委 ADAS 工作组第九次会议内容,我国 ADAS 的重点研究方向正由预警提示功能以及单方向控制等简单功能逐渐向横、纵向组合控制等复杂功能转变。车道偏离预警系统可结合纵向防撞系统进行综合预警控制,使汽车的安全预警系统更完善。

(2)车道保持辅助功能

车道保持辅助(Lane Keeping Assist,LKA)系统是一种高级驾驶辅助系统,主要用于防止驾驶员分心、疲劳驾驶等导致车辆偏离出车道线。车道保持控制常采用的方法是通过控制前轮转角的大小和方向来对车辆的运动轨迹和行驶稳定性进行控制,从而使车辆沿着期望的车道中心线行驶,避免车辆偏离车道行驶,减少事故发生。近年来,随着车道偏离预警技术的逐渐成熟,国内外越来越多的研究者聚焦于车道保持辅助系统研究,且取得了丰富的成果。

1)车道保持辅助系统概述和构成

车道保持辅助系统实时监测车辆与车道线的相对位置,持续或在必要情况下介入车辆横向运动控制,使车辆保持在原车道内行驶。LKA 系统架构大致可以分为感知层、控制层和执行层,如图 7.8 所示。

图 7.8 LKA 系统架构

LKA 系统的感知层通常为摄像头传感器,能够识别多种车道线,并判断车辆外缘到车道边线的距离,一般摄像头传感器放置在前挡风玻璃上方。打开 LKA 系统后,当车辆识别到车道线时,系统处于激活状态,在摄像头反馈信息判断车辆发生偏离车道线时,控制层根据内部系统算法综合处理道路的物理参数和车辆本身动态信息,发送指令到执行机构 EPS 来主动矫正车辆的行驶方向,使车辆返回到原车道内,如图 7.9 所示。

2)车道保持辅助系统工作原理

配备车道保持辅助系统的同时一般都带有车道偏离预警系统,即系统检测到车辆快要偏离车道时,通过图标显示、声音或振动等方式给予驾驶员警告,也可认为 LDW 是 LKA 的人机交互部分。当车辆的偏离距离超出系统阈值或已经有车轮偏离出车道线时,EPS 系统会施加转向力进行干预,对车辆的位置和行驶方向起到控制修正作用,如图 7.10 所示。通常情况下,LKA 系统提供的是较小的转向控制输入,在保证驾驶感受的同时保证安全的行驶路径及行车稳定性。当驾驶员提前打开转向灯并进行变道时,系统会判定此时为驾驶员有意识地进行变道,LKA 功能不会被触发。

图 7.9 摄像头读取公路/车道的边线

图 7.10 车道保持辅助系统操控车辆回到车道

3)车道保持辅助系统技术现状

目前 LKA 系统已经在大多数车辆上都有配置,属于相对成熟的 ADAS 功能系统,车速在 60 km/h(不同的汽车厂家有不同的车速设定)以上时才能开启此功能,在低速情况下不适用。LKA 系统在直道和弯道下均可以工作,但是当转弯太急或转弯半径太小时,系统的功能将会失效。另外,天气状况恶劣、能见度或光照强度过低、道路车道标志线不清晰时会对LKA 系统功能造成影响。很多车道保持辅助系统基础上搭载了车道居中控制功能 LCC,该功能可以检测车辆相对于车道中间的相对位置,辅助驾驶员使车辆始终保持在车道中间行驶,从而减少驾驶员操控转向盘的负担,增加驾驶舒适性。

（3）无人自动驾驶车辆的研究现状

无人驾驶技术在 20 世纪 80 年代就受到众多高校和科研机构的广泛关注,大多数学者都致力于解决车辆运动规划和跟踪控制问题。无人驾驶是一门跨学科的应用科学和技术,包含智慧交通、人工智能、环境感知、行为决策、运动规划和控制等多个新兴科技领域,经过多年的技术发展,学者已在相关关键技术及产业化方向取得了突破性进展。

1986 年,卡耐基梅隆大学学者 Sebastian Thrun 打造了第一辆由计算机控制行驶的自动驾驶货车 NavLab 1,开启了车辆无人驾驶技术的先河,如图 7.11 所示。

图 7.11　自动驾驶货车 NavLab 1

1995 年,戴姆勒集团启动了尤里卡普罗米修斯项目,利用旗下公司的 S600 车型共同开发无人驾驶技术。

2004 年,美国国防部高级研究计划局(DARPA)举办的第三届 DARPA 无人驾驶挑战赛是现代无人驾驶发展的重要里程碑事件,许多无人驾驶横向控制算法在 DARPA 系列挑战赛中发挥重要作用,如图 7.12 所示。互联网科技公司也纷纷踏足无人驾驶技术的研究领域。

2005 年,DARPA 挑战赛是移动机器人发展史上的临界点,史上第一次,5 辆无人驾驶汽车使用人工识别系统,成功通过了路况恶劣的沙漠赛道。斯坦福团队的 Stanley 以不到 7 h 的成绩获得冠军,获得了 200 万美元大奖。

如图 7.13 所示,Stanley 是基于一辆大众途锐越野车改造而成的参赛车。配置的传感器有 5 个 Sick 单线激光雷达,负责车辆前方 25 m 范围内近距离路面探测;一个彩色摄像头,用于 35 m 范围中远程道路感知;两个 Smart Microwave Sensors 公司的 24GHZ 毫米波雷达,覆盖车辆前方 200 m 区域。激光雷达、彩色摄像头和毫米波雷达系统构成了 Stanely 的环境感知传感器组合。GPS 信号接收器和一个惯性测量单元(IMU),一起构成 Stanley 的定位传感器组,用来估计车辆相对于外部坐标系的位置和速度。Stanley 的计算和网络系统位于汽车的后备厢中,由 6 台奔腾 M 电脑组成计算阵列,一个千兆位以太网交换机以及各种与物理传感器和 Touareg 执行器接口的设备构成。Stanley 还配备了带备用电池的定制电源系统和冷却系统。Stnaley 现收藏于美国国家博物馆。

图 7.12　2004 年 DARPA 大挑战赛

图 7.13　Stanley 参赛车

　　虽然 2005 年 DARPA 大挑战赛是自动驾驶汽车探索的一个里程碑,但它留下了一些重要的问题。其中,比赛环境是静态的,Stanley 无法在交通环境中导航。自动驾驶要想成功,像 Stanley 这样的机器人必须能够感知移动的交通,并与之互动。后续开始了一系列研究。

　　1)谷歌 Google 无人驾驶

　　2009 年,Google 凭借其人工智能和地图等技术进军无人驾驶行业,并成为领头羊。2014 年 4 月,谷歌官方微博对无人驾驶汽车项目的信息进行更新,宣布谷歌无人车可以应对数千座城市的道路交通,这是自 2012 年以来第一次正式的更新。同年 5 月,谷歌发布了第三代无人驾驶汽车(图 7.14),这款车是谷歌自主研发的纯电动自动驾驶汽车。谷歌借鉴 PodCar 原型,推出了自主设计和研发的无人驾驶汽车原型。这款车整合谷歌地图和云服务等优势资源,增强人机交互体验,更加关注行人安全。这款车没有传统意义上的制动器、转向盘和油门,最高速度设置为 40 km/h,计划生产 100 ~ 200 辆。

图 7.14　第三代谷歌无人驾驶汽车

2)百度无人驾驶

从 2015 年开始,百度大规模投入无人车技术研发。同年 12 月即在北京进行了高速公路和城市道路的全自动驾驶测试。2016 年 9 月,获得美国加州自动驾驶路测牌照。同年 11 月在浙江乌镇开展普通开放道路的无人车试运营。

2017 年 4 月 19 日,百度发布"Apollo(阿波罗)"平台,计划向汽车行业及自动驾驶领域的合作伙伴提供一个开源的自动驾驶方案,帮助他们结合车辆和硬件系统,快速搭建一套完整的自动驾驶系统。将这个计划命名为"Apollo"计划,就是借用了阿波罗登月计划的含义。

百度开放的阿波罗平台是一套完整的软硬件和服务系统,包括车辆平台、硬件平台、软件平台和云端数据服务 4 个部分。同期开放的还有环境感知、路径规划、车辆控制、车载操作系统等功能的代码或能力,并且提供完整的开发测试工具。并在车辆和传感器等领域选择协同度和兼容性最好的合作伙伴,推荐给接入阿波罗平台的第三方合作伙伴使用,进一步降低无人车的研发门槛。如图 7.15 所示为 Apollo 试验车。

图 7.15　百度自动驾驶汽车

2021 年 4 月,重庆市永川区举办了自动驾驶公交车运营启动暨智慧交通项目战略合作签约仪式。重庆永川与百度 Apollo 的合作重磅升级,双方就永川区智慧交通试点项目达成战略合作,助力永川建设全国智慧交通标杆城市。一辆红色的百度公交巴士缓缓驶入永川无人驾驶公交车站台,等候在站台的市民开始有序上车,这是全国首个自动驾驶公交车投入运营,标志着中国自动驾驶商业化落地迎来重大突破。2021 年 11 月 28 日,百度自动驾驶巴士 Robobus 公交线首批正式投入运营,标志着百度自动驾驶巴士 Robobus 在永川区完成了商业化模式探索,全面开启了商业化运营,如图 7.16 所示。

图 7.16　重庆市永川区百度自动驾驶巴士

该车拥有 4 个激光雷达、两个毫米波雷达、7 个单目相机,帮助车辆探测在行驶过程中的各类信息,360°无死角的设计,感应更周全。结合 V2X 车路协同,可实现车载 OBU 与智能网联路侧设备进行 L4 级车路协同感知驾驶,可实时接收来自路侧智能感知系统所收集到的路面全量交通参与者高精度感知数据,将当前路面上的行人、汽车等信息,包括车内司机视角所看不到的盲区等反映到车内屏幕上,甚至提前预告红绿灯变化及等待时间,让车辆提前决策规划,提升通行效率,实现聪明的车与智能的路紧密结合。

7.2　智能汽车路径跟踪控制技术

7.2.1　路径跟踪控制技术概述

(1)汽车运动控制

运动控制是自动驾驶汽车研究领域中的核心问题之一,是指根据当前周围环境和车体位置、姿态、车速等信息按照一定的逻辑作出决策,并分别向油门、制动及转向等执行系统发出控制指令。运动控制作为自动驾驶汽车实现自主行驶的关键环节,其研究内容主要包括横向控制、纵向控制以及横纵向协同控制。

横向控制主要研究自动驾驶汽车的路径跟踪能力,即如何控制汽车沿规划的路径行驶,并保证汽车的行驶安全性、平稳性与乘坐舒适性;纵向控制主要研究自动驾驶汽车的速度跟踪能力,控制汽车按照预定的速度巡航或与前方动态目标保持一定的距离。独立的横向或纵向控制不能满足自动驾驶汽车的实际需求,复杂场景下的横纵向协同控制研究对于自动驾驶汽车来说显得至关重要。

1)横向控制

自动驾驶汽车作为一个高度非线性的非完整运动约束系统,其模型和所处外界环境存在不确定性及测量不精确性,导致对汽车进行运动控制具有一定的难度。横向控制主要控制航向,通过改变转向盘扭矩或角度的大小等使汽车按照想要的航向行驶。

依据人类驾驶的经验,驾驶员在驾驶途中会习惯性地提前观察前方道路,并预估前方道路情况,提前获得预瞄点与汽车所处位置的距离。如果汽车前方道路右转弯,驾驶员会依据道路曲率和行驶车速将转向盘向右转一定角度。为使汽车平顺转弯,驾驶员需要不断地观察汽车实际运行位置与道路中心线间的横向位移偏差和航向角偏差,并调整转向盘转角来减小这些偏差,便于准确、快速地跟踪期望路径。但该过程容易受到周围环境的影响,且随车速的变化而变得更加复杂。郭孔辉院士提出的预瞄跟随原理形象地描述了上述驾驶员操纵行为。在此基础上产生了驾驶员“稳态预测动态校正假说”“预瞄最优曲率模型”“最优预瞄加速度模型”。而在自动驾驶汽车的研究中,预瞄跟随理论同样适用。

建立自动驾驶汽车横向控制系统,首先需要搭建道路汽车动力学控制模型,根据最优预瞄驾驶员原理与模型设计侧向加速度最优跟踪 PD 控制器,从而得到汽车横向控制系统;其次以汽车纵向速度及道路曲率为控制器输入,预瞄距离为控制器输出,构建预瞄距离自动选择的最优控制器,从而实现汽车横向运动的自适应预瞄最优控制。

2)纵向控制

纵向控制主要为速度控制,通过控制刹车、油门等实现对车速的控制。对于自动挡汽车来说,控制对象其实就是刹车和油门。纵向控制作为智能驾驶汽车运动控制的重要组成部分,是智能驾驶研究领域的核心难题之一。自动驾驶汽车纵向控制的控制原理是基于油门踏板与制动踏板的控制与协调切换,从而控制汽车加速、减速,实现对自动驾驶汽车纵向期望速度跟踪与控制。

自动驾驶汽车纵向控制系统分为直接式和分层式两种模式。直接设计控制器对控制参数进行调控的称为直接控制法;分成两个或多个控制器的称为分层结构控制法。直接式针对单个控制对象,不考虑控制对象与其他汽车的相对位置;分层式考虑汽车在行驶队列的转向、加速与制动等行为,以其他汽车作为参考进行控制。

(2)跟踪控制算法的研究

为了简化车辆的运动控制问题,将汽车两个方向的运动进行解耦,分解为车辆的横向控制与纵向控制两个方向进行单独研究。路径跟踪控制是智能化车辆的最终执行机构,会涉及许多控制算法,在控制过程中保证车辆行驶的稳定性、平顺性以及跟踪精度尤为重要。作为智能驾驶系统三大技术的最后一环,路径跟踪控制处于极其重要的位置,是实现智能驾驶的核心价值。智能驾驶系统对路径跟踪算法提出了以下要求:

①准确性。在各工况下不能偏离目标路径,即使路面条件潮湿或道路比较曲折,控制器也要具有准确跟踪目标路径的能力。

②可行性。控制器得到的控制输入在执行器实际范围内,并且不是跳跃变化的。

③平稳性。舒适的驾乘体验是非常重要的,应避免车辆突然的转向动作。

车辆是一个高自由度的系统,其本身含有轮胎、悬架、转向等动态非线性的部分,不同部分之间具有高度的参数耦合性。在行驶过程中车辆还面临着诸多复杂多变的工况等,且只能按照期望的车身方向行进不能发生侧滑,这些都使得路径跟踪控制充满了挑战,诸多控制算法在竭力地解决这些问题。国外对路径跟踪控制的研究较早,我国虽然起步较晚但取得了很多研究成果。根据控制算法的不同选择,现有的路径跟踪控制方法包括基于道路几何原理的路径跟踪控制,如纯跟踪控制、预测控制等;基于经典控制理论的路径跟踪控制,如PID控制、线性二次型LQR控制等;基于现代/智能控制理论的路径跟踪控制,如模型预测控制、最优控制等。

7.2.2 路径跟踪控制算法

根据横向控制使用车辆模型的不同,可以将其分为两种类型,包括无模型的横向控制方法和基于模型的横向控制方法。其中,基于模型的横向控制方法可分为基于车辆运动学模型的横向控制方法和基于车辆动力学模型的横向控制方法。

无模型的横向控制即传统的PID控制算法,将车辆当前的路径跟踪偏差作为输入量,对跟踪偏差进行比例(Proportion)、积分(Integration)和微分(Differentiation)控制得到转向控制量。但该算法没有考虑车辆本身的特性,算法对外界干扰的鲁棒性较差,无法满足车辆在高速行驶过程中的有效控制。

如图7.17所示,基于模型的横向控制方法,包括基于车辆运动学模型的纯跟踪控制(Pure Pursuit)算法、后轮反馈控制(Rear wheel feedback)及前轮反馈控制(Front wheel feedback)算法,以及基于车辆动力学模型的线性二次型调节器(Linear Quadratic Regulator,LQR)控制算法和模型预测控制(Model Predictive Control,MPC)。

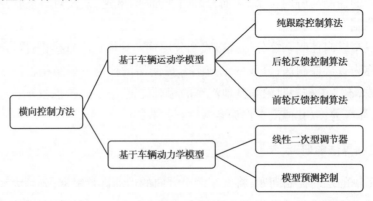

图7.17 路径跟踪横向控制方法分类

(1)纯跟踪控制算法

纯跟踪(Pure Pursuit)控制算法是一种典型的横向控制方法,最早由R. Wallace在1985年提出,该方法对外界的鲁棒性较好。

　　该算法的思想是基于当前车辆后轮中心位置,在参考路径上向自定义的距离匹配一个预瞄点,假设车辆后轮中心点可以按照一定的转弯半径 R 行驶抵达该预瞄点,然后根据预瞄距离、转弯半径、车辆坐标系下预瞄点的朝向角之间的几何关系来确定前轮转角。如图 7.18 所示为简化的车辆运动学"自行车"模型,其后轮中心在虚线表示的目标轨迹上。

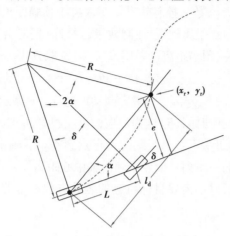

图 7.18　简化的车辆运动学"自行车"模型

图中涉及的物理量见表 7.1。

表 7.1　物理量释义

符　号	物理量
R/m	转弯半径
L/m	轴距
δ/rad	前轮转角
α/rad	车身与预瞄点夹角
l_d/m	预瞄距离
e/m	与预瞄点的横向偏差
x_r/m	预瞄点横坐标
y_r/m	预瞄点纵坐标

　　在由 R、R 和 l_d 构成的三角形中,根据正弦定理可以推出

$$\frac{l_d}{\sin(2\alpha)} = \frac{R}{\sin(\pi/2 - \alpha)} \tag{7.1}$$

$$R = \frac{l_d}{2\sin\alpha} \tag{7.2}$$

由图 7.18 还可推出

$$\sin\alpha = \frac{e}{l_d} \tag{7.3}$$

$$\tan\delta = \frac{L}{R} \tag{7.4}$$

将式(7.2)、式(7.3)代入式(7.4)可得

$$\delta = \arctan\left(\frac{L}{R}\right) = \arctan\frac{2L\sin\alpha}{l_d} = \arctan\frac{2Le}{l_d^2} \tag{7.5}$$

由式(7.5)可知,纯跟踪控制的本质是对转角进行控制,以减少横向误差为目标。其中 $2L/(l_d^2)$ 可视为控制器的 P 参数。控制效果主要取决于预瞄距离的选取,一般来说预瞄距离越长,控制效果越平滑;预瞄距离越短,控制效果越精确(同时会带来一定的震荡)。预瞄距离的选取与当前车速有关,预瞄距离可采用式(7.6)选取方式。

$$l_d = Av^2 + Bv + C \tag{7.6}$$

式(7.6)中常数 $A = 1/(2a_{max})$,a_{max} 为最大制动加速度,Av^2 表示最短车辆制动距离,B 表示车辆遇到异常时需要的反应时间,Bv 则为对应的反应距离,C 表示车辆的最小转弯半径。

本算法在实际应用中,通常不要求跟踪的目标点到本车后轴中心的距离切实等于预瞄距离。而是会选择采样好的一系列目标点中到后轴中心距离最接近预瞄距离的那个点来近似跟踪。这样做的好处是可以不需要目标轨迹的函数方程来求解真实预瞄距离坐标,极大地提高了算法的效率。

(2)后轮反馈控制算法和前轮反馈控制算法

①后轮反馈控制(Rear wheel feedback)算法是利用后轮中心的路径跟踪偏差量来进行转向控制量计算的方法。参照纯跟踪控制算法的推导过程,基于车辆运动学模型,可以得到前轮转角为

$$\delta = \arctan\left(\frac{\omega L}{v_r}\right) \tag{7.7}$$

式中　ω——车辆横向角速度;

　　　L——轴距;

　　　v_r——车辆后轮线速度。

②前轮反馈控制(Front wheel feedback)算法又称 Stanley 控制。其核心思想是利用前轮中心的路径跟踪偏差量对转向盘转向控制量进行计算。如图7.19所示为前轮反馈控制分析模型。

同理,可得到前轮转角为

$$\delta = \theta + \arctan\left(\frac{ke}{v}\right) \tag{7.8}$$

式中　v——车速;

　　　θ——最近的目标轨迹点的切线与速度方向的夹角;

　　　e——横向误差;

　　　k——可调节的控制增益量。

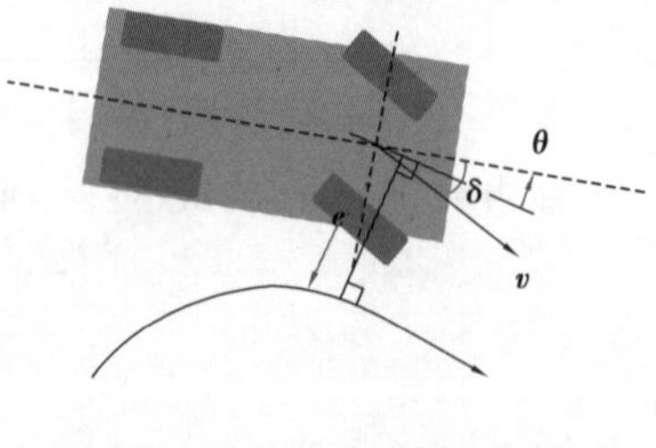

图7.19　前轮反馈控制分析模型

从式(7.8)可知,当航向偏差量 θ 及横向偏差量 e 增加时,控制算法会相应增大对前轮转角的调节,从而更快地消除较大的误差。

（3）线性二次型调节器

线性二次型最优控制也称线性二次型调节器（Linear Quadratic Regulator，LQR），是应用线性二次型最优控制原理设计的控制器。它的作用是当系统状态因某种原因导致偏离了平衡点时，在不消耗多余能量的情况下，使系统状态仍然保持在平衡点附近。线性二次型最优控制的控制对象是具有线性或可线性化特点的，并且性能指标是状态变量和控制变量的二次型函数的积分。LQR 是一种基于模型的控制器，在线性系统控制理论中解决优化控制问题方面应用广泛，具有良好的鲁棒性和稳定性。LQR 研究对象为以状态方程形式给出的线性系统，通过对指定的性能指标函数取极小值，对系统进行优化调节。在使用 LQR 进行轨迹跟踪控制时包含 4 个状态变量：横向误差、横向误差变化率、航向角误差、航向角误差变化率。车辆控制输入为转向盘转角。

LQR 可得到状态线性反馈的最优控制规律，并易于构成闭环最优控制。但其研究对象仅为线性系统，需要以车辆模型为基础，并且 LQR 在求解过程中假设控制量不受约束，但在实际应用中，控制量是有约束的。图 7.20 所示为 LQR 控制原理图。

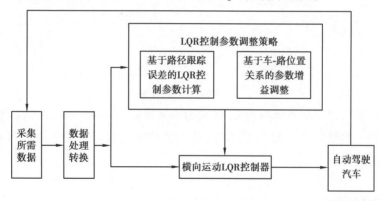

图 7.20 LQR 控制原理图

（4）模型预测控制

模型预测控制（Model Predictive Control，MPC）是一种特殊的控制方法。在每一个采样周期，通过求解一个有限时域开环最优控制问题来获得其当前的控制序列。系统的当前状态视为最优控制问题的初始状态，求得的最优控制序列中，只执行第一个控制动作。这是其与使用优先求解控制律的控制方法的最大区别。

MPC 的基本原理如图 7.21 所示，图中 1 为参考轨迹，2 为预测输出，3 为测量输出，4 为预测控制量，5 为已执行的控制量，时刻 k 为当前时刻状态，左侧为过去状态，右侧为将来状态。当算法执行时，系统根据当前时刻 k 之前的输出信息以及 k 时刻之后的输入，预测未来有限时域 $[k,k+N]$ 的输出，即图中的曲线 2。然后通过优化求解含有约束条件的目标函数问题，得出未来有限控制时域 $[k,k+N_p]$ 内的控制作用，即图中的线条 4。控制作用的首个元素将作为系统实际的控制量，同时通过在线辨识的方式及时修正在该控制作用下产生的实际输出偏差。在下一时刻 $k+1$ 来临时，开始重复以上过程，通过反复在线的求解含约束的目标函数问题,最终得到全局的最优解或次优解,实现对系统的最终控制。

模型预测控制实际上是一种与时间相关的、利用系统当前状态和当前的控制量,来实现对系统未来状态的控制。而系统未来的状态是不定的,在控制过程中要不断地根据系统状态对未来的控制量作出调整。而且相较于经典的 PID 控制,它具有优化和预测的能力。也就是说,模型预测控制是一种致力于将更长时间跨度甚至于无穷时间的最优化控制问题,分解为若干更短时间跨度或者有限时间跨度的最优化控制问题,并且在一定程度上仍然追求最优解。本质上模型预测控制是要求解一个开环最优控制问题,它的思想与具体的模型无关,但是实现的过程则与模型有关。

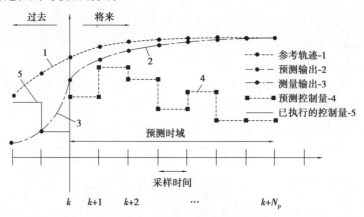

图 7.21　模型预测控制原理

模型预测控制包含 3 个方面的内容,分别为预测模型、反馈校正和滚动优化。

①预测模型。预测模型是 MPC 的基础,其主要功能是根据对象历史信息和未来输入,预测系统未来的输出。

②反馈校正。为了防止模型失配或者环境干扰引起控制对理想状态的偏离,在新的采样时刻,先检测对象的实际输出,并利用这一实时信息对给予模型的预测结果进行修正,再进行新的优化。

③滚动优化。MPC 通过某一性能指标的最优来确定控制作用,但优化不是一次离线进行,而是反复在线进行的。如图 7.22 所示为模型预测控制结构。

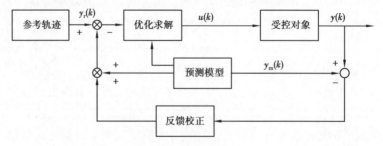

图 7.22　模型预测控制结构

MPC 控制器的原理框图如图 7.23 所示,具体由 3 个部分组成,分别是系统、模型预测控制器以及状态估计器。模型预测控制器中包含了 3 个模块,由建立在模型基础上的优化目标函数与约束条件的求解过程构成。模型预测控制器结合 3 个模块得出当前时刻的控制作用,然后输入给被控对象,被控对象在最优控制序列的作用下得到此刻的输出与状态变量,状态变量将输入给状态估计器得到此刻的状态估计量,这里通常是对无法通过量测得到的变量进行估计。状态估计量将输入模型预测控制器中,模型预测控制器开始下一时刻的预测模型、滚动优化、反馈校正,同时再次将下一时刻的最优控制作用输入给被控对象。如此反复进行便构成了整个 MPC 控制原理的基本过程。

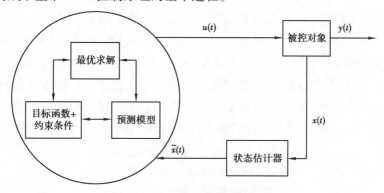

图 7.23　MPC 控制器的原理框图

7.3　智能汽车路径跟踪与底盘线控

7.3.1　智能汽车与底盘线控

自动驾驶的实现,首先,依赖感知传感器对道路周边环境信息进行采集,包括摄像头、激光雷达、毫米波雷达和超声波等;其次,采集的数据传输到中央计算单元进行计算,用来识别车辆周边障碍物和可行驶区域,进行路线规划和控制;最后,制订转向盘转角和速度等信息,传输到底盘执行机构,按照指令进行精确执行。

在整个控制过程中,底盘是执行机构,其功能要完善,系统响应和精度要高。如果把自动驾驶车辆比作人,那么底盘执行机构就是人的手和脚,用来执行控制。底盘是自动驾驶控制技术的核心部件,这对整个底盘系统的要求非常高。

最直观的体现便是用于控制车辆方向的线控转向系统。自动变道在避险回退过程中,常常出现回退过度甚至偏出本车道导致不安全,继而系统又通过较大的回调力矩将车辆拉回车道中央。在自动驾驶中或驾驶员控制变道过程中,驾驶员缓慢施加力矩进行转向盘控制时,容易出现系统抢夺转向盘的情况。

这些切实存在的问题,严重影响自动驾驶控制精度,延长自动驾驶技术落地的时间。对于自动驾驶而言,需要结合实际存在的问题给出相应的解决方案,不断协调底盘线控技术和控制器之间的交互问题,改进底盘线控技术,切实促进智能汽车的快速发展。

7.3.2　智能汽车发展方向与趋势

智能汽车是指利用传感识别技术、自动驾驶技术、人工智能技术和 ADAS 等技术,通过车载传感系统和信息终端实现与人、车、路等的智能信息交换,使车辆具备智能的环境感知能力,能够自动分析车辆行驶的安全及危险状态,并使车辆按照人的意愿到达目的地的自动行驶汽车。智能汽车作为信息化与工业化深度融合的重要领域,是 5G 垂直应用落地的重点方向,未来具有巨大的产业发展潜力和应用市场空间,对带动传统汽车行业、交通行业和电子信息行业的产业转型升级、系统创新和融合发展具有深远的意义。

(1)市场规模方面

从全球来看,目前已经开始布局智能汽车行业的企业主要包括两类:一类是科技公司,如谷歌、苹果、微软等科技巨头;另一类是汽车制造商,如沃尔沃、奔驰、奥迪、福特、宝马等。目前整个行业尚处于研究开发阶段,还没有形成稳定的竞争格局。

根据中国汽车技术中心推出的"2019 汽车专利创新指数"中的智能网联领域综合专利创新指数显示,全球主要企业智能汽车研发实力较为强劲的是丰田,其次是博世和通用,其余排在前十的是大众、电装、日产、博泰、现代、福特和大陆,如图 7.24 所示。

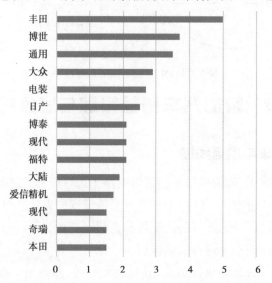

图 7.24　全球主要企业智能汽车领域综合创新专利指数排名情况(截至 2019 年 6 月底)

国内层面,中国智能汽车行业发展前景广阔,国内汽车需求旺盛,人均保有量持续上升。我国目前的人均汽车保有量处于较低水平,虽然人均保有量逐年上升,但 2019 年人均民用汽车保有量仅为 0.19 辆,远低于美国、日本等发达国家超过半数的水平,我国在汽车市场还有巨大的发展空间。尤其现在我国在智能、5G 等领域处于世界领先水平,未来在智能汽车领域发展空间广阔。如图 7.25 所示为 2010—2019 年国内人均民用汽车保有量。

中国未来很可能成为全球最大的自动驾驶市场。分析数据显示,至 2030 年无人驾驶相关的新车销售及出行服务创收将超过 5 000 亿美元。据中国汽车工业协会预测,中国在 2020—2025 年实现低速驾驶和停车场景下的自动驾驶,在 2025—2030 年实现更多复杂场景下的自动驾驶。到 2040 年,智能汽车可能颠覆当前的交通运输模式,智能驾驶将占据道路上行驶车辆数量的 3/4。

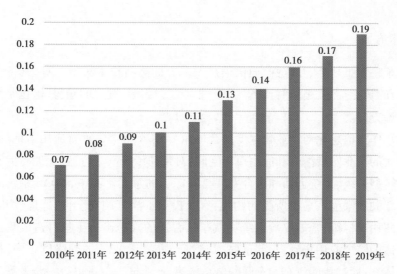

图 7.25　2010—2019 年国内人均民用汽车保有量

2021 年国内新能源汽车市场发展迅猛,销量同比大幅攀升。据乘联会公布的数据显示,2021 年 1—10 月国内新能源乘用车市场累计零售销量达到 213.5 万辆,市场份额提升至 13.2%。与 2020 年同期的 73.3 万辆相比,大幅增长 191.3%,销量增加了 140 万辆,成为 2021 年乘用车市场保持增长的主要推动力,见表 7.2。

表 7.2　国内 2021 年 1—10 月新能源汽车销量排行榜

序　号	品牌型号	销量/辆
1	宏光 MINI	304 495
2	特斯拉(Model 3)	112 173
3	特斯拉(Model Y)	106 236
4	比亚迪秦 PLUS DM-i	75 634
5	比亚迪汉 EV	66 763
6	理想 ONE	62 919
7	奔奔 EV	59 537
8	埃安(Aion S)	58 162
9	奇瑞 Eq	57 555
10	欧拉黑熊	51 166
11	比亚迪宋 DM	46 181
12	小鹏 P7	45 271
13	科莱威 CLEVER	38 388
14	比亚迪秦 PLUS EV	38 148
15	哪吒 V	37 339

（2）技术方面

智能汽车将人工智能、互联网、通信信息等多方面高新技术集于一身，具备自动驾驶功能，成为全新的智能空间，是新时代下汽车产业转型的关键、发展的趋势，这也是全球各国汽车产业的战略方向。

智能汽车作为信息化与工业化深度融合的重要领域，是5G垂直应用落地的重点方向，未来具有巨大的产业发展潜力和应用市场空间，对带动传统汽车行业、交通行业和电子信息行业的产业转型升级、系统创新和融合发展具有深远的意义。其中，ADAS系统有效解放了驾乘人员在驾驶和乘坐汽车时所受的约束，有效提升了汽车的安全性、舒适性和便利性，降低了汽车的使用门槛等；智能座舱系统将汽车从普通的乘坐出行工具打造成集出行、生活、娱乐等为一体的综合应用场景；车联网技术将汽车置身于V2X的网络体系中，打造更高效的汽车交通体系；通过智能汽车和车联网体系构建，产业链下游可以进一步发展无人驾驶物流、共享出行等新的产业态，从而持续扩大整个智能汽车体系的发展空间。

1）车联网——汽车智能化和网联化的关键一步

车联网是信息与数据时代对汽车产业链的延伸，是汽车领域从制造到服务的价值重心转移。汽车智能化与车联网将汽车从"工具"转变为"终端"，将汽车行业从"制造"延伸到"服务"，实现智能化交通管理、智能动态信息服务和车辆智能化控制的一体化网络。

车联网在推动汽车产品升级的同时赋予汽车感知和智慧，让汽车从传统交通工具向智能终端进化，从而具备交互和服务的能力，实现了人们"第二空间"汽车的智能化。

2）智能座舱——未来汽车的标配

智能座舱是车企智能化、高端化的刚需，是未来智能网联汽车的主要组成部分之一。它以座舱域控制器（DCU）为核心，推动包含液晶仪表盘、中控屏、流媒体后视镜、抬头显示系统等部件在内的多屏融合，实现语音控制、手势操作等更智能化的交互方式。智能座舱将中控台、仪表盘、流媒体后视镜及车联网模块集成为一套完整的解决方案，使得智能汽车从代步工具逐渐成为一个可移动的生活空间，如图7.26所示。汽车智能网联化的背景下，数字化、集成化的座舱电子技术成为发展趋势，其作为人机交互的入口已然成为行业的下一个变革点。受益于汽车智能化、网联化、电动化的发展，智能座舱将成为未来汽车的标配。

图7.26　智能座舱

3）自动驾驶

自动驾驶是指搭载先进车载传感器、控制器、执行器等装置,并融合现代通信与网络技术,具备复杂环境感知、智能决策、协同控制等功能,实现车与人、车、路、云端等智能信息交换、共享,并最终可实现替代人来操作的新一代驾驶技术。

"感知-决策-执行"是自动驾驶汽车重要的三大系统。其中,感知层主要通过结合使用多种传感器,以感知探测汽车周围的车、人、交通状况、所处的位置等信息。决策层是在基于感知层搜集信息的基础上,通过算法对信息进行综合处理、进行判断,并将指令发送给执行层,由执行层通过对车辆进行转向控制、驱动控制、制动控制和安全控制。

汽车产业价值链正在向智能化的推动下加快重塑,自动驾驶技术及网联汽车将成为未来汽车产业发展的方向,也将是我国汽车产业发展新的战略制高点,自动驾驶技术及智能网联汽车将成为未来最具有发展潜力的风口行业。

4）ADAS——打造"智能汽车大脑"

ADAS 即先进驾驶辅助系统,如图 7.27 所示。利用安装在车上的毫米波雷达、激光雷达等传感器,在汽车行驶过程中随时感应周围的环境,收集数据,进行静态、动态物体的辨识、侦测与追踪,并结合导航仪地图数据,进行系统的运算与分析,从而预先让驾驶者察觉到可能发生的危险,有效地增加汽车驾驶的舒适性和安全性。

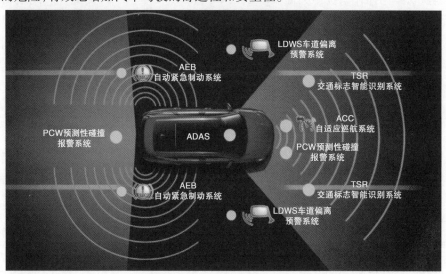

图 7.27　先进驾驶辅助系统

根据中国汽车工业协会的数据,2020 年中国 ADAS 行业市场规模达到 844 亿元,预计在 2025 年达到 2 250 亿元的市场规模。目前中国 ADAS 渗透率为 15% 左右,显著低于同期欧美、全球渗透率,市场潜力巨大,预计未来 5 年复合增速达 35%,市场空间突破 800 亿元。目前的市场呈现 Tier1 主导 ADAS 集成市场,国内企业逐步突破的形势。

5）传感器技术

智能驾驶技术的迅速发展极大地推动了各类环境感知传感器的研究。车载激光雷达(LiDAR)因其具有可准确获取目标的三维信息、分辨率高、抗干扰能力强、探测范围广、近全天候工作等优点,在智能驾驶环境感知系统中占据了重要地位。

激光雷达是一种雷达系统,是一种主动传感器,所形成的数据是点云形式。其工作光谱段在红外到紫外之间,主要由发射机、接收机、测量控制和电源组成。工作原理为:首先向被测目标发射一束激光,然后测量反射或散射信号到达发射机的时间、信号强弱程度和频率变化等参数,从而确定被测目标的距离、运动速度以及方位。除此之外,还可以测出大气中肉眼看不到的微粒的动态等情况。激光雷达的作用就是精确测量目标的位置(距离与角度)、形状(大小)及状态(速度、姿态),从而达到探测、识别、跟踪目标的目的。

未来车载激光雷达将呈现出固态化、小型化、智能化、网络化的技术特点,研究的热点集中在多传感器数据融合和车算法优化等方面。

6)动力电池技术

动力电池是新能源汽车重要零部件之一,对新能源汽车的续航里程、整车寿命、安全性等关键指标具有重要影响。动力电池在新能源汽车整车成本中占比接近40%,是新能源汽车成本占比最大的部分。

无论是国内市场还是海外市场,新能源汽车均处于起步阶段,新能源汽车行业空间广阔,将带动动力电池需求持续增长。国务院办公厅2020年11月印发的《新能源汽车产业发展规划(2021—2035年)》提出,到2025年,我国新能源汽车市场竞争力明显增强,动力电池、驱动电机、车用操作系统等关键技术取得重大突破,安全水平全面提升。纯电动乘用车新车平均电耗降至 $12.0\ kW\cdot h/100\ km$,新能源汽车新车销售量达到汽车新车销售总量的20%左右,高度自动驾驶汽车实现限定区域和特定场景商业化应用,充换电服务便利性显著提高。

未来几年,国内市场和海外市场动力电池需求均处于30%左右的中高速增长中,行业成长属性明显。全球新能源汽车市场将长期保持增长态势。随着部分国家规划禁售燃油车,整个动力电池技术和产业需求有望持续增长。

7)域控制器技术

域控制器(Domain Control Unit,DCU)的概念最早由以博世、大陆、德尔福为首的 Tier1(车企一级供应商)提出,它是为了解决信息安全以及 ECU 瓶颈的问题。

域控制器发展的核心是芯片的计算能力快速提升,可以让公用信息的系统组件,能在软件中分配和执行,让软硬件分立,可实现以足够的资源快速响应完成客户需求,具备平台化、兼容性、集成高、性能好等优势。

域控制器需要主控芯片、软件操作系统及中间件、应用算法等多层次软硬件的有机结合,尤其是主控芯片,作为域控制器的核心部件,面临更高的要求。以智能座舱域控制器为例,进入智能座舱时代,运算处理复杂度呈指数级增加。不仅如此,整车厂往往在前期便需要预埋高性能硬件,只有这样,后续才能逐步释放预埋硬件的利用率,通过芯片算法和软件算力实现不断迭代持续更新。

随着域控制器的提出,软件将根据相应功能域重新分类集成。未来的汽车电子系统,将面向驾驶员并以服务为导向。车载娱乐系统、人车交互系统、车联网系统将扮演重要的角色,其代码量必然与日俱增。为了应对这一系统变革,必须将相应软件系统从分散在各处的电子控制器中剥离出来并重新集成在相应的域控制器中。

8）车载芯片（车规级芯片）

在汽车"新四化"发展趋势下，车载芯片的重要性越来越凸显，成为核心技术争夺的新战场。在目前车用半导体市场被欧美日企业垄断的情况下，中国企业已经开始持续发力，并在这一高技术的新战场上取得一席之地。

近年来，随着新能源汽车的不断普及，以及智能化、网联化等技术在汽车领域的快速拓展，对车载芯片的数量和质量提出了更高的要求。特别是在新能源汽车中，电池管理、行驶控制、主动安全、自动驾驶等系统都需要芯片。在新能源汽车电气化、智能化程度越来越高的情况下，对芯片的算力、功耗、体积等方面的要求也更高。

分析机构预测，到2030年，一辆智能电动汽车的电子元器件成本将会占到整车成本的50%。与之相对应，2019年汽车半导体市场约为400亿美元，2040年将有望达到2 000亿美元，年均复合增长率高达7.7%。有专家预计，2025年汽车半导体市场规模有望超过1 000亿美元，占全球半导体市场规模的比例有望达到15%。

亚太地区将有望继续引领半导体市场，并且有望成为增长最快的地区。预计到2025年，中国汽车半导体市场将达到1 200亿元，如果加上自动驾驶相关的需求，市场空间将达到1 700亿元。

在2021中国汽车工程学会年会暨展览会（SAECCE 2021）上，中国汽车工程学会副秘书长、国际汽车工程科技创新战略研究院执行院长侯福深发布了《2022年度中国汽车技术趋势发布》报告。研究团队识别新能源汽车、智能网联汽车、节能汽车、轻量化制造共性领域的60项关注的技术，通过对技术本身重要性及技术应用影响力的定量评估评价，大算力的车规级计算芯片是实现高度自动驾驶的核心部件，2022年自主车规级计算芯片的单芯片的算力达到100TOPS，并将在多款车上前装应用。

（3）政策支持方面

随着传统汽车行业的转型，智能汽车结合时代的技术升级不断发展，越来越多的国家开始关注智能汽车行业并在此布局，甚至上升到国家战略层面。

2020年6月，联合国世界车辆法规协调论坛第181次全体会议上发布了3项法规。其中，自动车道保持系统是全球第一个针对L3及智能网联汽车的法规。很多国家都推出了各种针对智能汽车的政策和规划，推动本国的智能汽车产业的发展，都试图在这轮科技革命和产业变革中占据一席之地，美国、德国等发达国家最先布局，发展良好。

在欧洲，如法国、英国等国家，已经启动了公路法的修订，已制定相关法规所涉及的L3级自动驾驶功能的具体应用。而德国在2021年5月已经通过了《自动驾驶法》，允许L4级完全无人驾驶汽车于2022年正式出现在德国的公共道路上。表7.3为部分国家针对智能汽车颁布的相关政策法规。

国内方面，中国虽然在这场智能汽车发展竞赛中起步较晚，但接连推出多项政策大力支持智能汽车的发展，经过前期的重点培育，国内智能网联汽车行业逐步走向成熟，即将迎来规模化商用。国家通过发布《中国制造2025》《新一代人工智能发展规划》《汽车产业中长期发展规划》等文件在推进标准法规、突破关键技术等层面作了具体规划。在整体战略层面，国家发改委、中央网信办等十一部委于 2020 年 2 月联合发布《智能汽车创新发展战略》,提出智能汽车下一个五年发展战略格局,明确我国发展智能汽车的战略愿景和主要任务。到 2025 年,智能汽车的技术创新、产业生态、基础设施、法规标准、产品监管和网络安全体系将基本形成。智能汽车长效发展的驱动力来自政策、经济、社会、技术的多重因素共同推动,尤其是通信技术和人工智能的发展增加了智能汽车的发展速率。

表 7.3　国外智能汽车相关政策法规

国　家	相关政策	政策内容
美国	《确保美国自动驾驶领先地位:自动驾驶汽车 4.0》(AV4.0)	确保美国自动驾驶的领先地位,确立了美国政府在自动驾驶汽车方面的十大技术原则。大致可分为保护用户和社区团体的安全和隐私、促进自动驾驶技术创新和高效市场、确保联邦间一致的标准和政策三大方面
英国	新交通法规	法规指出,英国驾驶员能够在驾驶过程中使用特定的 ADAS 系统,如遥控停车、高速公路驾驶辅助等功能
日本	《自动驾驶系统安全技术指南》	主要对 L3 和 L4 级别的自动驾驶汽车需满足的安全要求进行了规定,指出 L3 级别的车辆需要能够自动识别驾驶员是否处于控制车辆状态,并且能够在必要时发出警报;L4 级别车辆需要能够判断车辆是否难以进行自动驾驶,并告知车辆驾驶员
德国	《道路交通法修订案》	允许自动驾驶在特定条件下替代人类驾驶,同时规定配有自动驾驶系统的汽车内需安装类似"黑匣子"的装置,记录系统运作、要求介入和人工驾驶等不同阶段的具体情况,以明确交通事故责任
韩国	《自动驾驶安全标准》	针对自动驾驶汽车的部分功能提出有条件自动驾驶车(L3 级)安全标准

本章小结

对于汽车而言,所谓的路径跟踪就是为了实现目标轨迹信息,根据车辆现在的位置和姿态,计算操作指令,控制车辆横向和纵向的运动。本章介绍了智能汽车路径跟踪的基本概念,同时针对与路径跟踪很相近的车道偏离预警和车道保持辅助功能进行了介绍。在智能汽车路径跟踪控制算法方面主要介绍了基于车辆运动学和动力学模型的横向控制算法,两类方法在应用场景上都存在一定的局限性,并具有较强的互补性。在实际使用中,综合使用这些方法会更有效。

线控转向和线控制动是智能汽车底盘的执行机构,是自动驾驶控制技术的核心部件,智能汽车对整个底盘系统的要求非常高。智能汽车作为信息化与工业化深度融合的重要领域,未来具有巨大的产业发展潜力和应用市场空间,对带动传统汽车行业、交通行业和电子信息行业的产业转型升级、系统创新和融合发展具有深远的意义。

课后习题

一、单选题

1. 第一辆由计算机控制行驶的自动驾驶车为(　　　)。
   A. Stanley　　　　　B. NavLab 1　　　　　C. PodCar　　　　　D. 小鹏 P7

2. 在下列选项中,(　　　)属于车道偏离预警系统的正确表达形式。
   A. LKS　　　　　B. DFM　　　　　C. LDW　　　　　D. ADAS

3. 路径跟踪的实质是通过控制车辆的运动来减少车辆与参考轨迹之间的(　　　)误差。
   A. 空间　　　　　B. 距离　　　　　C. 角度　　　　　D. 方向

4. (　　　)技术可以解决自主地面车辆的路径跟踪问题。
   A. 模型预测控制　　B. 纯跟踪控制　　　C. PID 控制　　　D. 最优控制

5. PID 控制不需要搭建车辆的系统模型,多数情况下通过(　　　)得到控制参数。
   A. 鲁棒法　　　　　B. 实验法　　　　　C. 试凑法　　　　　D. 递减法

6. 中央网信办等十一部委于(　　　)年 2 月联合发布了《智能汽车创新发展战略》。
   A. 2018　　　　　B. 2019　　　　　C. 2020　　　　　D. 2021

7. 目前,全球主要企业智能汽车研发实力较为强劲的公司是(　　　)。
   A. 博世　　　　　B. 福特　　　　　C. 现代　　　　　D. 丰田

8. 《自动驾驶系统安全技术指南》由(　　　)提出。
   A. 美国　　　　　B. 英国　　　　　C. 日本　　　　　D. 德国

9. 当车辆偏离两侧车道线约(　　　)距离时,车道偏离预警系统会自动启动报警机制。
   A. 5%　　　　　B. 10%　　　　　C. 15%　　　　　D. 20%

10. (　　　)年 DARPA 挑战赛是史上第一次 5 辆无人驾驶汽车使用人工识别系统,成功通过了路况恶劣的沙漠赛道。
    A. 2004　　　　　B. 2005　　　　　C. 2006　　　　　D. 2007

二、多选题

1. 在下列选项中,(　　　)属于先进驾驶辅助系统。
   A. 车道偏离预警系统　　　　　　　　B. 车道保持系统
   C. 实时交通系统　　　　　　　　　　D. 自动泊车系统

2. 在下列选项中,(　　　)属于智能汽车的关键技术。
   A. 环境感知　　　　B. 规划与决策　　　C. 路径跟踪　　　D. 趋势跟踪

3. 在下列选项中,(　　　)属于 PID 控制器校正环节。
   A. 比例环节　　　　B. 积分环节　　　　C. 微积分环节　　　D. 微分环节

4. 车辆的操纵稳定性主要与车辆的(　　　)有关。
   A. 纵向动力学　　　B. 纵摆动力学　　　C. 横摆动力学　　　D. 横向动力学

5. LKA 系统构架大致可以分为(　　　)。
   A. 感知层　　　　　B. 控制层　　　　　C. 执行层　　　　　D. 上下层

三、判断题

1. 1981 年 MACADAM 等首次提出了最优预瞄驾驶员模型。　　　　　　　　（　　）

2. 2007 年首次将工业控制中的模型预测控制应用于车辆的横向控制中。　　（　　）

3. PID 控制技术可以解决自主地面车辆的路径跟踪问题。　　　　　　　　（　　）

4. 车辆对目标位置的跟踪可以分为轨迹跟踪和路径跟踪两个部分。　　　　（　　）

5. 路径规划就是路径跟踪。　　　　　　　　　　　　　　　　　　　　　（　　）

6. 车道保持系统架构大致可以分为感知层、控制层和执行层。　　　　　　（　　）

7. 纵向控制主要为速度控制,通过控制刹车、油门等实现对车速的控制。　　（　　）

8. 横向控制包括无模型的横向控制方法和基于模型的横向控制方法。　　　（　　）

9. 纯跟踪控制算法属于纵向控制方法。　　　　　　　　　　　　　　　　（　　）

10. 后轮反馈式控制算法是利用后轮中心的路径跟踪偏差量进行转向控制量计算。

　　　　　　　　　　　　　　　　　　　　　　　　　　　　　　　　（　　）

11. 智能座舱是未来智能网联汽车的主要组成部分之一。　　　　　　　　（　　）

12. "感知-决策-执行"是自动驾驶汽车重要的三大系统。　　　　　　　　（　　）

四、填空题

1. 路径跟踪控制保证运行车辆的_____、_____和_____。

2. 路径跟踪控制算法直接决定了车辆在运行过程中的_____。

3. 路径跟踪系统控制条件有_____、_____和_____。

4. 车道保持辅助由_____、_____、_____ 3 个部分构成。

5. 模型预测控制包含_____、_____、_____ 3 个方面的内容。

6. 轮胎模型主要分为_____、_____ 、_____ 3 大类。

7. 基于车辆动力学模型的路径跟踪控制算法有_____和_____。

8. 百度开放的_____平台是一套完整的软硬件和服务系统,包括车辆平台、硬件平台、软件平台和云端数据服务 4 大部分。

9. _____主要研究自动驾驶汽车的路径跟踪能力。

10. _____主要研究自动驾驶汽车的速度跟踪能力。

11. 自动驾驶汽车纵向控制系统分为_____和_____ 两种模式。

12. 智能驾驶系统对路径跟踪算法提出_____、_____ 、_____ 3 个要求。

五、简答题

1. 简述车道偏离预警系统的工作原理。

2. 横向控制的研究内容有哪些?

3. 什么是智能汽车的路径跟踪?

4. 什么是汽车运动控制?

5. 路径跟踪有哪些控制算法?

6. 简述模型预测控制。

7. 纵向控制的研究内容有哪些?

8. 简述底盘线控与智能汽车的关系。

六、问答题

1. 智能汽车路径规划与路径跟踪的区别是什么？

2. 叙述智能汽车技术方面的发展方向。

3. 车道保持辅助系统的主要原理是什么？与车道偏离预警系统的区别是什么？

参考文献

[1] 于蕾艳.汽车线控技术[M].青岛:中国石油大学出版社,2013.

[2] 王建,徐国艳,陈竞凯,等.自动驾驶技术概论[M].北京:清华大学出版社,2019.

[3] 李亮,王翔宇,程硕,等.汽车底盘线控与动力学域控制技术[J].汽车安全与节能学报,2020,11(2):142-160.

[4] 张军和.汽车线控制动技术及发展趋势探析[J].时代汽车,2021(07):24-25.

[5] 余卓平,韩伟,徐松云,等.电子液压制动系统液压力控制发展现状综述[J].机械工程学报,2017,53(14):1-15

[6] 吴暮春,柯松.汽车转向系统的发展[J].汽车维修,2009(4):44-46.

[7] 李志鹏,方玉良,杨凤英,等.电动助力转向系统扭矩传感器研究现状与发展趋势[J].传感器与微系统.2013,32(08):11-13.

[8] 严汶均.电动助力转向系统建模及控制算法研究[D].广州:华南理工大学,2019.

[9] 化永星,郭彬.电动助力转向系统(EPS)控制单元的实验研究[J].科技信息,2012(36):161-162.

[10] 邓宝清,杨卓.汽车试验学[M].长沙:中南大学出版社,2016.

[11] GB T6323—2014《汽车操纵稳定性试验方法》[S].北京:中国标准出版社,2014.

[12] GB 17675—2021《汽车转向系 基本要求》[S].北京:中国标准出版社,2021.

[13] 郭应时,袁伟.汽车试验学[M].北京:人民交通出版社,2015.

[14] 余志生.汽车理论[M].北京:机械工业出版社,2018.

[15] 杨其华.汽车EPS性能试验与评价方法研究[J].中国计量学院学报,2005,16(2):143-147.

[16] 王德平,侯国政,高树林.汽车操纵稳定性的中间位置转向试验[J].汽车技术,2003(11):21-23.

[17] AHMED A. SHABANA. Dynamics of Multibody Systems [M]. 3rd ed. London：Cambridge University Press,2010.

[18] KENNETH D N. Objective Evaluation of On-Center Handling Performance. SAE paper 840069.

[19] MOMIYAMA F. Performance Improvement of On-Center Regulation for Large Sized Vehicles. SAE paper 2000-01-3433.

[20] STEVEN A P. Steering System Effects on On-Center Handlingand Performance. SAE paper 1999-01-3765.

［21］陈晓明,杜志彬,候海晶.智能网联汽车技术基础［M］.北京:机械工业出版社,2020.

［22］陈志成,吴坚,赵健,等.混合线控制动系统制动力精确调节控制策略［J］.汽车工程,2018,40(04):457-464.

［23］陈燎,刘庆勃,盘朝奉,等.基于踏板感觉的制动踏板模拟机构分析与设计［J］.广西大学学报:自然科学版,2014,39(2):308-314.

［24］彭晓燕,董晓丹,章兢.汽车线控制动系统的可靠性分析和容错技术研究［J］.汽车工程,2009,31(07):624-628.

［25］吴凯龙,郑建立.新能源汽车制动能量回收控制策略的研究［J］.科技风,2021(19):14-15.

［26］张俊智,吕辰,李禹橦,等.电驱动乘用车制动能量回收技术发展现状与展望［J］.汽车工程,2014,36(08):911-918.

［27］纪佳圳,熊锐,吴坚,等.混合动力汽车制动控制策略的研究［J］.农业装备与车辆工程,2021,59(03):39-43,47.

［28］胡昌华.复杂系统故障诊断与安全性分析技术［J］.弹箭与制导学报,2007,27(5):325-328.

［29］单红梅,陈宇,张亚男.基于滚筒反力式制动检测台的影响因素及应用效果研究［J］.机械设计与制造工程,2020,49(06):76-79.

［30］赵金刚.汽车液压制动系制动特性的测试系统试验研究［D］.南宁:广西大学,2008.

［31］徐赟,陈真.整车制动性动态主观评价研究［J］.设计与研究,2014,12(41):31-35.

［32］刘凤丽.汽车制动系统试验探究［J］.内燃机与配件,2017(08):111-112.

［33］GB/T 28529—2012《便携式制动性能测试仪》［S］.北京:中国标准出版社,2012.

［34］GB/T 13564—2005《滚筒反力式汽车制动检验台》［S］.北京:中国标准出版社,2005.

［35］JJG 1020—2017《平板式制动检验台》［S］.北京:中国标准出版社,2017.

［36］GB/T 36986—2018《汽车制动性能动态检测方法》［S］.北京:中国标准出版社,2018.

［37］谢峰,瞿文平,林巨广.整车制动系统台架试验方法的研究［J］.合肥工业大学学报:自然科学版,2010,33(09):1290-1294.

［38］林培景.ABS道路试验性能要求以及试验方法研究［J］.科技经济导刊,2015(15):119-120.

［39］汽车工程手册编辑委员会.汽车工程手册　实验篇［M］.北京:人民交通出版社,2001.

［40］李真花,崔健.CAN总线轻松入门与实践［M］.北京:北京航空航天大学出版社,2010.

［41］罗峰,孙泽昌.汽车CAN总线系统原理、设计与应用［M］.北京:电子工业出版

社,2010.

[42] ISO11898-1：Road vehicles-Controller area network（CAN）- Part 1：Data link layer andphysical signaling[S]．2003.

[43] ISO11898-2：Road vehicles-Controller area network（CAN）- Part 2：High-speedmedium access unit[S]．2003.

[44] ROSS MCLUCKIE, EAST KILBRIDE. AN1828-Flash Programming via CAN[R]．Freescalesemiconductor, 2002.

[45] 余贵珍,周彬,王阳,等.自动驾驶系统设计及应用[M].北京:清华大学出版社,2019.

[46] 周晓飞.汽车电工从入门到精通[M].北京:化学工业出版社,2019.

[47] 李广鑫,秦贵和,刘文静,等.CAN 总线网关的设计与实现[J].吉林大学学报:信息科学版,2010,28(2):166-171.

[48] 尹力会,李兆生.汽车总线系统原理与检修[M].北京:机械工业出版社,2017.

[49] 张中君.网关在汽车上的应用与研究[J].中国高新技术企业,2014(26):73-75.

[50] 罗峰,苏剑,袁大宏.汽车网络与总线标准[J].汽车工程,2003,25(4):372-376.

[51] 饶运涛,邹继军,郑勇芸.现场总线 CAN 原理与应用[M].北京:北京航空航天大学出版社,2003.

[52] 张健.智能车辆路径跟踪控制研究[D].北京:北京交通大学,2020.

[53] 黄良昌.基于车联网应用智能辅助驾驶系统的思考[J].科技创新与应用,2021,11(29):57-59.

[54] 董欣,侯宝杰,李利茹,等.车道偏离预警系统原理研究及未来技术展望分析[J].汽车实用技术,2020(08):38-40.

[55] 雷斌,张帅,梁荣亮,等.乘用车车道保持辅助主观评价方法研究[J].中国汽车,2020(9):10-13,25.

[56] 满金.智能汽车路径跟踪控制的研究[D].杭州:浙江大学,2021.

[57] 杨世春,曹耀光,陶吉,等.自动驾驶汽车决策与控制[M].北京:清华大学出版社,2020.

[58] 王聪.基于预瞄的汽车路径跟踪控制研究[D].哈尔滨:哈尔滨工业大学,2014.

[59] 陈慧岩,陈舒平,龚建伟.智能汽车横向控制方法研究综述[J].兵工学报,2017,38(6)：1203-1214.

[60] GB/T 39263—2020《道路车辆 先进驾驶辅助系统（ADAS）术语及定义》[S].北京:中国标准出版社,2020.